U0079744

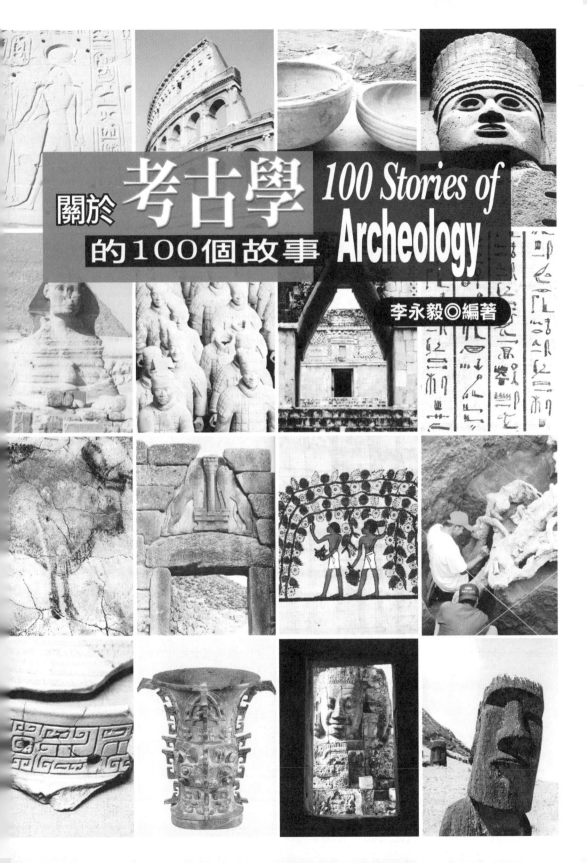

關於 **考古學** 100 *Stories of*
的100個故事 *Archeology*

李永毅◎編著

將過去呈現給未來

地球存在有46億年了，人類在地球上生活已經有200萬年，但人類文明開始發展僅僅是1萬年前的事，而有文字記載的文明只有五千年，物換星移，在這漫長的歲月中，有多少的生命消失，有多少的故事湮滅。

歷史在不安和動盪中前進，隨著一個個王朝的更替，隨著一代代人的消亡，多少往事煙消雲散，口耳相傳的故事在歲月中漸漸變形，曾經鮮活的生命在時間的長河裡悄悄暗淡。當你在故紙堆中翻找著曾經的真相，你會驚訝的發現，這些歷史已經因一代代君主和文人的好惡被修改得面目全非，它們是鞏固統治的工具，它們是諂媚逢迎的宣言，它們是塗脂抹粉的修飾，它們的真容藏匿在層層的包裹之下。

難怪胡適說：「歷史是一個任人打扮的小姑娘。」那麼，我們要到哪裡去找尋真實的過往？面對著虛無縹緲如未來一般的過去，誰能向我們重現曾經的真相？

幸好，我們還有考古學。你可曾想過，也許就在你的腳底下，埋藏著沉睡千年的秘密。也許人會撒謊、會虛偽、會作假，但有些東西不會，石頭不會、樹木不會，靜靜的躺在墓穴裡的陪葬品不會，廢墟中長埋千年的雕像也不會。

　　有了考古學，你就會發現，原來它們也會講話。這尊雕像在告訴你：「我是埃及艷后克麗奧佩特拉的祭司。」那個頭蓋骨在傾訴：「我是50萬年前艱難生存的北京猿人。」還有那不起眼的一塊牆磚驕傲的說：「我是古老的特洛伊城牆，見證過海倫那驚世的容顏。」別懷疑，它們不會作偽、不會欺騙，只安靜的等待在那裡，等待你來仔細聆聽它講述的歷史。

　　西拉姆在《神祇・墳墓・學者》一書裡說，考古學可以「讓乾涸的泉源恢復噴湧，讓被人忘卻的東西為人理解，讓死去的轉世還魂，讓歷史的長河重新流淌……」可以說，考古是將過去呈現給未來的偉大事業。所以，我們只是想呈現給你——屬於未來的你，屬於過去那古老歲月中獨有的輝煌與燦爛。

　　不要對艱深拗口的專業辭彙望而卻步，這裡沒有枯燥乏味的資料，沒有嚴肅呆板的論文，有的，只是100個神奇而曲折的故事。我們會為你撥開歷史層層的迷霧，重現往昔那神奇的歲月。

第二編　考古學方法　85

第四編　中國考古學發現　211

第五編　國外考古發現　271

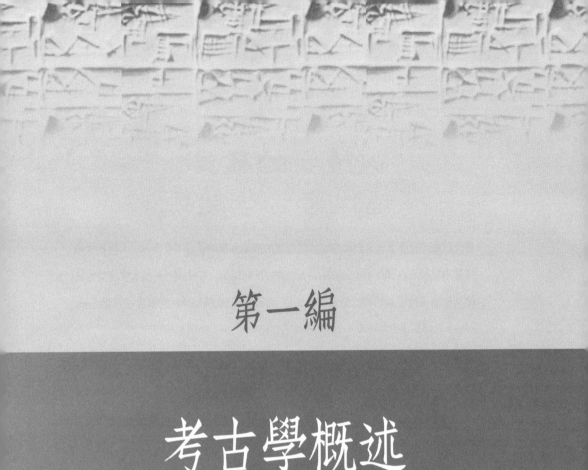

第一編

考古學概述

被掩埋的龐貝——
現代考古學起源

很久以來，世界各地人們都存在不同程度的搜集古物的愛好，在西方，人們把這種搜集活動稱為古器物學（antiquarianism）。從17世紀開始，在歐洲，一些人在搜集古物的同時還進行有目的的挖掘和研究工作，於是人們就將這種活動取名考古學（archaeology），以區別古器物學。

維蘇威火山位於風景如畫的義大利西南海岸線，西元前6世紀，希臘移民在山下建立了一座小鎮——龐貝（Pompeii），這座城鎮屬於庫美城邦管轄，3個世紀後，龐貝歸屬羅馬人，並逐漸發展成為擁有兩三萬人口的大都市。經過數百年的發展，龐貝城背山面海，商店林立，經濟發達，城內建築豪華，是當時非常有名的商業城。

可是，西元79年8月24日，一場巨大的災難從天而降。這天午後，龐貝城居民一如既往地生活在安定祥和之中，絲毫沒有預料到危險在即。突然間，一直處於「休眠」狀態的維蘇威火山爆發了。震耳的爆炸聲中，火山口噴出的滾滾濃煙和燃燒的岩漿，夾雜石塊和灰塵向山下的龐貝城沖去。頃刻間，只見天昏地暗，地動山搖，那不勒斯海灣咆哮著，很快就將龐貝城吞沒了。

龐貝城就這樣消失了，從此它成為一個故事，人們一代代敘述著、想像著，卻無人知道它究竟是傳說還是真實。

歲月如梭，一千多年過去了，那不勒斯海灣幾經易主，建立過多個王國。

18世紀30年代，查理王子成為新一代那不勒斯的主人，成為那不勒斯的國王。

查理登基後，那不勒斯王國經常發生這樣的事情：很多人在維蘇威火山腳下發現雕塑的碎片、斷裂的石碑，甚至還有人發現過金幣等等。這些現象引起了一個人的興趣，她就是那不勒斯王后。王后非常喜歡雕刻藝術，她一直都從世界各地購置雕塑安置在王宮後花園裡，還請了不少雕塑藝術家為她雕刻精美

的藝術品，如今，在自己國土內發現了這麼多雕塑的碎片，她當然覺得十分好奇，於是，王后向國王提出了請求，請國王下旨對維蘇威火山進行大規模挖掘活動。

國王答應了王后的請求，命令有關官員組織人馬對維蘇威火山腳下進行考察挖掘。官員受命後，帶領當地農民開始了施工挖掘工作。這天，陽光燦爛，微風和煦，農民們揮鍬挖土，工作得正賣力，忽然聽到鐵鍬碰到了什麼金屬物，發出「噹啷」的聲響。他們的心為之一震，急忙翻開泥土，立即被眼前的景象嚇呆了：泥土中露出了金光閃閃的東西。

「金幣！這麼多金幣！」人們驚喜交加，加快了挖掘速度。

發現金幣的消息不脛而走，很快傳遍了整個那不勒斯島嶼。更多人來到這裡尋找金銀財寶。這些人不但挖掘出了金幣，還挖掘出了陶器、雕塑以及書寫著文字的石刻、石碑。終於有一天，人們挖掘出了一塊石頭，上面赫然寫著「龐貝（Pompeii）」字樣，這時他們才恍然大悟，原來，這裡就是傳說中的龐貝古城遺址！

古城遺址的發現給國王和王后帶來巨大驚喜，他們派遣更多的人員去挖掘，去考察，進而掀開了現代考古學序幕。

考古學的產生有長遠的淵源，但到近代才發展成為一門科學。17世紀，考古學是指對古物和古蹟的研究；17～18世紀，一般是指對含有美術價值的古物和古蹟的研究；到了19世紀，才泛指對一切古物和古蹟的研究。

一開始，考古學並沒有形成一定的理論系統，而是比較鬆散、個人化的活

動，活動大多以尋求寶物為目的，由於缺乏科學的方法，挖掘工作破壞性很大。直到那不勒斯王后出於對雕刻藝術的愛好而提議的龐貝古城挖掘活動，才開啟了現代考古學的真正大門，在龐貝古城挖掘熱潮中，湧現出了很多考古學者，其中文克爾曼做為一代考古大師，經過艱苦努力提出了一套完整、嚴密的方法論和理論知識，進而確定了現代考古學含意。

文克爾曼（1717年～1768年）：出生於普魯士小鎮史丹達，在龐貝古城的挖掘過程中，連續出版了《古代美術史》、《未經發表的古物》等書，提出了現代考古學理論和方法，是現代考古學之父。

文克爾曼的堅持——
現代考古學定義

考古學是根據古代人類透過各種活動遺留下來的實物以研究人類古代社會歷史的一門科學，是歷史科學的一個組成部分。

龐貝古城的挖掘震驚了世界，吸引了眾多的專家學者，無論詩人還是科學家，他們都對此投以巨大的熱情，全世界都在關注著西元1世紀時羅馬帝國統治下的繁華世界。

在所有關注龐貝古城的人中，有一個人叫文克爾曼，他是個出生於普魯士小鎮史丹達的窮苦鞋匠的兒子。文克爾曼從小就對古物遺跡產生了濃厚的興趣，儘管他家境貧寒，沒有錢財購買文物，他依然癡迷於古物，並利用一切機會找尋古代墓葬，還動員小夥伴們幫助自己挖掘古物。經過持續不斷的努力，他取得了一些成就，並結識了不少志同道合的朋友。1755年，他出版了《希臘雕像繪畫沉思錄》一書，在歐洲引起熱烈迴響。

也是在這個時候，龐貝古城的挖掘工作如火如荼，燒遍了歐洲考古界，文克爾曼怎能不心動神往？他朝思暮想，希望能親臨挖掘現場，一睹龐貝古城的丰采。1758年，他成了梵蒂岡樞機主教亞爾巴尼古物收藏品的管理員。這一身分對他來說，簡直就是天賜良機，他立即趕往龐貝古城前去考察。

可是，當文克爾曼來到了那不勒斯時，他看到了令人心疼的場景。由於當時考古學剛剛萌芽，國王和王后在這方面欠缺知識，他們無法瞭解文物的真正

價值。而負責挖掘工作的人員根本不懂考古的意義，不過想藉機發一筆橫財，他們關心的只是黃金、首飾、珠寶。整個挖掘工作極其糟糕，進展緩慢。

然而，面對這種狀況，文克爾曼卻無力幫忙，因為當局採取了保密措施，禁止任何外來人員採訪這兩座古城。所以，他只好留在圖書館裡觀看那些挖掘出土的珍貴文物。

在這個過程中，文克爾曼一面從事研究工作，一面尋找機會，爭取能到挖掘現場獲取第一手資料。有一次，文克爾曼聽說出土了幾件表現性行為的雕像和繪畫，這讓他大為驚喜。他知道，這些東西是文獻資料中沒有的，但可以更

為全面清楚地表現古希臘人的日常生活和宗教信仰等綜合文化狀況，對於古代文化研究具有極其珍貴的價值。因此，他決定賄賂監工，到現場親眼觀看出土珍品。

可是，文克爾曼的計畫落空了。那不勒斯國王聽說出土了表現性行為的文物，大為震驚，他認為這是有傷風化的東西，必須立即封存起來，不許世人觀看。於是，這些新出土的珍品還沒有來得及重現天日，又被封入庫中，無緣露面了。

文克爾曼得知這個消息後，十分難過，他知道這對自己的研究來說是莫大的損失。他發表了關於龐貝古城的文章，向世人描繪出土的各種古代文物、自己的所見所聞，以及當局的種種錯誤做法。他指出，按照現在的速度和方法挖掘，再過幾百年也無法完成龐貝城的挖掘任務。這些激烈的言辭觸怒了當局，為他的研究工作帶來更大不便。

儘管阻遏重重，文克爾曼還是堅持研究和考察。1763年，他出任羅馬市區及周圍地區的古文物總監，進而得以接觸到龐貝古城及附近的海格利尼姆的文物，依靠這些研究，1764年，他出版了《古代美術史》一書。書中他將各種文物做了統一整理，其中很多都是當時人們認為下流或者沒有價值的東西，透過整理，他向人們提出了這樣的觀點：古代藝術品是古代文化的體現，應該以發展的眼光看待古代藝術品，探索古代藝術品的真實含意。他的這一研究體系在歐洲引起轟動，而這本書更被認為是現代考古學的奠基之作。

現代考古學包含史前考古學、歷史考古學和田野考古學等分支，並與自然科學、技術科學領域內的許多學科以及人文、社會科學領域內的其他學科有著

密切的關係。

　　做為歷史學的分支，考古學研究的範圍是古代，各國考古學都有它們的年代下限。例如，英國考古學的年代下限為諾曼人的入侵（1066年），法國考古學的年代下限為加洛林王朝的覆滅（987年），美洲各國考古學的年代下限為C・哥倫布（約1451～1506年）發現新大陸（1492年），中國考古學的年代下限可以定在明朝的滅亡（1644年）。

讓・弗朗索瓦・商博良（1790.12.3～1832.3.4），法國歷史學家、語言學家，第一位識破古埃及象形文字結構並破譯羅塞塔石碑的學者。主要著作《埃及語語法》、《埃及語詞典》、《象形文字入門》、《埃及萬神殿》。

破譯楔形文字—考古學簡史

近代考古學簡史分為萌芽期、形成期、成熟期、發展期和繼續發展期。

1756年，丹麥人卡什登‧尼伯到達了古波斯首都玻塞玻利斯（今伊朗境內），發現了楔形碑文，並把它們帶回了歐洲。1808年，英國外交官克勞蒂‧詹姆‧利奇任美索不達米亞的領事代表，他對古代史和遺跡也極感興趣，就任期間開始了廣泛考古活動，收集了不少楔形文字陶碑，並出版了有關巴比倫的論文。後來，這些陶碑被大英博物館購買，引起了不少學者們的興趣，他們埋頭鑽研，試圖破譯這種古老的文字，但均無功而返，而最終破譯楔形文字的人，卻是一位退伍軍人。

此人名叫亨利‧羅林遜，曾經從事體育運動。1835年，他退伍後來到了波斯小鎮比裡斯屯，在此期間，他聽說附近有石刻碑文，頗覺好奇，就跟隨當地人去看了看。結果，他發現了一個巨大的懸崖石刻，高達340英尺，雄偉壯觀，令人震驚。

羅林遜站在石刻下面，仔細辨認上面的畫像和文字，碑文記載了古波斯國王達林斯準備懲罰那些造反的諸侯的故事，上面有人物像，下方用3種楔形文字記載著故事內容。羅林遜一面默默地觀望著，忽然想到，這些年來人們不是一直在議論研究此地的楔形文字嗎？這塊石刻上的文字可能就是解讀楔形文字的關鍵。於是，他連忙找來紙抄寫石刻碑文。

然而，石刻太高大了，而且處於懸崖邊上，危險重重。為了能夠抄寫完整的碑文，羅林遜只好找來梯子、繩索，冒著生命危險攀附在狹窄的壁架上，艱

難地抄寫著。即便如此，由於他體形高大，有些地方還是無法到達，不能完整地抄寫下來。

面對這樣的困難，羅林遜想來想去，有了主意，這天，他找到當地一個男孩，對他說：「你願意幫我抄寫石刻上的文字嗎？我可以付給你錢。」男孩早就聽說他抄寫石刻文字的事，現在他要自己幫忙，而且還付了錢，就高興地答應下來。

羅林遜帶著男孩來到石刻下，指導他如何抄寫文字後，就用繩子綁住他，把他吊上了懸崖頂端。男孩身形靈巧，動作機敏，抄寫起來果然方便許多。

從此，羅林遜每天帶領男孩來到石刻下抄寫文字。經過不斷努力，他們終於抄完了所有文字。這時，羅林遜也榮升為駐巴格達的領事，他帶著抄寫的文

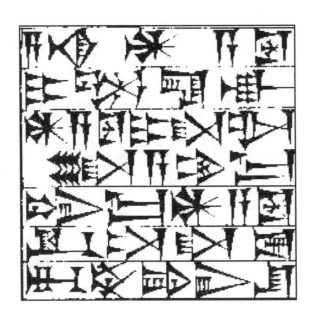

字到達駐地，開始了深入的研究工作。

　　駐地處於沙漠之中，酷暑難耐，為了能夠靜下心來做研究，羅林遜發明了人造瀑布。他每日坐在瀑布之下研讀3種楔形文字。不久，他就翻譯出了古波斯文。幾年後，他又成功地突破了巴比倫語，並於1851年出版了石刻文字的譯文。

　　譯文發表後，美索不達米亞的考古學大大地向前推進了一步。在羅林遜研究的基礎上，1869年，法國學者朱勒・奧僕特宣稱第3種楔形文字起源於美索不達米亞南部的蘇美爾地區，後來又由包括伊拉米特人和巴比倫人在內的民族繼承使用。至此，學者們一致認定，蘇美爾文是已知的最古老的文字語言，是楔形文字的基礎。

　　楔形文字的破譯是考古史上重要的事件，同一時期內，伴隨著「三期論」的提出，以及各種考古理論和方法的不斷進步，考古學從萌芽狀態進入成形時期。

　　近代考古學分為萌芽期、形成期、成熟期、發展期和繼續發展期。萌芽期約從1760年～1840年，這一時期內重要的考古事件就是龐貝古城的發現，以及文克爾曼的著作發表。從1840年～1867年，進入考古學形成期，「三期論」的提出使考古學終於發展成為一門嚴謹的科學。1866年在瑞士召開了第一次「人類學和史前考古學國際會議」，這成為近代考古學形成的重要標誌。從1867年～1918年，考古學的研究出現了空前的興盛局面，出現了類型學的發展和史前考古學的系統化，自然科學的方法被應用，田野調查挖掘工作開始科學化，近代考古學從歐洲、北非、西亞普及到東亞和美洲，因此這一時期是考古學成

熟期。從1918年～1950年，考古學的發展進入了一個新的時期，不僅有更多的考古新發現，在理論和方法方面有了發展和提升，考古工作在地域上進一步擴大，成為世界各地的考古學，這是考古學發展期。從1950年以後，考古學進入了一個新的發展期，其特點基本上是前一時期各個特點的繼續發展。

享利·羅林遜（1810年～1895年），英國人，1835年，他駐波斯小鎮比裡斯屯期間開始著手研究楔形文字的秘密，成功地翻譯了古波斯文、巴比倫語。

伍利的堅持—考古學原則

考古工作者在挖掘時，必須恪守地層學的原則，使用各種技術和方法，從錯綜複雜的層位關係中將居住址的歷史井然有序地揭露出來，而不致發生錯亂或顛倒。

在美索不達米亞平原的考古活動中，有一個人是首先要被提及的，他就是發現了吾珥的列奧納德·伍利。伍利是英國考古學家，1922年，他開始在伊拉克南部挖掘一座大型古墓。這座古墓高達60呎，位於伊拉克南部距幼發拉底河12哩處。早在1854年，英國人泰勒就在這裡挖掘出了一些小型雕刻有楔形文字符號的圓筒狀陶瓷器皿。後來，楔形文字專家羅林遜解讀了這些文字，確認這個墳堆就是吾珥遺址。

吾珥是聖經中提到的一座古城，傳說是猶太人始祖亞伯拉罕的誕生地。

面對著傳說中的聖城，伍利顧慮重重。多年來，考古界的挖掘多以發現古物，獲取有價值的物品為主。因此，不管是特洛伊還是亞述王宮的挖掘，都造成了考古學上無法彌補的損害。但伍利與19世紀以來的很多考古人士不同，他不單純熱衷遺跡探索，而是注重真正意義上的考古學和追求真知。如今，自己就要開始挖掘一座古城，會不會也留下很多遺憾呢？

面對著這個擔憂，伍利堅定的告訴自己：「我們的目標是去獲得歷史，而不是要去找回一堆混雜各種珍品用來充實博物館的陳列架。」帶著這個理想，伍利負責的挖掘工作十分謹慎有序。他一直在現場密切地監視著當地雇員的挖掘工作，以確保在遺址現場的挖掘工作有條不紊、循序漸進地開展。他還閱讀了大量文章，試圖找出遺跡的年代時序，按照一定順序展開挖掘。

經過細心的安排和耐心的工作，當工人們著手掘開一條壕溝時，人們驚喜的看到，一批珍貴的歷史文物出現在眼前。它們有罐子、銅製工具、念珠等等。伍利很清楚，在當地念珠是非常珍貴的物品，它們來自遙遠的伊朗和阿富汗，因此，念珠的出現說明這裡確實是一個重要的遺址。

其他人都興奮不已，希望能夠早日開掘這整個遺址，然而，伍利是清醒的，他想到了過去很多考古人士的行為，他決心改正過去的錯誤，正確地挖掘眼前這座古墓。

有鑑於此，伍利停止了挖掘，讓工人們接受挖掘技術培訓。他很清楚，挖掘工作需要大量人力，只有每個參與挖掘的人都具有考古知識和經驗，才能保證挖掘品質，不會造成混亂和破壞。

培訓進行了4年，這段時間內，工人們學會了使用小型手工工具、刷子，甚至還有牙醫使用的鑿子。這些工具都是用來清除文物周圍的泥土的。另外，伍利還發明了一種保護文物的方法，這個方法是將熔蠟傾倒於文物之上，待熱蠟冷凝後，將文物以固定塊狀形式按它們的原貌取出的方法。這個方法可以確保文物出土時的原貌得到最好的保護，以保障日後的修復和研究。

經過這樣嚴格的訓練，工人們成為素質很高的專業人員，他們在伍利指導下開始了一場真正意義上的考古挖掘。因此，這次挖掘非常成功，不但先後挖掘出眾多遺跡和遺物，證實了吾珥古城的歷史和文化，還為以後考古提供了豐富的經驗，促進了考古學的發展和完善。

考古是一個系統工作，應該按照一定的要求和原則去完成。那麼，這些要求和原則表現在哪些方面呢？

首先，在調查過程中應該做到的是做好文字、繪圖、照相和測量等各種紀錄，並適當採集標本，以便下一步的分析和研究。

其次，在挖掘時必須遵守地層學原則。地層學是考古學的基礎，按照地層學原則，可以清楚地揭示遺址的層位關係，這樣一來，就能避免錯亂或者顛倒，保證考古工作科學有效地進行。

另外，在挖掘過程中，也要做好紀錄工作，這些紀錄包括文字、繪圖和照相3種，必要時還要製作模型。

歐尼斯特・德・薩才克就任法國駐伊拉克的領事官員期間，考察挖掘了泰洛土崗，掀開了蘇美爾人的神秘面紗。

發現諾亞方舟—
考古研究對象

做為考古學研究對象的實物，包括遺跡和遺物兩類。

有一對父子，探險家父親為了向兒子證明諾亞方舟的存在，帶領他按照《聖經》提供的線索，到達阿拉臘山尋找方舟遺跡。

這位父親名叫納巴拉，兒子名叫拉費爾，他們是法國人。1955年7月，當他們動身前往阿拉臘山時，兒子不過是12歲的小小少年。然而，這對父子十分堅強，他們艱難地攀登在陡峭的山崖間，越過一道道障礙，終於到達了積雪未融的山頂。

山頂上有一個深藍色的湖泊，在烈日映照下，閃耀著眩目的銀光，十分神秘。父親拉著兒子站在湖邊，心情激昂，他們似乎看到了諾亞方舟的影子正在湖面上駛過。

於是，父親對兒子說：「我們需要繞湖尋覓，一定可以找到什麼蛛絲馬跡。」

兒子很興奮地回應著：「諾亞方舟肯定在這裡行駛過。」他邊說著邊掙脫父親的手，準備到湖岸尋找。

父親急忙抓住兒子，叮嚀道：「小心！這裡很危險！」

在父親提醒下，兒子停住了腳步，再次回到父親身邊，他們手拉手開始了

圍繞湖岸尋覓的工作。湖水冰冷清澈，輕輕拍打著岸邊。每一次拍打，岸邊鬆軟的泥土都會隨著水花落入湖內，很快就消失了。看來，湖岸是非常危險的地方，人站在上面，稍不留意就有可能滑入湖內。

父子倆冒著危險緩緩行進著，父親的心都快跳出來了。這時，兒子突然叫道：「看，那邊有一個黑漆漆的東西。」

父親順著兒子的手望去，果然，不遠處有一堆東西。他連忙拿起望遠鏡，朝那個物體望去。這一望，讓他大感驚喜，他看到泥土中冒出一塊木板似的東西。他激動地說：「會不會是木板呢？」

兒子一聽，搶過父親的望遠鏡觀看了一下，也叫起來：「真是木板，是諾亞方舟的木板。」

父子倆盡量控制住激動，小心地向那個東西走去。他們走了好長時間，終於來到了那個東西面前。由於它陷在湖邊的泥土之中，父親讓兒子往後退，不要靠近湖邊。然後，他自己試探著走向那個物體，並且用手撥弄著，用腳踩踏著，觀察泥土的鬆軟情況。這裡的泥土比較結實，不會陷下去。這一點讓他放心了許多。他開始用力挖掘、拖動那個東西。經過一段時間，那個東西終於露出了全貌。這時，兒子也走過來，他們一起用冰冷的湖水清洗那個東西。

不一會兒，真相揭露了，從泥土中拖出來的東西果真是一塊厚木板！父子倆高興地跳了起來，他們大喊著：「找到諾亞方舟存在的證據了，找到證據了！」他們認為，這塊木板是6000年前諾亞方舟上的木板，因此可以證明，6000年前，人類確實遭受過洪水洗劫，這次洗劫中人類依靠諾亞方舟得以延續

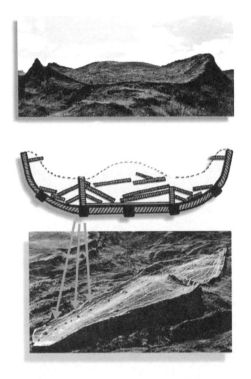

下來。就是說，《聖經》中關於諾亞方舟和大洪水的故事都是真實發生過的，並非神話傳說。

當父子倆將消息公諸於世時，立即引起轟動。大批學者研究了這塊木板，並前往阿拉臘山考察。結果卻不盡人意，他們研究認為，湖岸中遺留的厚木板是6000年前用歌斐木製造的船舶的甲板殘片，但不能證明一定就是諾亞方舟上的木板，而且，他們在考察過程中，並沒有發現其他歌斐木，單憑一塊木板，不能證明什麼。

　　儘管納巴拉父子的考察結果沒有得到學者支持，但是他們這種透過聖經故事尋找諾亞方舟的舉動在考古界時有發生，不管他們的考古發現意義有多大，都讓我們注意到一個問題：那就是考古學的研究對象。

　　我們說過，考古學的研究對象是實物資料，這些實物資料包括遺跡和遺物。也就是說，考古學研究的對象是物質的遺存，而非文獻資料。這一點顯示了考古學與其他學科的不同之處。比如研究人類歷史的歷史學，就是以文獻記載為主要研究對象，這與考古學截然不同。

　　那麼，做為考古學研究對象的實物資料具有哪些特點呢？首先，這些實物應該是古代人類透過各種活動遺留下來的，是經過人類有意識地加工的。其次，這些實物如果是未經人類加工的自然物，那麼必須與人類的活動有關，或是能夠反映人類活動。

　　從以上特點來看，考古學對於人類的起源和發展、文字未出現的史前時期的研究，發揮著不可替代的作用。這一點，其他學科都難以替代。

賴爾德，英國人，1845年在庫雲吉克土丘挖掘出了亞述王宮遺址。

阿拉伯的勞倫斯─遺跡研究

遺跡，指古代的人們進行各種活動後遺留下來的痕跡。

湯瑪斯・愛德華・勞倫斯因為策發阿拉伯獨立戰爭而名垂史冊，成為近代西方傳奇人物之一，被人稱為「阿拉伯之父」。身為一名具有英國血統的愛爾蘭貴族後裔，他是如何做到這一點的，恐怕還要從他熱衷考古開始說起。

1888年8月16日，勞倫斯出生於威爾斯的特雷馬多格，1896年跟隨家人返回英國牛津。1906年，年輕的勞倫斯騎自行車遊歷法國，對英法百年戰爭時代的古堡進行實地考察。這次遊歷豐富了他的視野，也讓他迷上了考古活動。一年後，他獲得了牛津大學耶穌學院每年50英鎊的獎學金，主修現代史。學習期間，他對於古代歷史十分著迷，特別渴望透過實地考察瞭解古人的生活情況。

1908年夏天，勞倫斯再次騎上自行車，開始了在法國的第一次考古旅行。他先後參觀克萊西、阿金庫爾、色當等古戰場遺址，從戰場的輪廓到殘留的點滴物品，他都做了比較詳細的記載，收穫頗豐。這次考古旅行，他還考察了修建於羅馬帝國時代、西哥特時代及百年戰爭時期的眾多古堡，行程達4000多公里。從這些古代遺址中，勞倫斯瞭解到了很多前所未聞的知識，眼界大開。

第二年，勞倫斯決定走得更遠，進行更廣闊的考察活動。這次，他來到了近東，為了能更詳盡、直觀、仔細地瞭解遺址狀況，他一個人徒步考察了巴勒斯坦和敘利亞境內的十字軍古堡遺跡。在考察活動中，他認真地紀錄著各種所見所聞，繪製了很多草圖，還拍攝了不少照片。當他滿懷熱情地回到牛津大學時，已是10月了。他把自己精心收錄繪製的資料寫進了畢業論文《12世紀末十

字軍運動對歐洲軍事建築風格的影響》。

　　勞倫斯很快便以出色的成績畢業了，他以考古工作者的身分返回中東，參加了挖掘奧斯曼帝國境內赫梯王國都城卡赫美士遺址的考古行動。這次挖掘歷時3年，期間，勞倫斯透過考察遺址瞭解到近東地區的風俗和民情，也成為一名成熟的考古學家。

恰在這時，第一次世界大戰爆發，勞倫斯因為熟悉近東地區的情況，被調派至開羅的陸軍情報部工作。就這樣，他以考古家身分走上了戰場，走進了阿拉伯，並最終策動了阿拉伯獨立戰爭。

勞倫斯的遺址探訪讓他迷上了考古學，那麼，到底什麼是遺址呢？

古代人類透過各種活動遺留下來的痕跡叫做遺跡，它包括遺址、墓葬、灰坑、岩畫、窖藏及游牧民族所遺留下的活動痕跡等。其中遺址在考古學中佔有重要位置，包括城堡廢墟、宮殿址、村址、居址、作坊址、寺廟址等等。另外，像山地礦穴、採石坑、窯穴、倉庫、水渠、水井、窯址、壕溝、柵欄、圍牆、邊塞烽燧、長城、界壕及屯戍遺存等，也屬於遺跡。

不管哪種遺跡，都是經過人類有意識加工的，因而能夠反映當時人類的活動，是考古學研究的重要內容之一。例如挖掘古代墓葬，可以研究不同種族的體質特徵，瞭解古代埋葬風俗及墓葬制度，並透過陪葬品瞭解古代工藝水準，以及社會經濟生活與意識形態等多方面的情況。

約翰・李約德・斯蒂芬斯：美國旅行者，熱衷漫遊和古文化，1837年，斯蒂芬斯出版《阿拉伯人特佩拉遊記》一書，並與英國繪畫藝術家佛雷德里克・加瑟伍德一起發現了科潘遺址。

耶穌裹屍布—遺物

遺物,指的是古代人類遺留下來的各種生產工具、武器、日用器具及裝飾品等,也
包括墓葬的陪葬品和墓中的畫像石、畫像磚及石刻、封泥、墓誌等。

「杜林聖布」,也就是傳說中用來包裹耶穌屍體的麻布。據說,耶穌當年
死而復活,離開了埋葬他的墳墓,卻留下了曾經用來包裹他屍體的那段細麻
布,這就是至今還保存在義大利杜林的這塊布。

許多年來,考古界和科學界曾對這塊聖布進行過多次研究,希望能夠解開
耶穌的秘密。1978年,一支由美國專家組成的考察團來到杜林,對聖布進行了
實地考察。他們從中獲取了很多資料,並且帶回美國利用最先進的技術進行分
析研究。這次分析工作長達3年,得出了非常精確的結論,他們認為聖布包裹過
的耶穌是位猶太男人,高176公分,體重79公斤,年齡約為30歲,臉上長著鬍
鬚。分析還發現,耶穌的頭部被打傷,雙膝受傷,手腕和腿部被大釘穿過,均
流出了不少血,而這些血在麻布上留下明顯的痕跡。

分析結論公佈後,引起世人極大興趣。長久以來,基督教會描述的耶穌受
難情況與分析結果極其相似。在耶穌受難的故事裡,耶穌背負十字架時,曾經
摔倒受傷,傷及了膝蓋。而且,他被釘上十字架時,左腿壓在右腿上面,一根
長長的大釘子穿透而過。至於手腕,更是說明了一個問題:在耶穌受難的畫像
裡,他的雙手而非手腕被釘住了。現在,研究發現他被釘住的是手腕,這正可
以說明為什麼《路加福音》中記載耶穌在較短時間內死亡,因為手腕有大動
脈,很可能是釘子穿透大動脈,造成了大出血死亡。

所有的分析結果在在顯示，杜林聖布承載著許多有關耶穌的資訊，人們議論紛紛：「耶穌顯聖了，這些資訊是耶穌顯聖的表現。要不然，為什麼一塊麻布能保留這麼久？為什麼聖布上會清晰地顯露出耶穌的面容？」

對於這種傳言，考古學家給出了答案，他們說：「並非只有杜林聖布能夠保留長久，在埃及發現的法老的裹屍布，也是亞麻布，它們比聖布的時間還要久遠。至於耶穌的面孔，這是科學技術合成的結果。」原來，將杜林聖布上耶穌留下的血和各種遺留物的成分搞清楚後，可以用含有這些成分的混合物塗到一個人臉上去，再用亞麻布包裹即可留下印痕，這就是聖布上耶穌面孔的由來。

瞭解了這些科學原理，耶穌顯聖的說法也就不攻自破。透過這次分析研究，恰恰證實了一個重要問題：耶穌並非神靈，而是一個真實存在過的人。這

就是《同觀福音》裡說的，「耶穌從加利利的拿撒勒來，在約旦河裡受了約翰的洗禮。」可見，耶穌來自沙南地區北部加利利的拿撒勒城，是個拿撒勒人。

儘管杜林聖布並非神靈顯聖的結果，但就算它只是一件普通的遺物，卻也能幫助我們揭開歷史的謎團，這就是遺物的作用了。

遺物指的是古代人類遺留下來的各種生產工具、武器、日用品及裝飾品等，也包括墓葬的陪葬品和墓中的畫像石、畫像磚及石刻、封泥、墓誌、買地券、甲骨、石經、紡織品、錢幣、度量衡器等。另外，遺物也包括與人類活動有關的各種作物、家畜及漁獵、採集獲得的動植物的遺存等。

按照材質劃分，遺物可分為石、陶、骨角、玉、金屬等；按照用途劃分，遺物包括生產工具、生活用品、隨葬物品等。

克勞福德（1886年～1957年），英國田野考古學家，在調查工作方面做出了新貢獻。他本是地理學家，所以充分注意地理環境對古代人類社會的影響，他的著作《田野考古學》，主要是總結了他在廣大的田野上進行考古調查的經驗。他還發展了航空考古學，使空中攝影成為調查地面上的古代遺跡的得力工具。

萬年前的石斧─舊石器時代

舊石器時代以使用打製石器為標誌的人類物質文化發展階段。

布歇‧德‧彼爾特是法國考古學家，生於1788年9月10日，父親是當時有名的植物學家，與拿破崙關係密切。布歇自幼興趣廣泛，立志成為一名文學家，可是由於父親和拿破崙的關係，他年輕時就被派往德國和奧地利做外交官。這段經歷開闊了他的視野，使他逐漸迷戀上了考古學。

後來拿破崙失敗，布歇隱退鄉間，定居在阿布維爾的市鎮裡。1825年，布歇擔任這座小鎮的海關檢察員，並繼續著自己的文學和考古之夢。平時，除了讀書、寫作外，他時常到小鎮附近的山腳邊敲打、挖掘，希望尋找到有價值的東西。一晃十幾年過去了，1838年的一天，布歇又來到了阿布維爾郊外，他耐心地觀察著，仔細地尋找著，不時揮動手裡的鐵錘，這裡敲敲，那裡打打，如果有可疑的地方，他還會拿起鐵鍬一下一下地慢慢挖掘。挖著挖著，布歇突然愣住了，他的面前出現了幾柄粗糙的石斧，這些石斧看上去年代久遠，絕不是現代物品。

這一發現讓布歇喜出望外，他急忙蹲下身仔細端詳石斧，並認真研究發現石斧的地層位置。經過判斷，他認為這些石斧距今一定有上萬年的歷史，而且它們顯然是由人類用手工鑿製而成的。布歇激動不已，他知道石斧雖然製作得十分粗陋，但是就像整座羅浮宮的發現一樣，也同樣足以證明人類的存在。

懷著滿腔熱忱，布歇開始對石斧進行深入地研究和探索，並於1846年將自己的發現寫成書出版發行。書中他詳盡地介紹了自己的考察經過，指出這些石

斧已有上萬年歷史，這說明那時就有人存在了。

這本書出版後，引起軒然大波。當時人們還比較迷信居維葉的觀點，他認為人類的歷史並不久遠，距今不超過六千年。居維葉在當時的西方影響深遠，具有不容置疑的地位，所以，人們對布歇的發現和結論不屑一顧，沒有人願意前往看一看那幾柄石斧，而武斷的認為布歇聳人聽聞。

面對權威和蔑視，布歇沒有退縮，他堅持著自己的理論，進行著不屈不撓的抗爭。就這樣，又是十年過去了，到了50年代，隨著人類挖掘出更多的古代工具，許多科學家不得不重新考慮布歇的發現。幾位權威的英國科學家，包括賴爾前往法國參觀布歇發現石斧的現場，宣佈支持布歇的觀點。不久，英國皇家學會正式確認了古人類的存在。至此，布歇發現的石斧成為研究古人類問題的重要證據，他也因為發現石器時代人類第一件物證而名垂考古史。

舊石器時代是以使用打製石器為標誌的人類物質文化發展階段，從距今約250萬年前開始，延續到距今1萬年左右止。舊石器時代分為三期：舊石器時代早期、舊石器時代中期和舊石器晚期。其中，舊石器時代早期相當於人類體質

進化的能人和直立人階段，中期相當於早期智人階段，而晚期就到了智人階段。

在世界各地，舊石器時代的文化分佈廣泛，由於地域和時代不同，以及發展的不平衡性，各地區的文化面貌存在著相當大的差異。

布歇‧德‧彼爾特（1788.9.10～1868.8.5），法國考古學家，生於阿拿的雷代爾，卒於索姆的阿布維爾。1838年，他在阿布維爾附近挖掘出幾柄粗糙的石斧，這是石器時代人類的第一件物證。

奇怪的石頭—新石器時代

新石器時代在考古學上是石器時代的最後一個階段。以使用磨製石器為標誌的人類
物質文化發展階段。

上世紀80年代，廣西平樂大發瑤族鄉打算修建一個農機站，於是負責施工
的幾位村民挑選了桂江畔一個三面環水的山坡臺地，一個叫「龍頭閘」的地方
開始挖地基。才挖了一尺多深，村民們就發現這塊地方有些奇怪，從地下挖出
了很多奇形怪狀的石頭和許多陶片，石頭似乎並不是天然形成的，而是經過了
打磨後形成的形狀，有的像斧頭，有的像玉環，有的像箭頭。

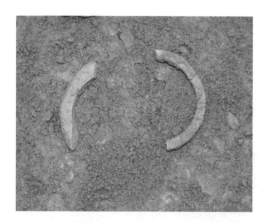

村民覺得這些東西有些古怪，
知道有些來頭，便撿拾了幾塊石頭
和陶片，送到了縣裡的文物管理
所。所裡的考古人員立刻對石頭和
陶片進行了鑑定，結果顯示，這些
石頭是新石器時期人類製作的石
器，而陶片則是古人燒製使用的陶
器碎片。

得出此結論，考古工作者立刻通知村民停止挖掘活動，將現場保護了起
來。但因為當時缺乏必要的挖掘條件，考古人員並沒有立刻進行挖掘，而只是
將遺址保護了起來。直到2007年，條件成熟後，考古人員才正式開始了對此地

的考古挖掘。

這次挖掘進行得很順利，他們再次發現了許多石器，石器多是用鵝卵石打磨而成，總共有三百件之多。石器中有石斧、石簇，有石環、石壁，也有石鑿、石餅等，其中有大量磨得鋒利的石片，有的石片呈長方形，中間有孔，但不知是何用途。陶片多有紋飾，但因為年代久遠，紋飾都已經很難辨認了。挖掘中還發現一個陶紡輪、一處奇特的石頭陣，也都不清楚其功用所在。

在這次發現的石器中，有大量的石器都是以往未曾見過的，它們形狀古怪，至今還不知道有何用途，對於這些石器的研究，目前還在進行中。但可以肯定的一點是，這些石器和陶片的出土，對於研究廣西古人類歷史有著重要的意義。

在考古學上，新石器時代是石器時代的最後一個階段，是以使用磨製石器為標誌的人類物質文化發展階段。這一時期大約從1.8萬年前開始，距今5000多年至2000多年前結束。

新石器時代在地質年代上已進入全新世，繼舊石器時代之後，或經過中石器時代的過渡而發展起來，這一說法由英國考古學家盧伯克於1865年首先提出。新石器時代具有3個基本

特徵：

　1.開始製造和使用磨製石器。

　2.發明了陶器。

　3.出現了農業和養畜業。

　當然，並非3個特徵齊備才能稱新石器時代。一般來說，世界各地這一時期的發展並不相同，比如有些地方農業產生後才有了陶器，而有些地方先有了陶器，卻遲遲沒有農業痕跡。但是，他們都已經進入新石器時代。

　由於新石器時代的情況不一致，所以對於它的劃分也沒有統一標準，有的地方分為早、晚兩期，有的地方分早、中、晚3期，還有的地方出現了青銅器與石器並存的現象，稱為銅石並用時代等等不一。

安特生（1874.7.3～1960.10.29）：瑞典地質學家、考古學家。先後發現了周口店和仰韶文化遺址，使得嚴謹的西方考古學正式在中國的土地上落地生根，被稱為「一位中國考古學的創世紀的拓荒者」。

饕餮銅尊—青銅器時代

青銅器時代是考古學分期法的一個時期，指主要以青銅為資料製造工具、用具、武器的人類物質文化發展階段。

1963年8月，陝西寶雞市附近賈村鎮的破舊房子裡居住著一對剛從固原返回的年輕夫婦，他們分別叫陳堆和張桂芳。一天上午，陳堆站在後院裡望著屋後的土崖出神。剛剛下過大雨，土崖上滑下很多泥土，不知道會不會危及房屋。他看著看著，突然發現土崖下方亮光閃閃，像有什麼寶物。他很興奮，立即喊來妻子一起跑到亮光處，兩人用手使勁刨著，不一會兒，一個樹墩大的銅器出現了。面對意外收穫，兩人格外激動，他們將這銅器仔細收好，藏了起來。

第二年，陳堆夫婦返回固原，將銅器交給哥哥陳湖保管。陳湖家境困難，他保管銅器期間，聽說銅器價格不錯，就在1965年以30元的價格賣給了收購站。

當時，收購站打算將這件銅器送進煉爐焚燒待用。然而，就在這時，寶雞市博物館的工作人員佟太放偶然來到收購站，見到了這件銅器。他仔細端詳銅器，見其造型凝重雄奇，

紋飾嚴謹而富有變化，直覺這應該是一件相當珍貴的文物，便立刻阻止他們焚燒，並趕緊回去向館長彙報。

館長隨即讓保管部主任前去查看，他趕至廢品收購站後，也斷定這是一件珍貴文物，便以收購站當初購入的價格30元將這尊高39公分、口徑28.6公分、重14.6公斤的銅器買回了博物館。經考古人員確認，這是一尊西周早期時的青銅酒器，浮雕為「饕餮紋」，於是，這尊銅器成了寶雞市博物館1958年成立後收藏的第一件青銅器。

銅器入住博物館後，雖然逃脫了被焚化的厄運，卻沒有受到多大重視，在這裡一待就是十幾年，默默無聞。直到1975年，國家文物局調集全國新出土的文物精品出國展出，著名青銅器專家、時任上海市博物館館長的馬承源先生負責籌備，「饕餮銅尊」因其造型圖案精美被選送。馬承源在清除銅尊的銹蝕時，見其內膽底部平坦，便猜想可能會有銘文，經仔細觀察，真的發現了筆道痕跡。對銹蝕清理後，果然在銅尊內膽底部發現了一篇12行共122字的銘文，記載了周成王營建洛邑，建築陪都的重要歷史事件，極具史料價值，而其中「宅茲中國」（大意為我要住在天下的中央地區）更是關於「中國」的最早文字記載。

這次再發現，使銅尊具有了無可比擬的價值，在國內外引起強烈震驚。因考證該銅尊是一位姓何的人所製，故馬承源將其命名為「何尊」。至此，何尊以其應有的身分面向公眾，成為中國青銅器家族中耀眼的一分子，也成為了考古學家們進一步瞭解青銅器時代的重要文物。

青銅器時代是考古學分期法的一個時期，指主要以青銅為資料製造工具、

用具、武器的人類物質文化發展階段，處於新石器時代和鐵器時代之間。約在西元前2000年左右開始，大約發展了15個世紀。從使用石器到鑄造青銅器是人類技術發展史上的飛躍，是社會變革和進步的巨大動力。

從出土的各種青銅器中，可以看出當時鑄造技術的水準和人們的生活狀況。刻在青銅器上的銘文更是涉及到軍事、政治、經濟和文化等各方面，無疑是重要的歷史資料。

隨著青銅器的發展，其禮器特性逐漸消失，絕大部分轉化為日常生活器用，而青銅器的普及使用提高了鍛造技術，為鐵器時代的到來做好了準備。

斯坦因（1862年～1943年），英國人，原籍匈牙利。三次中亞探險，所獲敦煌等地出土文物和文獻，主要入藏倫敦的英國博物館、英國圖書館和印度事務部圖書館，以及印度德里中亞古物博物館（今印度國立博物館）。編著有《千佛洞：中國西部邊境敦煌石窟寺所獲之古代佛教繪畫》一書。

仰韶文化遺址—考古學文化

考古學文化，是指用以表示考古遺跡中（特別是原始社會遺跡中）屬於同一時期的有地方性特徵的共同體。

說起中國考古，有一人不得不提，他就是瑞典地質學家、考古學家安特生。

1914年，安特生受聘任中國北洋政府農商部礦政顧問，在中國從事地質調查和古生物化石採集。1916年6月，當安特生在山西勘探銅礦資源的時候，偶然發現了一批古新生代的生物化石，這一發現結合當時礦藏資源勘探工作難以繼續的現況，安特生教授以及當時地理測繪研究所所長丁文江先生隨即決定調整工作重心，轉而進行對古新生代化石的大規模收集整理工作，同時這一工作也得到了當時民國農商部以及瑞典皇家的支持，於是，安特生的考古生涯自此拉開了序幕。

1918年秋，安特生教授聽說河南省仰韶村出產一種特別的中藥，名叫龍骨，他對此非常感興趣，於是前往考察。來到仰韶後，因為得到另一位來自瑞典的傳教士瑪麗亞·佩特松的幫助，安特生發現了一批古生物化石

以及「龍骨」，從這些發現推測，他認為此地應該有新時期時代人類活動的痕跡，於是，安特生決定在這一地區繼續尋找。

不巧的是，安特生很快接到命令回京，他只好放棄了這次搜尋。但他一直念念不忘此事，兩年後，機會來了，這時需要到澠池、新安採集化石標本，安特生派自己的助手劉長山前去，並對他說了自己曾經有過的發現，囑託他注意此事。

劉長山到達後，在採集標本的同時，到仰韶村進行了大量考察挖掘活動，果然採集到了很多石器標本。當劉長山帶著這數百件石斧、石刀之類的石器回來後，見到這些石器的安特生異常激動，他相信，這些東西的存在表示仰韶一帶一定有新時期人類遺存。

第二年春天，安特生再次來到仰韶，開始了深入調查勘測。在村南約1公里的地方，他發現了一些被流水沖刷露出地面的陶片和石器的剖面。秋天，獲得政府批准的安特生開始組織人員在仰韶村展開了挖掘工作。挖掘不久，他們就發現了許多彩陶、磨製石器，這大大鼓舞了人們的信心，挖掘工作十分順利。從10月27日開工到12月1日，他們一共挖掘了17個地點，出土大量新石器時代陶器以及工具，還在一塊陶片上發現了水稻粒的痕跡。

因為發現的地點在仰韶村，一次安特生為之定名為「仰韶文化」。正是這次發現，掀開了中國也是亞洲第一次發現了新石器時代文化遺存的考古運動，也開啟了中國田野考古的歷程。

正是安特生在《中華遠古文化》一文中首次提出「仰韶文化」這一說法，

讓我們瞭解到考古學文化這一概念。那麼，什麼是考古學文化？又如何對某種考古文化進行命名呢？

考古學文化是考古學研究中的專門術語，用以專指考古發現中可供人們觀察到的屬於同一時代、分佈於同一地區，並且具有共同特徵的一群遺存。比如，在考古過程中發現了幾種特定的器物，這些器物常常出現在一定的居住址或者墓葬中，那麼，這些有特定關係的遺存就屬於一種「文化」。

考古學文化的命名有三種方法，最常見的就是以首次發現的典型遺址所在地命名，像仰韶文化，就是這種例子；第二種方法是以該文化的最突出特徵來命名，像巨石文化、彩陶文化等，就屬於這種情況；還有一些文化以其族別來命名，比如楚文化。

亨利·英哈特，1826年生於法國，年輕時致力於自然史研究。1860年，他在東南亞採集標本時發現了吳哥古都。

殷墟層層探歷史—
考古學文化層

考古學文化層指由於古代人類活動而留下來的痕跡、遺物和有機物所形成的堆積層。

梁啟超的次子梁思永是著名的考古學家，他於1904年在上海出生，曾經到美國留學。1931年回國後，梁思永參與挖掘了安陽殷墟小屯及後岡遺址。在這次挖掘中，年輕的梁思永做出了很多成就，為其後中國考古學的發展打下了基礎。

自從加入殷墟挖掘團後，梁思永就發現，由於挖掘人員缺少科學指導和方法，考古工作非常凌亂，進展緩慢，而且還對考古遺存造成了很大損傷，這讓他深感痛心。於是，他根據在國外學習的知識和經驗，組織人員學習考古知識，並教導他們一定的考古方法。在梁思永的指導下，挖掘工作取得了明顯改善，不但速度增快了，品質也大有提高。

在後岡挖掘現場，梁思永注意到一種現象，就是遺址中的白陶下面，覆蓋著一層黑陶，而黑陶底下，又出現了一層彩陶。當時，很多人並沒有在意這種現象，對此沒有給予過多關注。然而，梁思永一眼就看出了問題所在，他從地層學角度入手，思考到，在同一地點出現了不同的陶器，這些陶器不管在製作還是用途上，顯然是不同的，也就是說，應該屬於不同的文化層。

這一想法讓他格外激動，因為在當時，西方學者普遍認為，中國文明來自

西方。而梁思永的推斷，則可以證明中華文明源遠流長，一脈相承，具有悠久的歷史，並非來自西方。

帶著滿腔熱忱，梁思永投入更細緻和科學的研究分析中，並最終做出了結論：這些陶器來自不同的文化層。

在做出判斷後，梁思永著手撰寫了《小屯龍山與仰韶》和《後岡挖掘小記》兩篇論文，對自己的主張做了系統科學的分析。他指出了仰韶文化和龍山文化的先後關係，並分析了兩者與小屯殷墟文化的關係。這就是著名的安陽殷墟「三層文化」。「三層文化」說有力地反擊了西方學者的「學說」，是中華民族的驕傲。

梁思永提出的殷墟三層文化向我們揭示了考古學的一個重要內容，就是考古學文化層。研究顯示，考古學文化的構成是有層次的，每一層代表一定的時期。所謂文化層，就是在一定時期內，由古代人類活動而留下來的痕跡、遺物和有機物所形成的堆積層。

在考古工作中，需要從地層上正確區分上下文化層的疊壓關係，並根據不同文化層的包含物和疊壓關係，確定遺址各層的文化內涵、相對年代，這樣，對文化進行層次劃分就顯得尤為重要。區分文化層，對它們進行研究確定，可以更好地把握歷史的真實，更準確地理解考古意義。

梁思永（1904年～1954年）考古學家，1931年春，他參加河南安陽小屯和後岡、山東歷城（今章丘）龍山鎮城子崖的第二次挖掘。 主要著作有其負責編寫的《城子崖遺址挖掘報告》、論文彙編《梁思永考古論文集》以及由於病痛未完稿後由高去尋輯補而成的《侯家莊》。

金石情緣李清照——
中國古代考古

在中國東漢（1~2世紀）時已有「古學」的名稱。北宋中葉（11世紀）「金石學」誕生，其研究對象限於古代的「吉金」（青銅器）和石刻。到清朝末葉（19世紀），金石學的研究對象從銅器、石刻擴大到其他各種古物。

李清照是中國歷史上有名的女詞人，以詩詞著稱於世，為人所共知，不過她協助丈夫趙明誠搜集金石，完成《金石錄》的故事，知道的人卻要明顯少得多了。

趙明誠自幼就喜歡金石文物，加上家境良好，因此收藏頗豐。他與李清照結婚後，依然不改沉迷，當時的趙明誠只是個太學生並不寬裕，但每每見到金石文物，他總是迫不及待地購買收藏。他曾自行記敘這段往事說：「每朔望謁告出，質衣取千錢入相國寺，市碑文果實歸，相對展玩咀嚼。」其拮据卻沉迷的心態可見一斑。

李清照本就是個才女，對古玩書畫也很精通。眼見著丈夫如此癡迷，李清照身為妻子，夫唱婦隨，也迷上了金石收藏。從此之後，夫妻倆不以高官厚祿為榮，只沉湎於金石、書畫的收集研究之中。

後來，趙明誠出仕為官，有了可觀的薪酬，而這時，已經癡迷的李清照與丈夫約法三章，食去重肉，衣去重彩，首無明珠翡翠之飾，室無塗金刺繡之具，要節省下錢財，搜索遍普天下的古玩奇珍。當時，他們家的收藏已經非常

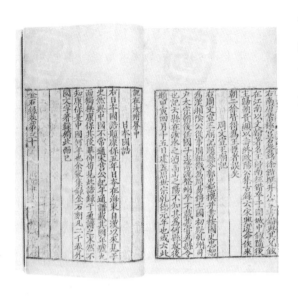

多了，可是他們還覺得不夠，經常透過親友故舊，千方百計把官府收藏的珍本秘笈借出來抄寫。

有一次，有人知道李清照夫婦愛收藏古畫，便拿著徐熙的《牡丹圖》來賣。徐熙是南唐時卓越的畫家，他獨創了一種落墨方法，與同時代的黃筌構成了五代、北宋時期花鳥畫的兩大派別，對後世花鳥畫的發展有很大影響。李、趙二人看到這幅珍品，愛不釋手，但賣者要價太高，他們又手頭拮据，無論如何也籌措不出，結果兩人只好懇求賣家，留下畫作觀賞了幾宿，最後還是把畫還給了賣主。事後二人還為此惋惜了很久。

經過20多年的努力，他們搜集了三代以來的古器物銘及漢、唐石刻2000餘卷，並為其考訂年月，去偽糾錯，寫成了跋尾502篇。1130年，他們卜居江寧，著作《金石錄》一書已初具規模。不久，趙明誠去世，金人南下，他們搜集的金石大都在戰火中佚散。在家難國仇面前，李清照以病弱之身攜帶這部未完成的遺稿，跋山涉水，千里輾轉，經過不斷增補修訂，《金石錄》終於成書。其後，她又為《金石錄》的刊行四處奔波，使《金石錄》終於在紹興

二十六年（1156年）得以刊行於世，流傳至今。

李清照和丈夫癡迷的金石研究，是中國古代考古的主要形式。在中國，從西元1～2世紀的東漢時起，就有了「古學」的名稱。《後漢書》中曾經記載過這樣的內容：馬融「傳古學」，賈逵「為古學」，桓譚「好古學」，鄭興「長於古學」，可見，當時已有不少人熱衷古學，這裡的「古學」專指研究古文經學，也包括古文字學。

11世紀的北宋中葉，「金石學」誕生了。它的研究對象是古代的「吉金」（青銅器）和石刻。這一研究持續很久，影響深遠，近似歐洲的銘刻學，被視為中國考古學的前身。

發展到19世紀的清朝末葉，金石學的研究對象從銅器、石刻擴大到其他各種古物，當時有人提議將金石學改稱為「古器物學」。清末至中華民國時期，「古器物學」逐步接近近代考古學，有人在翻譯西方文章時，就把歐洲文字中的「考古學」譯作「古物學」。實際上，古物學與考古學存在較大不同，它側重於收藏和研究，缺乏科學系統的理論手法，因此，這種翻譯並不準確。

李佐賢（1807年～1876年）字忠敏，號竹朋，利津縣人。愛金石書畫，尤以古錢為專好。1864年編成《古錢匯》，共六十四卷，被中、外古錢幣學家奉為經典。

水下神殿—古雕像研究

古埃及的雕塑作品通常出於陵墓和寺廟。雕像所用材料一般是石、木、象牙、陶土等。

1998年，當埃及豔后的皇宮被成功挖掘後，考古學家弗蘭克‧高狄歐接著開始尋找她的神殿。高狄歐很肯定，神殿應該就在附近，要知道，在古埃及，人們看重的是來世，而神殿是代表延續永生的處所，地位比宮殿還要重要，所以它肯定不會太遠。可是，潛水小組在海底尋覓了兩年，仍是一無所獲，這讓大家有些洩氣，但高狄歐並沒有放棄，他依舊堅持自己的判斷，認為神殿一定在皇宮附近。

他的堅持終於有了結果。不久，潛水隊員在沉島海岸附近的一片地區發現了一尊奇怪的塑像。他們將雕像抬出水面，做了進一步的研究。研究發現，雕像是個禿頂，而且擎著「老人星」聖水瓶，因此，他們判斷他是伊希斯祭禮的祭司。埃及人傳說，豔后死後化身為伊希斯女神，主司生育之權，控制尼羅河每年的漲潮期，而這位祭司則需要每三天淨身一次，祈求伊希斯庇佑尼羅河的富饒，也就是說，這尊塑像應該來自豔后神殿

的小聖堂。

　　祭司像的出現，說明它們已經離神殿越來越近了。這一發現讓所有成員激動不已，他們開始更投入的搜尋，於是，更多的雕像出現了。這次是兩尊完好的獅身人面像。考古隊成員異常興奮，在埃及，獅身人面像的頭像往往是依照國王和王后的模樣雕刻的，也就是說，這兩尊雕像很有可能是依照埃及豔后模樣雕刻的。隊員們將兩座獅身人面像抬上船，陽光下，他們清楚的看到了這兩尊雕像。遺憾的是，雕像已經被自然侵蝕，看不清它的本來面目，而塑像上又沒有銘文，沒辦法得到更多的欣喜，不過從雕塑的藝術風格上，由其圓潤的臉部及臂章，可以容易的確定其年代。

　　祭司和獅身人面像的出土表示，兩千多年前，這裡應該不是海水，而是離皇宮非常近的伊希斯小聖所，也就是說，他們找到了埃及豔后的神殿。

　　探尋工作繼續進行著。這次，他們又在海底的淤泥中發現了一座沉沒的巨大雕像。人們發現，它高達5公尺，保存完整。這個巨像來自何方，它的原型又是誰呢？當它露出水面，高狄歐看到巨像的面孔時，不由得失聲叫道：「屋大維！」屋大維是羅馬獨裁者，正是他率領大軍攻入豔后的轄地亞歷山大城，使得豔后自殺身亡。

　　巨像出土後，高狄歐尋找亞歷山大遺跡的任務也結束了。他們將所有的發現都交給了埃及政府，等待著更多的人從中探尋出那位傳奇豔后的秘密。

　　古埃及的雕塑作品通常出於陵墓和寺廟，多用石、木、象牙、陶土等材料鑄成。在陵墓中的雕像，是做為人的替身；神廟中的神像和葬祭廟中的國王

像，則是供人們瞻仰和崇拜的紀念性雕像。最早的雕塑品是前王朝時代巴達裡文化和涅伽達文化中墓葬出土的男女人像及動物雕塑。第二王朝末期的哈塞海姆的兩件雕像，是埃及藝術史上最早的國王雕像。

古埃及雕像經歷了一定的發展歷程，第一中間期，以木質雕刻為主流，僅有些雪花膏小雕像，也屬粗製濫造，不過，第十王朝的阿西尤特及美赫梯墓中出土兩組戰士模型，共有八十人，手持武器，體形健壯，栩栩如生。

中王國時代的雕像，風格出現了變化，此期作品以底比斯的卡那克神廟兩座站立的巨像為代表，還有很多日常生活中各類普通人的雕像，有男女奴僕和戰士等。

新王國時代作品分為早晚兩期。這個階段最突出的特點是代表國王的石像巨大，通常巨像旁有較小的王室親屬雕像。

到了晚期，則由青銅製成的國王、僧侶和神靈的小雕像取代了巨像。

朱復戡（1899年～1989年）書法篆刻家和古文字學家。祖籍浙江寧波，生於上海。工書，精篆刻，有《靜龕印存》、《復戡印存》、《大篆字帖》等作品。

科潘金字塔下的墓地—墓葬

人類將死者的屍體或屍體的殘餘按一定的方式放置在特定的場所,稱為「葬」。用以放置屍體或其殘餘的固定設施,稱為「墓」。在考古學上,兩者常合稱為「墓葬」。

科潘是神秘的瑪雅文明的一部分,從西元前250年開始進入古典瑪雅時期,從此,瑪雅人開始修建城池,擴大國度。5世紀,科潘由一位叫寶蘭色鸚鵡的國王統治了。在這位國王的統治時期,他修建了科潘的第一座廟宇。

他的後代統治了科潘15個朝代,使得科潘成為瑪雅數一數二的城市。在這些統治者中,有一個著名的國王名叫灰色美洲虎,他統治科潘長達70年。在他的治理下,科潘人口增多,領土擴大,皇親貴族們開始修建更多建築。這樣一來,科潘一方面呈現繁榮發達之勢,一方面由於住宅佔領了農田,農民被迫搬遷到周邊貧瘠的土地上,造成了生產力的下降。

後來,灰色美洲虎的兒子兔子十八接管了科潘,他為了炫耀科潘

的輝煌，下令修建了很多石雕和石刻，這些東西成為後人研究瑪雅的重要依據。不過，兔子十八很快就在戰爭中失利，被鄰國斬首示眾。他的兒子灰色貝克為了復國，和巴倫克國的一位公主成親。後來，他也修建了一個新的神廟金字塔，這個金字塔有72級臺階，每級50英尺寬，上面刻滿了1250多幅圖畫，講述著科潘王國和統治者的故事。

西元763年，寶蘭色鸚鵡王朝的最後一位國王雅克斯·潘克登基，他下令修建了許多紀念碑和祭壇，可是當時科潘已經走向衰敗，無人可以挽回局勢。到了西元1200年，科潘大部分地區已經無人居住，熱帶森林慢慢將其吞噬了。

幾百年後，考古學家在科潘展開了大規模挖掘活動，他們發現了科潘的遺址，並在這廢墟中的大金字塔下面找到了科潘王國的皇家陵墓所在地。1989年，考古隊在科潘廢墟遺址上打開金字塔下面的陵墓。墓體掩藏在大金字塔的石階梯之下，被埋葬者是位中年人，陪葬品中是玉器裝飾品和耳飾收藏品，這些東西都是科潘有史以來所發現的最豐富遺物。另外，他們在墓裡還發現了彩陶和其他遺物，這些東西可以證明被葬者的皇家身分，考古學家推測，此人可能是國王灰色美洲虎的小兒子。

　　陵墓的發現，可以幫助我們更多的瞭解神秘的瑪雅文化。在考古研究中，墓葬制度是一個重要的課題。所謂「墓」，指的是用以放置屍體或其殘餘的固定設施；而「葬」，則是人類將死者的屍體或屍體的殘餘按一定的方式放置在特定的場所。在考古學上，兩者常合稱為「墓葬」。

　　古代墓葬是考古調查挖掘的對象之一，它提供的各種資料不但能夠反映不同地區和時代人們的墓葬情況，以及人類體質學方面的問題，更能反映當時人們的生活、經濟、文化等方面的情況，因此，墓葬提供的資料遠遠超過了研究墓葬制度本身的範圍。

　　在各種墓葬形式中，大多包含著各種隨葬器物，這些器物是墓葬研究中的重要物證。

李濟（1896年～1979年）人類學家、考古學家。字濟之，鐘祥郢中人。先後考察挖掘了山西夏縣西陰村遺址、河南安陽殷墟遺址，收集了大量甲骨文資料，弄清了小屯文化、龍山文化和仰韶文化的具體層次關係，被尊稱為「中國現代考古之父」。

佩特拉滅亡之謎—貝塚

貝塚是史前時代人們捕食的貝類堆積遺址。

19世紀初，貝克哈特發現了被外界遺忘的穆斯林古城佩特拉（今約旦和南敘利亞境內），進而激起歐洲冒險者對佩特拉的好奇心。隨後，很多歐洲人裝扮成穆斯林教徒前往佩特拉考察。這些人既有後來發現了特洛伊城的考古學家亨利·謝里曼，也有後來在尼尼微地區開鑿出美索不達米亞城的奧斯丁·亨利·萊亞德。

到了20世紀，佩特拉成為旅遊聖地，同時也成了嚴肅的考古課題。一批批來自德國、英國、瑞士、美國以及約旦的考古學家們在佩特拉考察著、挖掘著。他們希望進一步瞭解佩特拉，瞭解由納巴秦人在佩特拉創造的古文明。

一開始，考古學家將目光聚集在佩特拉特有的墓地上。在佩特拉，人們習慣在沙壁上雕鑿墓穴，這成為當地一大習俗。在大量的考古挖掘中，考古家發現了許多石雕墓地和廟宇，因此常常把佩特拉當作一個大墓地去研究。佩特拉一度成為亡靈之城的代名詞。

在挖掘和研究墓地的過程中，考古界有一個疑惑一直無法解開，那就是，這個曾一度輝煌的佩特拉為什麼會被遺棄？

1991年，一群來自亞利桑那的科學家們在研究了大量的佩特拉墓地後，給出了答案。這群科學家曾經研究過齧齒類動物的巢穴，他們發現這類動物習慣收集棍子、植物或者糞便等，終生生活在巢穴中，死後也在巢穴「安葬」。由

於巢穴被牠們的尿水浸透，尿中的化學物質硬化，形成一種膠狀物質，這種物質能夠防止巢穴中的東西腐爛。這樣一來，在挖掘出的各種巢穴中，就會發現很多植物或者花粉的標本，它們就像一個時間倉一樣，可以為研究者提供很多證據。科學家將這類巢穴稱為貝塚。

在佩特拉，科學家也發現了很多類似動物貝塚的墓穴。他們結合動物貝塚的特點，展開了深入挖掘和研究，結果發現，在納巴秦人剛剛創建佩特拉時代，這裡遍佈橡樹林和阿月渾子林，是一片森林地帶，為人們生活提供了良好的生存條件。到了西元1世紀，隨著羅馬人佔領佩特拉，更多的人湧入佩特拉，人們為了建造房屋、獲取燃料不斷砍伐樹木，因此森林逐漸萎縮，林區衰退成

灌木草坡帶。到了西元900年左右，過分地放牧和砍伐使灌木林和草地也消失了，這片綠洲最終淪為沙漠，輝煌繁華的佩特拉也就徹底的滅亡了。

亞利桑那的科學家透過貝塚研究揭開了佩特拉消失的原因，這體現出考古研究中的一個新問題──貝塚。

簡單地說，貝塚是史前時代人們捕食的貝類堆積遺址。1877年，美國人莫斯在日本調查大森貝塚，引起世人注意。這一調查研究，促進了日本文化的研究，也促進了貝塚研究。

調查發現，貝塚是生活在海岸附近或者湖泊周圍的部落留下的垃圾場。在歐洲，從中石器時代起就發現了貝塚，而在日本，從繩紋時代早期就有了貝塚的發現。貝塚中收集了很多不易腐爛的骨角器、動物遺體，在短時期內形成了很厚的貝層，所以可以比較清晰、完整地展示文化的變遷情況。

趙明誠（1081年～1129年），宋金石學家。字德父，密州諸城（今諸城）人。與妻李清照同好金石圖書，所藏商周彝器及漢唐石刻拓本甚豐。曾仿歐陽修《集古錄》例，編成《金石錄》三十卷。

古老的聖經泥版—楔形文字

楔形文字是蘇美爾人的一大發明。蘇美爾文由圖畫文字最終演變成楔形文字，經歷了幾百年的時間，大約在西元前2500年左右才告完成。

根據《聖經》的記載，賴爾德在美索不達米亞平原發現了尼尼微古城，隨之他將大量遺物運回了英國。大英博物館認為這是揭開亞述文明的重要途徑，於是開始組織人員翻譯其中的泥版文字。

這些研究人員中有一人叫喬治‧史密斯，一天，他在研究一堆破碎的石碑時，有了一個驚人的發現，碑文記載了古巴比倫時期，上帝派大雨和洪水來懲罰邪惡有罪的人類的故事，在這次災難中，只有尤特拿比利姆一家倖免於難。這個故事深深吸引了史密斯，因為它與《聖經》中描述的〈洪水與諾亞方舟〉的故事太相像了！

史密斯一邊翻譯，一邊興奮地推測著：難道《聖經》是根據此地的神話傳說創作的？還是此地的神話傳說與《聖經》共同來自於一個更古老的文明？不管哪個猜測是準確的，都足以引起世人的震驚。因此，史密斯決定一舉揭開泥版文字之謎，給世人一個嶄新的說法。

可是，就在史密斯緊張地翻譯時，泥版突然中斷了。沒有了泥版文字，他就無法繼續翻譯這個故事，也就不能揭開它的秘密。為此，史密斯非常焦慮，坐臥難安。這時，倫敦《每日電訊報》得知了他的研究發現，覺得這是一個很好的題材，於是資助他前往尼尼微挖掘現場，親自去尋找泥版。

1872年，史密斯飄洋過海來到了庫雲吉克山丘，一頭栽進堆積如山的泥版

石塊之中，苦苦地尋覓著那些可能存在的泥版。皇天不負苦心人，史密斯竟然找到了所需的泥版，一共有384塊，儘管泥版殘缺不全，卻仍然讓史密斯興奮不已。

接下來，史密斯開始了更為緊張的翻譯工作，他晝夜不停地翻譯著，終於得到了泥版中講述的關於洪水故事的全部經過。在後來發現的泥版中，他看到了尤特拿比利姆如何建造木船，如何帶領家人和許多動物躲過洪水，死裡逃生的故事。這個故事真的與《聖經・創世紀》太像了。至此，史密斯完全可以發表他的觀點：無論是在尼尼微出土的泥版，還是在巴比倫出土的泥版，所使用的楔形文字都源於一種更加古老的文字！無論是古波斯文，還是巴比倫文，都不過是這種文字的變體。就是說，有一種更加古老的民族文化在美索不達米亞平原上曾經存在過，它才是整個人類文明的起源。

史密斯翻譯的泥版文字是楔形文字。這種文字上粗下細，狀如木楔，故名「楔形文字」。這個詞來自於拉丁語，是cuneus（楔子）和forma（形狀）兩個單字構成的復複合詞。這個名稱表達了古代美索不達米亞文字最本質的外在特徵。

現代考古證實，在古代美索不達米亞，最初的文字外觀形象只是一些平面圖畫，屬於象形文字。隨著社會的發展，人們要表達的事物愈來愈複雜，簡單的圖形無法再適應人們的需要，於是，蘇美爾人對文字進行了改造，將象形文字發展成了表意文字。

在表意文字的基礎上，蘇美爾人又發展了文字符號的發音，用發音符號代替了表意符號。經過這些變化，蘇美爾的文字體系逐漸完備。蘇美爾人在簡化象形符號的過程中，開始逐漸用楔形符號代替象形符號，大約在西元前2500年左右，最終創立了楔形文字。

最初楔形文字是自上而下從右到左直行書寫的，這種書寫方式的缺點是已寫好的字往往被刻字的手抹掉，後來就把字形側轉90度，改成從左到右的橫行。

蘇美爾語的語言體系獨一無二，在字彙、文法及句法構造上自成一格，而蘇美爾人發明的楔形文字，是對世界文化的傑出貢獻。

裴文中（1904年～1982年），中國古人類學的重要創始人。1929年12月2日在周口店挖掘出北京猿人第一個頭蓋骨。主要著作有：《周口店洞穴層含人化石堆積中發現的石英器和其他岩石的石器》、《周口店山頂洞文化》、《周口店山頂洞動物群》等。

普里阿摩斯財寶—文物

文物是人類在歷史發展過程中遺留下來的遺物、遺跡。

在挖掘特洛伊的過程中發生過無數故事，而關於謝里曼夫婦發現普里阿摩斯財寶的故事則最為神奇。

這是1873年6月14日。早在幾天前，謝里曼從倒數第二個古城遺址中看到了焚燒的痕跡和殘留的城牆，他據此斷定這就是特洛伊古城。儘管事後人們知道這個結論是錯誤的，可是在當時，謝里曼還是感到心滿意足，畢竟他已經證實了特洛伊的存在。他決定在6月15日結束挖掘工作。

可是，6月14日註定要成為不平凡的一天。這天從清晨開始，天氣就非常炎熱，謝里曼夫婦為了躲避熱浪的襲擊，早早地來到挖掘現場，打算趁沒人時進行最後一次巡視。他們沿著熟悉的階梯往下走，很快步入到距離地面8.53公尺的地方，這裡是挖掘出的第8層遺址，也就是謝里曼認為的特洛伊古城所在地。他們左右觀望，察看著辛苦挖掘的每一寸土地，似乎不忍就此離去。

突然，謝里曼盯緊了一個地方，身體猛地然一顫，他抓住妻子的胳膊低聲說：「金子！」

蘇菲姬吃驚之餘，有些莫名其妙，她望著丈夫，一時不知道發生了什麼事情。

謝里曼急促地繼續說：「快，妳馬上把所有工人都打發回家，今天不上班了。」

蘇菲姬顯然還不明白事情的真相，她不解地瞅著丈夫。謝里曼卻等不及了，他急急地說：「妳隨便找個藉口讓他們放假，就說今天是我的生日。快去！」

蘇菲姬執行了丈夫的命令，挖掘現場只剩下謝里曼夫婦二人。當蘇菲姬戴著紅頭巾趕回來時，謝里曼已經開始用小刀使勁地挖土了。這是一個充滿危險的地方和時刻，謝里曼挖掘的地方是牆基，這裡沒有架設任何保護板，上面的泥土和石頭隨時都可能掉下來，砸在頭頂、身上，後果不堪設想。然而，謝里曼顧不了這麼多了，無價之寶給他增添了血氣之勇，他一點也沒有想到個人安危。

一件件寶物出現在謝里曼夫婦面前，他們驚喜交加。來不及細看，謝里曼

對妻子說：「把妳的頭巾拿下來。」

這次，蘇菲姬明白了丈夫的意圖，她高興地取下頭巾，將寶物包裹起來。然後，他們順著階梯爬到地面，悄悄溜回附近居住的小木屋。在屋子裡，他們打開

頭巾，將寶物一一攤開，看到了王冠、項鍊、手鐲、金片和金鈕釦等等。謝里曼心動地拿起耳環和項鍊，輕輕地為妻子戴上，然後盯著妻子喃喃而語：「海倫！」

是啊，荷馬史詩中講述的特洛伊戰爭就是因為海倫而起。海倫美麗絕倫，嫁給亞各斯人的國王墨涅拉俄斯為后，可是特洛伊國王的二子帕里斯路過斯巴達時，見到海倫，兩人墜入情網。帕里斯不顧一切帶走了海倫，並掠奪斯巴達很多財寶。墨涅拉俄斯獲悉後，求助於兄長阿伽門農，招集各國國王，前往特洛伊，從此開始了慘烈的長達十幾年的特洛伊戰爭。最終，特洛伊城被毀，成為永久的歷史。

謝里曼正是根據這段傳說挖掘特洛伊，如今，他看到美麗的妻子如同當年的海倫一樣迷人，再加上數不清的財寶，真是令他心花怒放。

這次意外發現造成極大轟動，人們更加相信了特洛伊的存在，也堅信了謝里曼關於特洛伊的確認。謝里曼將這次收穫的寶物稱為「普里阿摩斯財寶」，將挖掘的第8層遺址稱為「普里阿摩斯人的宮殿」。

謝里曼的推斷是錯誤的，這第8座古城遺址根本就不是荷馬史詩中描述的特洛伊城，而是比它還要古老1000年以上的古城遺址。謝里曼挖掘出的無數財寶，是超越它們本身價值的珍貴文物。

按照國際慣例，文物是指一百年以前製作的具有歷史、藝術、科學價值的實物。但目前，世界各國對文物的概念確定還沒有統一標準，如希臘就把1450年做為文物的年代下限；在歐洲，通常是指古希臘、古羅馬的文化遺物；在日

本，稱之為「有形文化財」，與中國文物近似，在含意和範圍上又有區別。

在國際社會，由聯合國教育科學文化組織會議通過的一些有關保護文物的國際公約中，通常把文物稱為「文化財產（Cultural Property）」或者「文化遺產（Cultural Heritage）」，二者所指的內容並不等同的，前者是指可以移動的文物，後者是指不可移動的文物。

周仁（1892年～1973年），冶金學家和陶瓷學家，中國古陶瓷科學研究工作的帶頭人。其仿製的古瓷器，有些甚至超越了古瓷的水準。著有《景德鎮陶瓷的研究》等。

冰人奧茲─木乃伊

古代埃及人用防腐的香料殮藏屍體，年久乾癟，即形成木乃伊。

1991年9月，德國人朗特和約瑟結伴到義大利境內的阿爾卑斯山探險。夏季的阿爾卑斯山，風光旖旎，景色迷人，山巔上積雪半融，別樣有趣。朗特和約瑟喘著粗氣攀岩而上，漸漸有些支撐不住了，就坐在一塊岩石上休息。

兩人一邊重重地喘著氣，一邊環顧周圍景致。突然，他們不約而同地看到不遠處的積雪下隱約露出一個人的肩膀。兩人大吃一驚，立刻想到或許是哪個探險者遇難了。於是，兩人對視一眼，匆匆趕了過去。

他們用手挖掘著冰雪，很快挖出了「遇難者」，只見他身體扭曲，臉朝下，頭戴圓帽，身穿鹿皮外套，外面還有一件草編大衣，當然，他已經去世很久了。發現了屍體的朗特和約瑟很激動，他們趕緊聯絡當地員警，請求前來偵破案情。

很快的，員警、法醫就趕到了，他們在現場繼續挖掘，試圖為「遇難者」昭雪。可是，當他們挖出了更多物品後，「案情」

變得越來越複雜了。原來，他們在「遇難者」身邊找到了一張弓、十幾支箭和一把銅斧。從這些物品和他的衣著來看，他不像是當代人，而像是古代人。而法醫初步認定的結果更是令人吃驚：這是一具保存完好的冰屍，已有許多年歷史。

為了進一步確定冰屍的歷史，人們用直升機把他送到了德國的英斯伯拉克法醫研究所。在那裡，經過放射性同位素測定，人們得知，這冰人是5300年前的古屍！人們震驚了，在此之前，雖然多次發現古屍，可是最古老的木乃伊不過是3344年前的旦塔王古屍，與冰屍比起來，他還要年輕許多，從他那裡只能瞭解到一些古埃及的文化，而從冰屍身上，則可以瞭解到史前的、新石器時代的文化。

自從發現冰屍後，人們對他的熱情就從未間斷。考古學家為他取名奧茲，並運用最新的科學技術證實了他遇難身亡的經過。從他攜帶的物品看，他可能是史前一名獵人或部落戰士。高清晰的三維掃瞄圖像顯示，一個箭頭在「冰人」左鎖骨下面的一根動脈上刺開一個傷口，進而造成大量失血，還誘發了心臟病，這是造成他死亡的原因。當他倒在山溝中後，在冰川寒風的吹襲下，屍體木乃伊化了，而終年不停的積雪一層一層的覆蓋著他，最後完全變成了冰層，將他冰封在那裡，直到5000年後的今天，才被人們發現。

冰人奧茲是大自然的奇蹟之一，是考古學重要的發現。他的發現，有助於人們更好的瞭解新石器時代，極大地滿足了考古所需。今天，無數人依舊關心著奧茲冰人，探尋著他死亡背後的謀殺謎案，因此，他位居考古發現的十大木乃伊排行榜第二名。

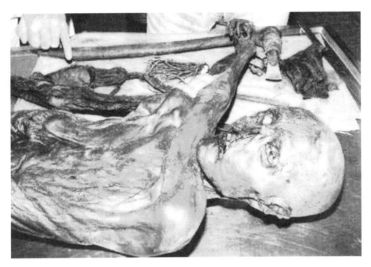

　　木乃伊，即「人工乾屍」。此詞譯自英語mummy，源自波斯語mumiai，意思是「瀝青」。世界許多地區都有用防腐香料或用香油（或藥料）塗屍防腐的方法，而以古埃及的木乃伊最為著名。

　　古埃及人篤信，人死後靈魂仍然依附在屍體或雕像上，不會消失，因此，他們用防腐的香料殮藏屍體，年久乾癟，就形成木乃伊。目前，在埃及發現的木乃伊數量最多、時間最早、技術也最複雜。古埃及木乃伊的製造過程大致如下：

　　首先從死屍的鼻孔中用鐵鉤掏出一部分腦髓，並把一些藥料注到腦子裡去進行清洗。然後，用鋒利的石刀在死者側腹上割一個傷口，取出所有內臟，將腹部清洗乾淨，填充椰子酒和搗碎的香料，並且縫合。第三步就是把處理過的屍體在鹼粉裡泡置70天，隨後洗淨屍體，將它從頭到腳用細麻布包裹，並在外面塗上樹膠。最後，屍體由親屬放到特製的人形木盒裡，保管在墓室中，靠牆

直放著。

　　木乃伊在考古學中地位重要，從它身上人們可以瞭解古代人類的體質特徵、生活習性以及當時的文化、科技等多方面情況，因此，世界各地考古界對它都十分重視。

陳萬里（1891年～1969年），江蘇省吳縣人。他將現代考古學的方法用在古陶瓷研究中，把田野窯址調查做為開展研究的基礎，為中國陶瓷研究開拓了新天地。著有《瓷器與浙江》、《越器圖錄》、《中國青瓷史略》、《陶俑》等書。

紅色處女軍—寶藏

寶藏一是指儲藏的珍寶財富，多指礦產；二是指儲藏珍寶和財物的庫房或者地下洞穴等。

西元9世紀，是捷克歷史的榮光時期，普熱美斯家族已經統治這個地區百餘年，女王麗佈施及其夫普熱美斯公爵創建了古老而美麗的布拉格城堡。之後，城堡歷經擴建，成為歐洲最大、最美麗的都市。

除了興建城堡外，女王還組建了女子皇家衛隊，用來保衛自己和皇宮的安全。這支衛隊英勇善戰，隊長名叫普拉斯姐。普拉斯姐忠誠於女王，與女王感情深厚。後來，女王去世，普拉斯姐不願意再為國王普熱美斯公爵效勞，便率領自己手下的女兵來到捷克北部的維多夫萊山，從此佔山為王，創建了歷史上赫赫有名的「紅色處女軍」。從此，普拉斯姐的傳奇生涯開始了。

普拉斯姐天資聰穎，武藝高強，但她極端憎惡男人。為此，她組建的隊伍中全是未結婚的女性，因此她的軍隊也被稱為「紅色處女軍」。在她的帶領下，「紅色處女軍」規模越來越大，最多時達到上千人。為了保證部隊的給養，她率領軍隊離開了貧瘠的維多夫萊山，在迪爾文城堡建立起了自己的武裝大本營。

隨後，普拉斯姐的「紅色處女軍」四處打家劫舍，徵收稅捐，並推行自己的法律，儼然建立了一個國度。在這些法律中，大部分是用來制約懲治男人的規定。比如，不許男人佩帶武器，不許習武，否則處以死刑；男人必須種田、做買賣經商、做飯、縫補衣服、做所有女人不願做的家務事；女人有權選擇丈

夫，任何拒絕女人選擇的男人都將處以死刑等等。

在自己的地盤上，普拉斯姐肆無忌憚地蔑視著男人，為了震懾他們，她有時會帶著幾名女兵，手持利劍和盾牌，赤身裸體地去市鎮遊逛，如果哪個男人膽敢朝她們看一眼，她們就會毫不遲疑地把那個男人處死。

終於，普熱美斯國王再也無法接受她們的行為，決定出兵討伐。依靠人數上的優勢，國王的軍隊在維多夫萊山區採取突襲戰術將處女軍包圍了。普拉斯

姐率領戰士們殊死抵抗，戰鬥異常慘烈，最終，女戰士寡不敵眾，一個個倒了下去。當剩下普拉斯姐最後一人時，她扔下了手中的盾牌，脫光了身上的衣服，僅僅拿著一把利劍，赤身裸體地衝進皇家軍隊，進行了她最後的拼殺。

普拉斯姐和她的處女軍就這樣被剿滅了。但是，她埋藏的一筆財寶卻留了下來。原來，普拉斯姐跟隨女王多年，見多識廣，對王室的金銀財寶瞭若指掌，加上她本人多年劫掠富豪，搶劫了不少的貴族城堡，聚斂起大量的金銀財寶。在普熱美斯軍隊未到之前，她早已預見到自己凶多吉少，於是在迪爾文城堡把大量的寶藏埋藏了起來。這筆財寶主要有金幣、銀幣以及處女軍戰士不願佩戴的大批珍貴的金銀首飾，數量極為可觀。

處女軍被全部殺死之後，後人就想到了這批珍寶。有人不斷地在當年她們活動的地區挖掘，試圖找到她們埋藏的珍寶，但始終沒有找到。普拉斯姐到底把它們埋藏到哪兒呢？這還始終是考古界的一大謎團。

在很多人眼裡，考古就是尋找地下寶藏，而實際上，在多年的考古發現中，尋找寶藏也佔據著重要成分。那麼，什麼是寶藏？當今世界上的寶藏之謎又有哪些呢？

寶藏一是指儲藏的珍寶財富，多指礦產；二是指儲藏珍寶和財物的庫房或者地下洞穴等。很多存放珍寶的寶藏由於自然災害或者其他原因，湮沒到了地下，從此再也無人發現它們；也有很多珍寶本來就是主人埋藏到地下的，可是由於主人去世或者其他原因，之後再也無人前來挖掘它們，這樣一來，就形成了眾多寶藏之謎。

　　1492年起，著名探險家哥倫布4次遠涉重洋，赴美洲尋寶探險，使得這一冒險的活動成了一種時髦，進而引發了世界各地的尋寶熱潮。目前，世界上沉沒於地下未被挖掘的寶藏依然很多，其中最著名有10處，它們是洛豪德島的海盜遺產、古印加王國地下陵寢的寶藏、金銀島上埋藏的秘密、「聖荷西」號沉船的珍寶、西班牙「黃金船隊」的珍寶、亞馬遜密林的黃金城、普魯士國王的琥珀屋、加州金礦、橡樹島的錢坑寶藏和亞利桑那 州金礦。

安托夫‧班德利爾，美國銀行家、探險家，從1880年起，歷經10年時間訪問了南美洲167座廢墟遺址，發現了托佛利爵峽谷的懸崖式建築群，為了紀念他，後人將此改稱班德利爾國家考古紀念公園。

陶碑證實赫梯文明——
地層學原理

地層學原理指的是不同時期形成的文化層和遺跡單位，按時間早晚，自下而上地依次堆積而成。

雨果·溫克勒是德國柏林大學專門從事巴比倫和亞述楔形文字研究的專家。1905年，有人將一塊在巴卡科依發現的陶碑送到他那裡，希望他能破譯上面的文字。

溫克勒接到陶碑後，被上面無人知曉的文字吸引，決心揭開其中的秘密。第二年，他在君士坦丁堡奧斯曼博物館的一位土耳其官員幫助下，親臨巴卡科依進行考古挖掘。

與大多數考古者不同的是，他的目的非常明確，就是挖掘更多陶碑。所以，在他的主導下，人們看到了一副挖掘場景：溫克勒舒適的坐在樹蔭下，任憑花錢雇來的農民隨意挖掘。他告訴他們：「只要找到陶碑就行了。」這樣一來，挖掘工作對於現場的破壞可想而知。

在當時，考古學已經基本成熟，大多數考古者都

意識到，地層學是一個很有用的工具，遵循地層學原理可以比較有序地挖掘現場。這樣的道理顯而易見：埋藏得深的年代久遠，埋藏得淺的更接近於現代。但是，要遵循地層學必須做到小心細緻，在每一層挖掘現場，都要進行科學紀錄。可是如今，溫克勒只是尋找陶碑，對於科學挖掘毫不關心，沒有興趣。

然而，這種簡單粗糙的挖掘依然有了結果。一天，溫克勒收集到了一大堆陶碑，他定睛一看，立即驚訝地說：「這些陶碑和以前的不一樣。」原來，此次挖掘出的陶碑上寫著巴比倫文字，這是他認識的一種文字，而以往的陶碑文字他根本沒有見過。

兩種陶碑的出土讓溫克勒心情激動，一直以來，考古界都在猜測：赫梯人曾經在巴卡科依創造過文明。出土的陶碑能否說明這個問題呢？溫克勒猜測著、觀察著。1906年8月20日，當他坐在樹蔭下沉思時，一位挖掘者走過來遞給他一塊新出土的陶碑。溫克勒接過來看了看，這是一塊寫著巴比倫楔形文字的陶碑，他仔細地辨認一番，立刻驚喜地叫起來：「埃及法老和赫梯國王簽署的和平協定！」他知道，這塊陶碑的出土足以證明赫梯文明的存在，與這塊新出土的陶碑比起來，以往的所有挖掘都變得毫不重要了。

原來，這塊陶碑上記載了埃及法老拉美西斯二世和赫梯國王赫突斯裡於西元前1270年簽署的一項和平協定。這是國家最為重要的文件，一般來說應該保存在國家官方的檔案館裡。因此，這塊陶碑的出土說明巴卡科依正是人們長期找尋的赫梯人首都。據此，考古界終於確定了赫梯文明的歷史，它就在土耳其

這塊土地上。

　　之後，溫克勒和馬克利蒂一直在巴卡科依廢墟遺址上挖掘陶碑，他們一共發現了一萬塊陶碑和它們的碎片。對溫克勒來說，他雖然發現了赫梯首都，但卻始終沒能達成個人心願──他終生未能破譯赫梯人語言。

　　溫克勒雖然取得了一定成果，但他違背考古地層學原理的挖掘工作也給人們留下深刻印象。那麼，考古挖掘中應該遵循哪些地層學原理呢？

　　1.不同時期形成的文化層和遺跡單位，按時間早晚，自下而上地依次堆積而成。也就是說，晚期的東西大多壓在早期之上。

　　2.同一文化層和同層遺跡單位的形成和遺留形式沒有一定標準的。這就是說，這些遺跡、文化不是厚薄均勻地疊在一塊，而是高低起伏、千姿百態的。

　　3.次生堆積會形成早、晚顛倒的倒裝地層。次生堆積相對於原生堆積，指經過後來翻動再形成的堆積層。由於各種原因，可能造成原生堆積位置變化，進而產生倒裝地層現象。

賴爾（1797年～1875年），英國地質學家。提出「將今論古」的現實主義方法論原理和漸變論思想，著有《地質學原理》，是19世紀有關地質進化論的經典著作。

陶器整理─類型學作用

類型學是以事物的發展變化必然遵循一定的規律的基本理論為基礎，透過對文化遺存形態的分類排比，探索其變化規律，推斷考古學文化的年代、分期、文化屬性以及與其他文化關係的方法。

蘇秉琦是著名的考古學家，25歲時就負責了陝西寶雞鬥雞台溝東區墓葬的挖掘工作。墓葬挖掘歷來是考古學的重頭戲，這次歷時幾年的挖掘收穫頗豐，出土了很多古物。其中陶器數量巨大，種類很多。

出土的陶器需要整理保存，參與考古的人員大多沒有專業知識，因此整理工作就由蘇秉琦完成。面對著各式各樣的陶器，蘇秉琦一時也不知如何整理，只好按部就班地一件件處理著。

整理工作進行了一段時間，蘇秉琦發現出土的陶器和現代物品一樣，也是各具特色的，很多陶器屬於同一類型，而同一類型陶器中又有著一定演化順序。這一發現讓他格外高興，他立刻聯想到北歐學者創立的考古類型學，於是，他將陶器先區分不同類型，再在同一類型中尋找演化順序。經過這樣分類整理，出土的陶器得以科學有序地安置。

有一次，一位考古人員協助蘇秉琦工作，發現他整理的陶器井井有條，就故意把他打亂了順序。蘇秉琦看到後，並沒有責怪他，而是很快就按照自己的理論恢復了陶器順序。那人看了，驚奇地說：「沒想到，你能這麼快區分這麼多陶器，真不簡單！」

蘇秉琦笑著說：「這有什麼，只要按照科學方法整理，再多陶器也能整理得井然有序。」那人聽了，十分佩服，隨即拜蘇秉琦為師，請他教授自己整理陶器的知識和方法。

蘇秉琦並沒有沉溺在陶器整理的成果上，而是在此基礎上，進一步發展了北歐學者創立的考古類型學。他在《洛陽中州路》一書中，將260座東周墓的每一個墓當作一個整體進行分型、分式，找到了它們的演化順序，發現了墓主身分之間的差別，這樣一來，把考古類型學提升到了探索人們社會關係的層次。

除了進行文物分型外，蘇秉琦還提出了考古學文化的區域類型劃分方法。他在《關於考古學文化的區系類型問題》一文中，對中國的新石器文化及部分青銅文化做了全局的歸納和劃分其區域類型，提出了考古學文化的區、系、類型理論。這一理論無疑是考古學發展的重要體現，也是考古工作不可缺少的理論基礎。

類型學是考古學的基礎理論和方法之一，也稱為器物形態學、標型學和形制學。它以事物的發展變化必然遵循一定的規律的基本理論為基礎，透過對文化遺存形態的分類排比，探索其變化規律，推斷考古學文化的年代、分期、文

化屬性以及與其他文化關係。類型學在分析整理資料中非常常用，其作用如下：

1.確定遺跡和遺物的相對年代。透過分類排比，自然可以弄清楚物品的形態變化順序，也就可以確定某一器物或者遺跡的相對年代。

2.確定遺存的文化性質、時間、空間和文化內涵是遺存的具體內容，瞭解了這些知識，自然可以把握某個遺存的文化特徵。

3.為分析社會關係打好基礎。對某一文化遺存的類型學分析往往可以探求出相關時期人們的各種關係。

第二編

考古學方法

牧場主人濫採廢墟——
挖掘方法

考古界通常採用的挖掘方法有四種：漫掘法、深坑法、打格分方法和打格分平面延伸法。

1888年冬天，科羅拉多州的一位牧場主人理查・維士利爾在放牧時意外發現了一處廢墟遺址。這片廢墟位於懸崖邊，是一層層崖屋建築，已經有600年無人光顧此地了。

維士利爾非常激動，他早就聽說挖掘廢墟可以帶來橫財，因此，他趁著天色未晚進入崖屋之內，一間間搜尋著。果然，他在屋子裡找到了很多文物，它

們靜靜地躺在那裡，幾百年來無人知曉。

當維士利爾帶著搜集的一批文物趕回家中時，全家人驚喜交加，在他們看來，這是上天賜給他們發財的機會。於是，全家人都行動起來，分批趕往懸崖邊的廢墟遺址，一次次搜索其間的文物，將它們歸為己有。

冬天過去了，維士利爾全家搜集的文物已經不少了。開春時節，他們帶著文物趕到丹佛，賣了3000美元。這可不是個小數目，家人自然分外得意。接下來，他們更加投入地到廢墟去搜集文物，到1893年5年間，他們先後出售了4批文物，其中既有陶器、工具、綠松石珠子，還有木乃伊。

維士利爾搜集廢墟文物的事情引起了一個人的注意。這位學者拜訪了他，向他打聽有關廢墟的事。此時，維士利爾已從當初的唯利是圖轉而對廢墟產生了興趣，他饒有興致地向學者說明廢墟的情況，還向他請教有關考古的知識。學者告訴他：「挖掘廢墟必須懂得地層學這一概念，必須瞭解土地表面層次和文物年代之間的關係。只有這樣，才能正確地挖掘廢墟。」

維士利爾對這一說法深感好奇，他撓撓頭皮說：「我也請求過史密索寧博物館和哈佛大學的皮波蒂博物館提供科學的指導，不過遭到了他們的拒絕。在我看來，那片廢墟應該是印第安人留下的，應該有更重要的意義。」

學者當然非常關心這一點，他開始詳細地向維士利爾解說地層學理論，可惜的是，這位學者很快離開了，維士利爾也就失去了學習更多知識的機會，這也註定了他不可能成為一名好的挖掘者。

又過去了兩年，從文物中牟取到不少利潤的維士利爾開始考察查科峽谷。

這時，他已經頗有名氣，因此美利堅自然歷史博物館和一家紐約來的富裕家庭願意出錢支持他的挖掘活動。不久，維士利爾帶領考察隊在波尼托村落動土了。當時波尼托是查科保存得最好的村落之一，可是從維士利爾到其他挖掘者，無人懂得考古方法，因此，他們在挖掘地到處搜尋、隨意挖掘，找到了幾十件陶器和幾千個綠松石製品，很快，他們又挖開了幾處墓室，取出了其中的弓箭、珠寶手飾和其他物品，並分別將這些文物據為己有，以高價賣出去。

1900年，此地缺乏科學指導的挖掘工作終於引起科學界和政府注意，國家終於下令禁止維士利爾繼續挖掘。1907年，美國政府宣佈查科峽谷為國家考古公園，之後，那裡的考古工作必須在批准的情況下才能進行，而發現者和破壞者維士利爾，則在三年後因為和人爭奪馬匹被人開槍殺死，安靜的躺在了波尼托村落的墓地裡。

維士利爾在廢墟遺址濫採的活動，是缺乏科學指導造成的。那麼，什麼是

正確的考古挖掘？通常使用的考古方法有哪些呢？

　　挖掘是調查的繼續，而且是很重要的一步。透過挖掘可以瞭解遺址的文化面貌、地點性質，這是挖掘的主要目的。科學的挖掘工作可以再現遺跡原貌，是建設性的一面；可是不科學的挖掘可以使本來埋藏在地下的舊石器文化遺址不再存在了，這是破壞性的一面。所以，在挖掘中應該盡可能地恢復原貌，極力避免盲目的挖掘，把破壞性的一面減少到最低的程度。要做到這一點，就需要科學的方法。

　　目前，考古界通常採用的挖掘方法有四種：漫掘法、深坑法、打格分方法和打格分平面延伸法。其中漫掘法用於僅有零星的遺物或者化石，周圍再無其他遺物和遺跡時，這時的考古目的只要求完整無損地把標本取下來。但是漫掘法要嚴格控制，不能隨便擴大使用。而深坑法則用於遺址或地點遺物比較密集，暫時弄不清楚地層關係和平面的分佈情況時，可以先打一條探溝，通常以2×1公尺為宜，在弄清楚堆積物的地層關係後，可採用打格分方法或者打格分平面延伸法。

林沄，1939年2月生，上海市人，考古學家、古文字學家和歷史學家，主要論著有《從武丁時代的幾種子卜辭試論商朝的家族形態》、《古文字研究》第1輯、《甲骨文中所見的商朝方國聯盟》、《古文字研究》第6輯等。

惠勒挖掘少女城堡—方格

「惠勒的方格」法是把遺址劃分為若干塊，方塊之間留有隔障的系統方法。

惠勒是英國考古學家，從1926年起擔任倫敦博物館負責人，也是在這一年，他接受了對羅馬古城多塞特郡少女城堡的挖掘任務。

長久以來，考古學家在挖掘遺址時，往往由於方法不得當造成很多損失，或者使挖掘工作不能順利進行。惠勒身為頗有成就的考古學家，當然深知這些問題的嚴重性。現在，如何科學有序地挖掘多塞特郡少女城堡，成為他心中最大的難題。

經過深入細緻地調查研究，在瞭解城堡的歷史和周圍環境的基礎上，惠勒決定採用新方法展開挖掘工作。這個方法就是在全面挖掘以前，先挖一個探溝，以瞭解遺址的地層堆積情況，然後進行網格式的布方，以探方為單位進行挖掘。

這個決定得到了隨同人員的一致贊同，大家認為：「採取網格布方，可以在同一時間、同一平行的層次上展開挖掘，這樣就能對考古的層次序列提供一個永久性紀錄，避免以往挖掘中出現的很多問題。」

為了使挖掘更科學，惠勒還規定在每個探方的四邊都進行詳細地勾畫，透過保留的探方壁和關鍵柱來顯示地層堆積狀況。

在惠勒的指導下，多塞特郡少女城堡的挖掘進展順利，取得了很大成功。結果，這個方法很快傳揚出去，被考古界所認可，人們親切地稱呼它為「惠勒

的方格」。其後，經過很多考古學家不斷完善和發展，這個方法成為現代考古挖掘的主要方法。

「惠勒的方格」法是科學挖掘的重要方法，是把遺址劃分為若干塊，方塊之間留有隔障的系統方法。自從惠勒發明使用以後，這個方法經過很多考古學家發展和完善，逐步形成現在所說的「打格分方法」和「打格分平面延伸法」兩種模式。

打格分方法：在探明遺物垂直分佈後，將遺址打格分方，目前常用的每方為2×2公尺，每人負責若干方，進行挖掘，在每個方相接處，最好留一公尺隔樑，以便將來對接地層剖面。

打格分平面延伸法：為了全面揭露遺物的埋藏情況，或某一遺存，如房基等的整體結構，必要是可打破方格，平面延伸出去，及至大的遺物或遺存的全部露出為止。這也是在特殊狀況下才使用的方法。

惠勒（1890年～1976年），英國考古學家。曾在英格蘭、威爾士等地從事考古挖掘，對印度河流域文化的挖掘卓有成就。惠勒在田野考古和考古學術研究方面均有所創建，並建立了普及考古學的電視講座。主要著作有《印度河文明》、《早期的印度和巴基斯坦》等。

埃及豔后的皇宮—水下考古

各種高科技方法相繼應用，使水下考古取得長足進展。

「埃及豔后」克麗奧佩特拉是歷史上諸多赫赫有名的女性當中的一位焦點人物，她是埃及托勒密王朝的末代女王，從西元前51年開始統治古埃及，憑藉其美麗的容貌和聰明的頭腦保全了一個王朝，與強大的羅馬帝國的帝王們有著千絲萬縷的感情瓜葛。西元前31年，阿克興之役戰敗後，屋大維進軍埃及，她自知大勢已去，自殺身亡。關於她的故事，在野史、傳說和文學作品中屢見不鮮，引人注目。可是，多少年來，有關她的文物資料卻少之又少。

2000年後，一位叫弗蘭克‧高狄歐的探險家從古人的一篇紀錄中瞭解到了「埃及豔后」皇宮位於亞歷山大港灣，不過，這座皇宮在豔后去世400年後的海嘯中沉沒了。出於對這位女王的好奇，弗蘭克‧高狄歐激起了到海地深處搜索她的宮殿的願望。

1997年，弗蘭克‧高狄歐經過充分準備，組成了一支由考古家、潛水夫的考古探險隊，來到了亞歷山大港灣尋找沉沒的豔后皇宮。

水下考古歷來困難重重，在渾濁的海水中，潛水夫的視線範圍幾乎不會超過2公尺。而且，最微弱的水波振動，就能揚起沉積數世紀的淤泥。所以，先進的設備和高超的技術是必備的。為了確定皇宮的位置，弗蘭克‧高狄歐小組運用了各式感應器材來探測海底的地形、掃

瞄海岸，觀察地球磁場的變化以推測海底暗藏的結構。這些儀器的運用讓他們可以輕鬆繪製出沉沒的碼頭與古港的簡圖。

很快，埃及就進入了炎熱的夏天。酷暑時期海水的顏色變得深重，根本無法進行勘查。為了方便探測，弗蘭克‧高狄歐為潛水夫們裝備了一種新的科技產品，它可全球定位衛星的信號，協助潛水夫確定方位。這種定位儀效果非常好，他們很快確定了遺址的經緯度，誤差在1.5公尺以內。弗蘭克‧高狄歐高興地說：「我們能精確地確定古堡的位置與輪廓了。」

確定了遺址位置，弗蘭克‧高狄歐小組很快找到了失落的世界。他們繪製的亞歷山大港灣的地圖顯示了皇宮所在地——安堤荷德島。搜尋目標縮小後，接下來的尋找就明確了很多。考古隊員很快在水底找到了兩大排木樁。這些木樁是古代碼頭的地基，大約在西元前四、五世紀就存在了，也就是說，早在埃及豔后之前，碼頭便已存在。既然木樁能保存這麼多年，那麼埃及豔后之城應該也還沉睡在這海底。

果然，順著木樁繼續搜尋，他們找到了相關的建築，還在沉島西南角的遺跡上發現了一系列的大石柱，這些石柱都是由埃及紅花崗石鑿挖成的。漸漸的，他們發現了更多的巨大石塊和木造地基，那些石頭上刻著的象形文字告訴他們，這就是埃及豔后的皇宮，兩千多年前，她曾經從這長長的通道走過。這深埋於海底的宮殿終於被人們挖掘出來了。

近些年，考古的巨大突破很大程度上都要感謝高科技手法的運用，特別是水下考古，基本上是依靠科技手法來進行的。

　　水下考古與陸地考古一樣，作業前必須詳盡瞭解挖掘目標和水下環境。為此，第一步應該大規模的搜索定位，第二步應該瞭解水流、水深、水下能見度和海底構造等方面的情況，尤其是工作地域的天氣情況。

　　如今，各種高科技手法相繼應用，水下考古已經取得長足進展，比如衛星可以拍攝水下考古地點的高清晰照片，全球衛星定位系統也使水下考古定位變得簡單了。另外，考古者還可以藉助聲納設備在大範圍內尋找沉船或水下居民遺跡；使用淺底地層剖面儀瞭解海底情況；使用核磁共振設備相當精確地探測地球磁場的變化等。總之，高科技的運用使得考古人員可以進入更深的海底進行作業了。

多米尼格‧維萬‧德農，法國畫家、作家、交際家，跟隨拿破崙遠征埃及期間，對埃及的景觀和遺存進行了大量繪畫，留下無數畫稿，後人根據此編著了《埃及記述》一書，是研究古代埃及的重要資料。

加迪夫巨人─文物鑑定

文物鑑定，就是運用科學方法分析辨識文物年代真偽、質地、用途和價值的工作。

這是1869年夏天的美國紐約加迪夫村。某個星期六，該村村民從地底下挖出了一個巨大的石人，高達3.15公尺，體重約1500公斤。巨人的出現轟動了整個紐約。第二天，無數好奇的人湧向加迪夫村，前來觀看出土巨人。

這時，發現巨人的地方豎起了牌子，上面寫著：請看加迪夫巨人，每人美金50分。原來，有人看到了其中商機，打算透過巨人發財。人們抵制不住巨人的誘惑，紛紛解囊而進。這些人之中有4名牧師，他們望著牌子，有些無奈地說：「我們是附近教堂的牧師，是上帝忠實的僕人，能否給與我們優惠呢？」

負責收錢的人倒也大方，他說：「好吧，對折優惠，你們每人交25分就行了。」

4名牧師一聽，高興得連連表示感謝，付過錢後匆匆進去了。

當他們觀看完巨人走出來時，激動之情已然掛在臉上，他們邊走邊說：「真是了不起啊，這裡的巨人就是《聖經》上所說的巨人的化石！」他們覺得，加迪夫巨人的出土，證明了《聖經》內容的真實性。

聽到他們的言論，有人不解地問：「你們怎麼知道呢？這個巨人與《聖經》上的巨人哪裡相像？」

牧師盯著問話的人，不疾不徐地答道：「《聖經》裡雖沒有說明巨人的身高，但是我們一代代牧師都知道，巨人身高在3～4公尺之間，與出土的巨人相

似，難道這不是證據嗎？」

聽到這句答覆，很多人點頭回應：「對啊，對啊，牧師們總是說《聖經》裡的巨人身高在3～4公尺之間。」

這一下，在場的人們更加信服加迪夫巨人了，認為它就是《聖經》中巨人的化石。經過這麼一番折騰，出土巨人的消息很快傳遍了整個美國。這不但引

起一般人的好奇，也震驚了科學界，不少科學人士來到加迪夫村，試圖對巨人進行鑑定。

可是巧的是，具有國際聲望的化石專家瑪斯教授與當時美國最著名的化學家希利曼教授連袂對加迪夫巨人的鑑定表示，加迪夫巨人是史前人類的化石！針對如此有威望的論斷，學者們展開了激烈的爭論，討論人類起源。在這些狂熱的科學人士中，只有一人頭腦冷靜，他就是懷特博士，他堅持認為：「加迪夫巨人是一個經過加工的現代石膏像。」但是，他個人的聲音太微弱了，在當時那種場合下，幾乎沒有引起他人關注。

而在這時，加迪夫巨人引發的商機更是勢不可擋。一個財團以4萬美元的高價買下加迪夫巨人75％的股份，並把它運到紐約市展覽，意圖贏取高額回報。這還不算什麼，當加迪夫巨人運往紐約時，另一家財團別出心裁，請人仿製了

一個加迪夫巨人，也張貼廣告準備展覽，並聲稱自己的加迪夫巨人才是真的。

於是，兩家財團之間圍繞加迪夫巨人展開了訴訟，這場訴訟也成為一次極好的廣告宣傳。在此影響下，紐約人躍躍欲試，都想親眼目睹加迪夫巨人的身姿。結果，法院不得不決定再一次對加迪夫巨人進行鑑定。

這次的鑑定人員是解剖專家霍爾莫斯，他為了觀看巨人內部構造，在它的耳朵後面鑽了一個小洞。當小洞打通後，一切真相大白：加迪夫巨人不過是一座石像，並非是史前人類的化石。

這個鑑定結果引起軒然大波，無數人追問著：「是什麼人製造了這個石像？他為什麼把它埋在加迪夫地下？他到底想做什麼？」

在記者的追蹤下，事情的來龍去脈最終得以真相大白。原來，雪茄製造商弗爾自幼熟讀《聖經》，對其中的內容瞭若指掌。有一次，他去教堂聽牧師佈道，發現牧師對《聖經》中的巨人胡亂解釋，他十分不滿，就向牧師提出問題。然而，對於他的提問，教徒們很不理解，對他白眼相向。這讓弗爾非常尷尬和氣憤，他怨氣難平，便決定製造一個假巨人來嘲弄牧師和教徒們。於是，他購買了一塊石膏石，請人雕刻成巨人的形象，並用榔頭在巨人表面敲出類似皮膚上的毛孔。為了使得這個巨人逼真，他還用硫酸腐蝕巨人像，使它看上去古色古香，彷彿在地下埋了許多年一樣。

製造完畢後，弗爾說服了他的表兄，製造了石像被挖掘出土的假象。為了賺取觀看費，他的表兄同意了他的做法，於是，便有了故事開頭的那一幕。

這是一場人為製造的不折不扣的鬧劇，卻提醒了我們考古工作中文物鑑定

的重要性。所謂文物鑑定，就是運用科學方法分析辨識文物年代真偽、質地、用途和價值的工作。

　　文物鑑定的具體方法很多，基本方法可歸納為傳統方法和現代科學方法。傳統鑑定方法包括比較和綜合考察兩個方法。其中比較是鑑別的基礎，沒有比較就沒有鑑別。長久以來，考古界一直採用比較的方法鑑別文物。比如文物藏品鑑定時，可以選取已知真偽、年代的同類文物做標準，將它與需要鑑定的文物對比、分析，找出兩者之間在形制、質地、花紋、工藝等方面的相同與不同之處，做出科學判斷。而綜合考察則是透過調查文物本身，結合文獻資料，總結同類文物的一般規律，對鑑定文物進行綜合考察、分析、判斷，達到鑑定文物的目的。現代科學技術鑑定法則主要是運用現代科學技術對文物進行分析鑑定。

趙超，1948年生。主要從事於古代銘刻學、漢朝畫像研究、出土文獻研究與有關佛教藝術考古的研究等工作。已出版論著有《盛世佛光》等二十餘部，論文近百篇。

皮爾當人騙局─鑑定要求

文物鑑定要求透過鑑定，準確判明文物的真偽、年代；透過對文物的綜合研究，分析文物的形式和內涵，準確評定其歷史、藝術、科學價值的高低。

進化論自問世以來，卻一直有著缺失的一環，人們一直找不到從猿猴進化到人的中間化石，無數的學者都希望能在此有所突破，卻一直沒有發現。

1912年12月，皇家地理協會舉行會議，會議上，學者道森講述了自己的一段發現歷程，4年前，他從皮爾當砂石坑的工人那兒得到一片顱骨的碎片。之後他多次探訪當地，陸續發現了更多碎片。他覺得這些碎片有些奇異，就把它們拿給大英博物館地理學部門主管亞瑟‧史密斯‧伍德沃觀看。伍德沃對這些碎片也很感興趣，於1912年7月跟隨道森一起去了皮爾當，在那裡，他們找到了更多顱骨和下顎骨的碎片。

兩人帶著碎片回來後，進行了拼對和重建工作。結果令他們大吃一驚，重建的頭顱除了枕骨和腦容量外，在許多層面上類似現代人。隨後，他們檢查了僅有的兩顆類似人類的臼齒碎片，發現它們與黑猩猩的臼齒差別不大。這些發現讓他們得出一個結論：皮爾當曾經存在過一種人類，這種人類介於人和猿猴之間。他們還詳細地分析了皮爾當人的頭顱情況，認為他們的腦容量是現代人類的三分之二，與人近似，而下顎骨卻與猿猴更接近。

道森講述完畢，伍德沃出面宣佈了結果，他說：「根據大英博物館的復原顱骨，我們可以確定皮爾當人代表了人和猿猴之間失落的環節。」

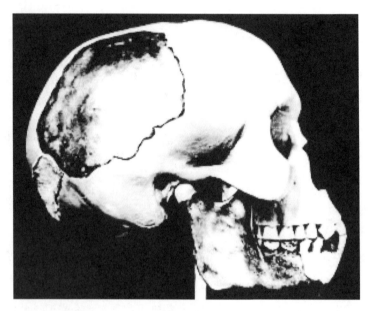

毫無疑問，道森和伍德沃的發現會引起怎樣的轟動，會議結束後，一方面在英格蘭流行起人類演化從腦袋變大開始的說法，另一方面，關於皮爾當人的復原頭顱受到了強烈挑戰。有學者利用相同碎片的複製品進行了復原工作，他們發現這不過是一個腦容量和其他特徵皆相似於現代人的模型，並非一種新發現的人類頭顱！

儘管指責不斷，道森依然堅持自己的觀點，並在3年後又在皮爾當發現了第二具顱骨。這具顱骨被稱為皮爾當2號，他希望藉此反駁他人，鞏固自己的理論。

然而，人們不難發現，在皮爾當的發現地點，從沒有過有關出土物的紀錄文件，而且，這之後伍德沃再也沒有去過皮爾當。

　　這件頗受爭議的事情就這樣持續地受人關注著。直到1953年，事情的真相才被徹底揭露。這年，大英博物館的工作人員出面宣佈，皮爾當人頭顱是贗品，是用中古時代人類顱骨和一隻五百年前沙勞越紅毛猩猩的下顎與黑猩猩的牙齒化石組合而成的。他們還詳細地說明了這個合成品的來歷：造假者首先敲掉了下顎骨的尾端，並將下顎上的牙齒銼平，然後再把人頭顱骨和猩猩的下顎和牙齒組合在一起。因為，「透過顯微鏡，可以清晰地看到牙齒上的銼痕。」另外，還有一件令人哭笑不得的證據，那就是在骨頭旁邊曾經有過一個「工藝品」，當初，科學家認為這是一種工具或者骨架的一部分，可是經過科學鑑定，這不過是一支板球球棒！

　　一切真相大白。關於皮爾當造假案，人們除了指責造假者外，也在深深地思慮另一個問題：為什麼如此簡單地拼接就能瞞過諸多科學家？讓那麼多人相信它？

　　一場騙局也許更能考驗文物鑑定的準確度。文物鑑定是一項科學研究工作。它研究的對象是各種文物，這些文物形態各異、內涵複雜、時代不同，因此，對它們進行鑑定必須做到具體、細緻、嚴密和求實。

　　具體地講，文物鑑定的基本要求包括六方面的內容：

　　1.文物鑑定應該遵循科學客觀的態度和方法，從認真地調查研究入手，對它的真實性和科學性做出判斷。

　　2.應該明確文物的真假和年代。

　　3.透過分析文物的形式和內涵，明確文物的價值。

4.文物鑑定者要有淵博的知識，掌握科學的鑑定方法。

5.文物鑑定必須實事求是，不能弄虛作假。

6.應該做好鑑定的資料準備，寫出鑑定意見。

亞瑟·伊文思爵士（1851.7.8～1941.7.11），英國考古學家。1884年～1908年擔任阿什莫爾博物館的館長。他的最大成就是對邁諾斯文明的考察，並總結在四卷本的《The Palace Of Minos At Knossos》中。他對線性文字a和線性文字b的解讀也做出了很大貢獻。

博塔挖掘尼尼微—紀錄

考古挖掘要有詳細的紀錄，將挖掘時所觀察到的一切有關現象都紀錄下來。紀錄分為文字、繪畫和照相三種。

1840年，法國人博塔來到了摩蘇爾，他在當地市場上看到不少人出售各種古代器皿，這引起他的好奇心。很久以來，他有一個想法，試圖尋找《聖經》中的尼尼微。如今，他就站在《聖經》中描述的尼尼微所在地，面對擺放在眼前的古代器皿，這一想法越發強烈。

於是，博塔向出售者打聽器皿的來歷，答案非常有意思，那些出售者多半聳聳肩膀，懶洋洋地說：「這種東西到處都有，只要你留意，隨處可以找到。」

這樣的回答更加激發了博塔的好奇心，他回去後組織一幫人馬開始了四處找尋古代器皿的工作。不久，他們打聽到了一個叫做庫雲吉克的土丘，據說這裡曾經出土過很多器皿。博塔帶著他的人馬投入到挖掘工作中，他們日夜不停地挖掘著，整整挖了一年。不幸的是，一年辛苦只換來了幾塊破損的雕像殘片，和一些刻著莫名其妙文字的碎磚頭！看著這些不起眼的東西，博塔非常失望，甚至有些後悔。

這天，博塔蹲在庫雲吉克土丘上長吁短嘆，不知道是否應該繼續挖掘下去。就在這時，遠處跑來一個當地人，他走到博塔身邊說：「聽說你在搜集古物，在我們村子附近，有一個叫科爾沙巴德的地方，那裡有很多刻著字的磚頭，我們都用它來疊爐灶。」

「真的嗎?」博塔瞪大了眼睛問,「你說的是真的嗎?」看來,他對於這個人的說法有些懷疑。

那人呆呆地看著博塔,重複著說:「是,我們都用那些磚頭來疊爐灶,不信你去看看。」

儘管博塔受了很大打擊,可是他還是不想錯過任何一次機會。「碰碰運氣吧!」於是他派幾個助手跟隨那人去了。

這次,幸運之神眷顧了博塔。那些助手去了一個星期後,匆匆回來彙報:「我們到那裡後,第一鏟下去就發現了一段牆壁。我們清理了牆壁,看到上面有許多圖畫和雕刻。隨後,我們在牆壁附近發現了石雕。」

博塔聞訊,真是喜出望外,他連忙帶著所有人趕往科爾沙巴德。在那裡,他們看到各式各樣的圖像,有蓄鬍鬚的男子,還有長著翅膀的野獸。這一切與他在埃及見到的一模一樣,而與當時歐洲出土的圖像完全不同。這些圖像似乎在說明一個問題,這裡就是《聖經》中尼尼微的亞述王宮。

為了更快地證實自己的推斷,博塔帶領人馬繼續挖掘,並且詳細紀錄著挖掘所見,他要讓世人看到,亞述王宮重現於世了。

在大量挖掘的基礎上,博塔向國內報告,聲稱自己發現了尼尼微的亞述王宮。這一消息公佈後,立即轟動了整個歐洲。因為這一發現足以證明,在美索不達米亞平原上曾經存在過一種與埃及文化同樣古老,甚至更古老的文化。

其實,博塔發現的並非亞述王宮,而是其他城市。然而,他的這一發現同樣意義重大,因為他證實了尼尼微的存在。在他挖掘的基礎上,依靠著他的挖

掘紀錄，後人找到了真正的亞述王宮遺址。

　　考古挖掘時，必須進行必要的詳細紀錄，這些紀錄可以將挖掘時所觀察到的一切有關現象都紀錄下來，以供其後的分析研究。挖掘紀錄分為文字、繪畫和照相三種。文字紀錄包括挖掘地點、時間、地層劃分等內容；繪圖紀錄包括各探方或探溝的剖面圖、遺跡分佈圖等；照相可以客觀地紀錄遺址挖掘前後的地貌情況、遺物的出土情況等。

　　根據紀錄文物不同，紀錄的內容也不同。比如陶片紀錄，一般陶片的紀錄相對簡單，只要在盛放這些陶片的器皿內外放置標明探方或探溝及層位的標籤就行了；而重要的陶片，則要採用座標紀錄法進行測量和紀錄。

普洛特，英國人，1677年他編寫了一本關於牛津郡的自然歷史書，其中紀錄了一塊腿骨化石的插圖，這是人類最早發現的恐龍化石。

行伍中的畫家─考古測繪

在實際考古活動中，通常運用的測繪技術包括數位攝影測量、電子全站儀測繪和衛星定位技術。

1849年，美國政府派遣部隊前往新墨西哥州西北部的那伐鶴地區，打算降服當地的印第安人。跟隨部隊前行的還有一位熟諳測繪技術的上尉，他叫傑姆斯·亨非·傑姆斯，隨行的目的是測繪沿途路線、繪製地圖，保障軍隊運輸和鐵路修建。為了完成任務，傑姆斯還帶著兩位助手，他們是肯·理查和尼德·理查兄弟，兩人都是繪畫藝術家。

部隊出發後，找尋到了那伐鶴印第安人在查科峽谷的藏身之地，並一舉將其擊敗。接著，他們揮師西進，打算攻擊其他地方的印第安人。在戰鬥過程中，傑姆斯和理查兄弟對身處的環境產生了濃厚興趣。他們在查科峽谷發現了許多古老建築，這些建築由巨大的暗紅色石頭修建，雖然已經風化，但卻讓它們與周圍環境融為一體，看上去那麼迷人，那麼震撼人的心靈。

傑姆斯和理查兄弟似乎忘記了隨行的任務，他們在古老的建築群中奔走著、測繪著、勾畫著，一幅幅草圖勾勒出了他們所見的各種景象：這是一條長達10英里的峽谷，沿著峽谷屹立著一連串村落的廢墟遺址。谷底是較大的村落，谷壁上是一些較小的建築群。很明顯，每一個村落都是單獨成立的，由許多建築構成，少則十幾間，多的有上百間。

當傑姆斯和理查兄弟在古建築群中忙碌時，他們沒有想到，他們正在完成19世紀眾多最偉大的考古發現中的一件，這裡是美國土著居民的古居地，今天

的考古學家稱這些土著居民為安納沙茲人。

　　除了繪製草圖外，傑姆斯還到廢墟遺址當中仔細觀看建築的修建情況，他發現，這些建築都是由磚形石塊壘成的，這些石塊拼接得十分整齊，看上去非常完美。這讓傑姆斯深感震驚，他不知道古代人們是如何完成這一壯舉的。他動情地說：「他們用了多久時間將這麼多石塊打磨得如此完好？」

　　帶著查科廢墟遺址的草圖和深深的感動，傑姆斯回到了首都華盛頓，他在遞交的旅行報告中提到了廢墟遺址的事。這份報告發表後，引起人們對查科峽谷的興趣。隨後，無數探險、測繪和旅遊的人湧向那裡，試圖尋找散佈在其間的廢墟遺址。結果，猶他、科羅拉多、新墨西哥和亞利桑那四州交接的地帶成為考古發現的重要地帶，被稱為四角地帶。在那裡，印第安安納沙茲人的遺址一次次被發現、被研究。

　　在不斷的研究過程中，科學家們也答覆了傑姆斯當初的疑問，他們在研究查科峽谷的一個村落遺址時，發現這個村落的建築使用了5000萬片經過打磨和

切割的沙岩。他們推算，這可能是在長達一個多世紀裡各個階段修建的結果。

　　故事的主角測繪了查科峽谷的廢墟遺址，讓我們瞭解到考古中測繪的作用。考古學離不開測繪技術。目前，測繪技術已有了長遠進展，一般運用包括數位攝影測量、電子全站儀測繪和衛星定位技術。

　　攝影測量技術是透過攝影技術攝取圖像，再運用測量學方法，計算出三維座標，進而生成三維影像圖的測繪方法。這項技術可以對遺址、石刻、古建築等進行測繪，能夠提供各種線劃圖、模型和影像圖，比較適合各種考古所需。

　　電子全站儀是一種新型測量儀器，精確度高，可以準確地測定角度、距離和座標等，而且能與電腦聯機作業，因此使用非常普及。有的電子全站儀還有鐳射測距功能，便於測繪不能架設反射稜鏡的石窟、古建築等。

　　衛星定位系統是以人造衛星網為基礎的無線電導航定位系統，一般包括空間衛星系部分、地面控制部分和用戶接收部分。透過這個系統，可以更加全面、動態地瞭解考古情況，是目前最先進的測繪技術。

曼特爾（1790年～1852年），英國醫生、地質學家和古生物學家。曼特爾長期致力於中生代的古生物學，並在白堊紀的地層中首次發現了著名的恐龍類爬行動物。

復活節島上的秘密— 碳-14年代測法

碳-14年代測法，根據碳-14衰退的程度來計算出土文物大概年代的測量方法，是至今為止最常用的檢測法。

1722年的復活節，荷蘭海軍上將雅各‧羅哥文率領的一支由3艘帆船組成的小艦隊經過漫長的太平洋航行之後，發現了一個新島嶼。他們非常激動，為了紀念這次發現，就將這個島嶼命名為復活節島。

第二天，羅哥文派遣士兵登陸觀察。結果，這群士兵上岸後，不到半天工夫就與島上的土著人發生了衝突。他們開槍打死了一些土著人，然後快速撤離了。之後半個世紀內，再也沒有外人到過復活節島，它似乎被人遺忘了。

1770年，西班牙探險家聽說羅哥文發現復活節島的故事，經過長期海上旅行再次光臨了這裡。1774年，英國著名探險家庫克船長也來到了島上，收集了不少的資料。不過，他們帶回西方最吸引人的消息是，在復活節島上遍佈著大大小小的人形石頭雕像！

之後，歐洲各國紛紛派人前往復活節島，試圖對其進行進一步探索和征服。當人們登陸島嶼時，無不被島上那神奇的石像所震撼，這些石像大約有1000個，散佈在島嶼各處，其中屹立在海岸上的巨大石像格外引人注目，它們的高度從10公尺到20公尺不等，重量均在50噸以上。這些石像的軀體是用黑色火成岩雕刻的，頭上頂著一個巨大的「帽子」，這個帽子重達10噸左右，材質

是紅色火成岩。石像人圓睜著大眼睛，眺望前方，他們表情奇特，一個個拉長著臉，一副沉思的神態。

巨大的石像成為復活節島的象徵，也成為吸引世人關注的焦點。科學家們推斷，這種巨大的石像不可能是島上的土著修建的，因此，在復活節島上一定存在著更古老的文化。

1957年，托爾·海雅達爾來到復活節島，他決定對全島的石頭雕像進行全面考察。他發現，所有的石像並非同一時期的作品，根據雕刻的工藝水準，可以分為三個時期，最早的石像有260個，而其餘的石像，竟然都是針對那些早期石像的模仿，而且，石像的雕刻技藝一批不如一批。同時，海雅達爾還在島

嶼的死火山口發現了幾百個尚未完工的石像，這些石像的周圍丟棄著雕刻和採石的工具。這些工具都是石頭的，粗糙簡單，有好幾千件。從凌亂堆放的工具來看，雕像工作似乎是突然中止的。海雅達爾想：肯定發生了什麼意外，才讓這些採石和雕刻的工匠慌忙離去了。

到底是什麼意外呢？為了確知這一點，海雅達爾對石像周圍燒剩的木炭進行了測定。可是，根據碳-14的測定，木炭確定的年代是西元400年，距今才一千多年時間。一千多年前，當地土著的祖先已經來到了這裡，但他們沒有留下任何關於製造石像的傳說，也就是說，他們到來之前，石像早就存在多年了。那些木炭，是他們留下的，而非石像雕刻者。

至此，對於石像的研究再次陷入了無奈之中，至今還像謎一樣困惑著考古界。

　　碳-14年代測定法是現今考古界最常用的測定時間的方法。它是根據碳-14衰退的程度來計算出樣品大概年代的測量方法。

　　在活著的有機物體內，有一部分碳元素為穩定同位素碳-12，還有一小部分是放射性同位素碳-14。當某種植物或動物死亡後，其體內的穩定同位素碳-12的含量不會變，而碳-14卻開始逐漸衰退。這樣，在已知碳-14衰退速度的情況下，就可以根據它的衰退程度計算文物年代。

　　由於碳-14的半衰期為5700年，因此，可以用來測定距今6萬年左右的化石。而對於年代更為久遠的化石，這種方法就沒有作用了。

海爾達爾（1914年～2002年），挪威人類學家、海上探險家。他透過綜合研究，認為太平洋波利尼西亞群島上的第一批居民是西元五世紀時從南美洲來的。為了證明自己的猜想，他仿製印第安人木筏，並且乘筏橫渡太平洋。

修道院裡的福音經文——攝影紀錄

攝影紀錄可以客觀真實地紀錄考古遺跡和重要遺物出土的狀況，紀錄田野考古的工作過程，因此備受重視。

19世紀時，蘇格蘭曾經有一對孿生姐妹，她們分別叫阿格尼絲和瑪格麗特，這對姐妹生於1843年，兩人從小喜歡研究古代文獻，除此之外，姐妹倆還喜歡旅行，到各地學習語言，探索古代文獻中講到的各種事情。在旅行過程中，姐妹倆接觸到了許多考古遺址。但是，她們沒有想到的是，有朝一日自己也會發現某個消失已久的城市。

1891年，不幸突然降臨，姐妹倆的配偶同年去世。面對這人生中巨大的打擊，為了減輕痛苦，她們選擇了從小喜愛的事情——結伴到埃及去旅行。很久以來，她們對於西奈山充滿了嚮往之情。瑪格麗特曾經感嘆說西奈山是「在《聖經》歷史記載中最令人驚嘆的奇蹟之一」。確實，《聖經》中說摩西就是在西奈山的山坡上接受了基督教十誡。

姐妹倆來到了埃及西奈山，住進了山腳下的一座修道院裡。瑪格麗特的丈夫曾經考察過這個修道院，它年代久遠，名字叫聖凱塞琳，圖書館堆滿了各種古老的、很久無人翻閱的手稿。瑪格麗特早已從丈夫那裡得知了手稿的事，並且答應一位學術界朋友，幫他拍攝這些手稿，帶回去供他研究。

如今，姐妹倆徵得修道院同意後，開始了拍攝手稿的工作。

這天，姐妹倆準備齊全，帶著相機來到了圖書館，她們打開一本本古老的書籍，細心地翻閱著，認真地拍攝著，生怕遺漏一點內容。突然，瑪格麗特喊道：「快看，這上面有兩種文字。」阿格尼絲轉頭觀看，可不，這是一張羊皮紙，上面用希臘文和敘利亞文書寫著一篇短文。姐妹倆認識敘利亞文，她們連忙放下手裡的工作，專心研讀這篇短文。經過辨認，她們破譯了文章內容：這是耶穌和他的門徒講話的譯本。

她們意識到，這篇短文只是整個譯本的一部分，應該有更多的內容沒有發現。她們很快投入緊張的尋找工作中，在成堆的手稿中，她們終於找到了這個敘利亞文本的其他部分，共有358頁。譯本是西元4世紀的手稿，翻譯抄寫了《基督教徒福音》的全部內容。

譯本的發現對《聖經》和古代基督教徒研究產生了巨大的推動，使得姐妹倆名聲大振。但姐妹倆沒有因此止步，而是繼續旅行，先後考察了埃及和黎巴嫩的其他修道院，並將發現進行整理翻譯，出版了許多古老的敘利亞和阿拉伯經文的譯本。

在考古學中，收集資料是研究和發展的基礎，也是保護文化遺產的重要方法。攝影紀錄就是其中的一項重要內容。

攝影紀錄可以客觀真實地紀錄考古遺跡和重要遺物出土的狀況，紀錄田野考古的工作過程，因此備受重視。多年來，考古界在考古攝影方面有了進步，除了用照相外，還利用電影、錄影等紀錄，取得了良好效果。

在拍攝紀錄中，需要注意的問題是：1.選擇合適的尺規或參照物。尺規或

者參照物可以比較精確的反映遺跡或遺物的大小、規格等；2.不要使用白灰或白漿等勾繪遺跡。拍攝的目的是客觀地紀錄遺跡或遺物的現狀，只有客觀真實地拍攝才能紀錄遺存的出土現狀。

湯瑪斯·揚（1773年～1829年），英國物理學家、考古學家、醫生。光的波動說的奠基人之一。他在考古學方面的貢獻是破譯了古埃及石碑上的文字。

盜墓傳家寶—洛陽鏟

洛陽鏟，又名探鏟，為一半圓柱形的鐵鏟，考古學工具中的一種。

在河南馬坡村，有個以盜墓為生的人李鴨子。所謂：「身在哪一行，心繫哪一業。」他終日琢磨的都是與盜墓有關的事，比如說哪裡有墓穴，用什麼工具比較方便等等。

1923年的一天，李鴨子到孟津趕集。來到市集上，他順著攤位轉了一會兒，口袋裡錢財不多，也就沒買什麼東西。過了半日，他覺得有些累了，就在市集旁蹲下來休息。

這時，天近正午，市集上人潮熙攘，分外熱鬧。李鴨子對熙攘的人群顯然不感興趣，他的目光轉向了不遠處的一個包子店。店裡一籠籠包子冒著蒸騰的熱氣，飄散著誘人的香味，吸引著趕集的人們。李鴨子看了一會兒，剛想起身去買包子，卻突然愣住了。他看到，賣包子的人正在地上打洞，手裡揮舞著一件奇怪的工具。這件工具每往地上戳一下，就能帶起很多土。這對於平常人來說也許沒有什麼，可是對於以盜墓為業的李鴨子來說，簡直太具吸引力了。他目不轉睛地盯著那人手裡的工具，不無激動地想：這要是用它在古墓上打洞，比鐵鍬強多了。

想到這裡，李鴨子連忙上前搭訕，向他借來工具觀看，並比著工具做了個紙樣，然後興高采烈地回家了。回到家中，李鴨子又將紙樣做了簡單修改，就找了個鐵匠，讓他照紙樣打製了一件工具。這件工具問世後，用來探訪古墓果真非常方便，很快就在盜墓業中流傳開來。由於它誕生在洛陽，所以人稱洛陽鏟。

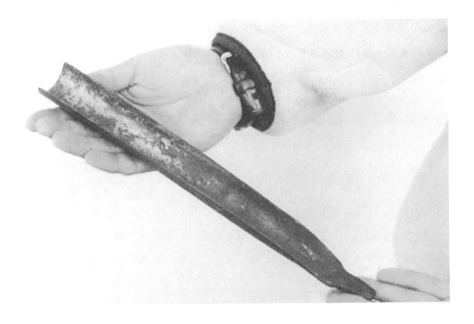

　　之後，洛陽鏟幾經改造，越來越適合探求古墓所用，也引起了考古學者的注意。1928年，考古學家衛聚賢親眼目睹了盜墓者使用洛陽鏟的情況，被其方便快捷的用途吸引，就把它引用到考古鑽探工作中。由於他的引進，在其後中國著名的殷墟、偃師商城等古城址的挖掘過程中，洛陽鏟發揮了重要作用。如今，學會使用洛陽鏟來辨別土質，是每一個考古工作者的基本功。

　　洛陽鏟，又名探鏟，是一種考古學工具，狀如半圓柱形，一端有柄，可以接長的白蠟桿。使用方法為：垂直向下戳擊地面，可深達20公尺，半圓柱形的鏟可以將地下的泥土帶出，並逐漸挖出一個直徑約十幾公分的深井。主要用來探測地下土層的土質，以瞭解地下有無古代墓葬。

　　洛陽鏟的製作比較講究，工藝非常複雜，對於製坯、煅燒、熱處理、成

型、磨刀等工序要求嚴格，只能手工打製，不能成批生產。做為中國考古鑽探工具的象徵，洛陽鏟歷史悠久、馳名中外。

陳奇祿（1923年生），考古學家。臺灣台南人。歷任臺灣大學教授、考古人類學系主任、文學院院長，長期從事中華文化及臺灣地區、東南亞地區土著文化的研究。著有《中華文化的特質》、《臺灣山地文化的特質》等。

聖井中的祭品—潛水技術

輕潛水裝備的普及使得水下考古學得到發展。

在瑪雅一直有一個傳說：古時一旦發生旱災，僧侶就會帶領百姓前往聖井祈求井神降雨救災。為了答謝井神，他們會獻上豐盛的祭品，其中包括各種裝飾品、金子，還有一位年輕姑娘。德·蘭達根據這個傳說寫了一本書，並且斷定：「如果這塊土地上還有黃金的話，絕大部分黃金就在聖井裡。」

可是巧的是，這本書被一位年輕的旅行者看到了，他叫湯普遜。25歲的他被這個聖井的傳說迷住了，渴望著有朝一日揭開聖井之謎。

許多年過去了，湯普遜已經成為經驗豐富的森林旅行家，他走遍尤卡坦全境，練就了一副銳利的目光，善於辨認隱藏的古蹟。可是，面對著遍佈的偉大古代建築，固執的湯普遜卻毫不動心，他的興趣只在聖井上。

為了實現自己的理想，湯普遜回美國做準備工作。他首先在一次科學會議上宣佈自己的計畫，並且籌集資金。不過，換來的卻是無數的嘲諷和打擊，要知道，那時候的聖井不過是口裝滿髒水、石塊和無數落葉腐木的黑洞，人們對他的夢想嗤之以鼻，甚至有人刻薄的說：「洞那麼深、那麼大，而且不知底細，誰下去也休想活著出來。假如你想自殺，何不另找穩妥一點的辦法！」

不過，湯普遜並沒有退縮，他下定決心實現自己的夢想。在他的努力下，一部分親友答應出資幫助他。解決了資金難題，湯普遜開始實行第二步計畫，他前去波士頓拜師學習深海潛水技術。他的老師是位資深潛水夫，很耐心地指

導他，還向他建議購置潛水設備。在老師的幫助下，湯普遜準備了一台「桔皮籃」式挖泥斗、絞車、滑輪、鋼索、繩索、一架起重架和一根30英尺長的搖臂。看來，他為這次聖井探險做了充分的準備工作。

帶著設備，湯普遜回到了古井邊。他測量了古井，大致瞭解了落井少女所在的區域，隨後便　動了挖泥斗。第一次，泥斗挖上來了的只是朽木和爛葉。接著，泥斗第二次下到井底，開始了新的挖掘工作。

就這樣，泥斗一次次從井下挖出來各式各樣的物品，除了朽木和枯葉，還有動物的屍骨。這些東西似乎在說明，這只是一口普通古井，裡面並沒有傳說中的財寶和少女。

時間一天天過去，湯普遜寢食難安，他不斷地反問自己：「大家都說那些傳說是無稽之談，從挖掘出的東西看，他們似乎對了。怎麼辦？親友們為了資助我付出了金錢，而我，卻要因此成為笑柄！」

儘管焦慮不安，湯普遜仍舊不肯放棄，他堅持挖掘著。這天，他再次在泥斗挖出的爛泥中翻找著，心裡忐忑不安，不知道這次會有什麼發現。突然，一塊奇特的、黃白色的東西吸引了他，他覺得這塊東西很像松香。他拿到鼻子前聞了聞，還用舌尖舔了舔，心情異樣激動。他用火烤了這塊東西一下，空氣中散發出香氣。他立即高興地叫喊了出來：「松香，這是當年祭司用的松香！」

發現了松香，那麼就可以證明那些傳說是真的了。湯普遜信心倍增，他指揮著工人開始了更為緊張的挖掘。幾天後，勝利終於向他露出了笑臉，企盼已久的珍寶一件件露面了，其中有日用品、裝飾品、花瓶、矛尖、黑曜岩刀和翡

翠碗，還挖掘出了一具人的骨骼。至此，湯普遜大獲全勝，他以堅定的信念和準備充分的技術取得了考古史上的一次偉大發現。

水下調查、挖掘直到打撈工作，都必須依賴先進的、完善的潛水技術和設備，這是水下考古的先決條件。實際上，水下考古學正是在輕潛水設備普及的情況下才得以發展的。

水下考古學的職責之一就是搞清楚水下文物的情況，以達到防止盜掘、永久保存的目的。每一件水下文物，即使是一個普通的不能再普通的古幣，也具有非常高的歷史價值。所以，水下考古越來越受到重視，水下考古技術也得到快速發展。

哈麗特‧博伊德（187年1～1945年），出生於美國麻塞諸塞州的波士頓，早年曾對政治和歷史學感興趣。她在喜愛地理學的同時自學繪製精確的地圖，是第一位癡迷田野考古的女性，挖掘了古城哥爾尼亞。

皮亞奇神父的奇妙手法——
文物保護

文物保護應該做到不改變文物原狀與保存現狀、恢復原狀的關係，盡可能保存文物原物，全面保存古建築原狀，達到整舊如舊的目標。

現代考古學之父文克爾曼在龐貝古城考古過程中，曾經遇到一個難題：出土的古文書籍一經觸摸，就會變成炭塵，不復存在。書籍毀滅會造成巨大損失，人們將無法從書中瞭解到當時的歷史，無法進行文字研究，也不利於展開其他考古研究。可是，如果不去觸摸書籍，又怎麼保存它們，又怎麼打開它們閱讀呢？

人們從一開始發現大量古文書籍的喜悅之中消沉下來，他們不知道該如何對待這些珍貴的古書。他們試了各種方法搶救這些古書，卻不見效果。文克爾曼也沒有辦法，他常常徘徊在古文書籍旁邊，一籌莫展。

就在這時，他結識了一位特殊的朋友，此人名叫皮亞奇，是文克爾曼寄宿的奧古斯丁修道院的神父，而他的工作正是保存古手卷。

相同的愛好和氣質使文克爾曼很快成為皮亞奇神父的好友，瞭解了皮亞奇的工作後，文克爾曼更是激動非常，他向神父詢問保存古手卷的辦法，神父很爽快的答應教他。這天，他帶著一個奇特的工具來到了博物館古文書籍處，打算用它示範打開書籍的手法。

文克爾曼盯著神父手裡的工具，小心地問：「它很像假髮師用以加工髮套

的框架，對不對？」

神父笑著說：「你很有眼光。不過，我等一下可以用它大展神通。」

文克爾曼有些不確定，小聲說：「一旦獲准試驗，你可沒有退路了。」

「放心吧！」神父說，「我已經用它工作好多年了。」

這句話給文克爾曼很大信心，他請求博物館同意他們的試驗要求。博物館人員也為無法打開古手卷發愁，聽說有人發明了先進工具就同意了。

於是，神父拿著工具來到一本已經有些破爛的古書前，他先把工具擺放好，然後用極其細膩、像是撿絨毛似的精巧手法，一點一點地將手卷展開在他發明的工具上。然後，他將展開的手卷烘烤，完好的保存了它的原貌。

經過這樣細緻入微的工作，一本古手卷終於被完好地保存下來。看著試驗成果，文克爾曼和神父都笑了。之後，文克爾曼專心學習這個技術，他不但保存了很多古手卷，還從古手卷中瞭解到很多知識，為他日後的著述提供了珍貴的資料。

在文物保護過程中，首先需要明白什麼是文物現狀？需要保存什麼？所謂現狀就是文物發現時存在的客觀面貌。保存現狀，就是使文物的客觀面貌不被毀壞或者改造。

我們知道，一處文物建築，從最初建成到我們發現它，往往經歷了多次大規模的維修甚至改建，使我們面對的只是文物的「現狀」而不是「原狀」。因此，原狀就是文物最初建成時的客觀面貌。在考古學中，透過恢復原狀，可以

再現文物的歷史,並能展開相關考古研究,是文物保護的重要一面,也是考古研究中不可或缺的一部分內容。

　　總之,文物保護應該做到不改變文物原狀與保存現狀、恢復原狀的關係,盡可能保存文物原物,全面保存古建築原狀,以達到整舊如舊的目標。這一目標既是古建築修建後對外表效果的一種目標,也是外表處理的一種技術措施。

亞歷山大・卡寧厄姆(1814.1.23～1893.11.28),英國軍事工程師、考古學家。卡寧厄姆以創建印度考古勘探團,發現鹿野苑、那爛陀寺、桑奇大塔等遺址而聞名於世。

消失的吾巴爾—遙感

遙感與航空攝影密不可分，所包含的理論和方法很多，主要包括地球物理勘探、測量、航空攝影勘察和衛片、航片分析等等。

在古老的傳說中，幾千年前阿拉伯半島的沙漠中曾有一座十分繁華的城市，這座城市名叫吾巴爾，是乳香和醫藥的商貿中心站。可是後來吾巴爾被毀滅了，它成為傳說中的古城，後世的人們逐漸不知道它究竟身在何處。

20世紀30年代，一位名叫伯特倫·湯瑪斯的英國人前去阿拉伯半島考察

時，也聽說了吾巴爾古城的傳說。有一天，當他在當地嚮導帶領下走上一條有商道痕跡的小道時，那位嚮導告訴他：「這就是通向吾巴爾之路。」湯瑪斯有些詫異，他順著小路向前，來到一個名叫阿夕·希薩爾的水坑附近，這裡有一處堡壘廢墟，廢墟似乎有著幾千年歷史，但是極其簡陋。可惜湯瑪斯並沒有注意到這個廢墟的價值，而是繼續進行著自己的考察任務。

沒有想到，半個世紀後，這個簡陋的廢墟竟然揭開了一座古城之謎。

當時，美國有位叫尼古拉斯·克拉普的電影製作商人，他準備尋找一條古阿拉伯的貿易通道。為此，他閱讀了大量關於古阿拉伯的書籍，也讀到了湯瑪斯那次考察的報告。在那次報告中，湯瑪斯提到了「通往吾巴爾之路」這句話，也提到了「簡陋堡壘」的廢墟。這兩條資訊給克拉普留下了很深的印象，他推測，湯瑪斯當時也許正處於傳說中的吾巴爾遺址之上。

這樣的推測非常令人興奮，克拉普決定按照湯瑪斯記載的內容前去尋找吾巴爾。當然，此時的他很清楚，想要在茫茫沙漠中尋找一座消失的古城並非易事。怎麼樣能夠再次找到那個遺址並且展開有效挖掘呢？

克拉普想到了運用新的科技手法。他曾經從報導中得知，幾年前科學家們就已經能運用太空雷達掃瞄遙感成像的技術，並透過此技術對埃及進行了掃瞄，探測到了地下乾涸已久的河床。既然這一方法可以展現埃及被埋藏的河床，為什麼不能找到阿拉伯沙漠中已消失的城市呢？於是，克拉普設法與加州的噴氣推進實驗室進行了聯繫，這個實驗室正是發明這種遙感系統的單位。

實驗室聽說了克拉普的打算後，對這項事業很感興趣，他們很快便接受了

尋找吾巴爾的請求。

1984年，這支特殊的考古隊伍上路了，他們很快來到了阿拉伯，利用太空梭的雷達對湯瑪斯報導中提到的地區進行雷達掃瞄探查。可是，這次掃瞄只找到了古代商道的細微痕跡。考古隊從商道痕跡中得出這樣的結論：這些商道應該是在沙丘形成之前的幾百年就存在了。既然幾百年前有商道存在，那麼應該有生產或者使用商品的城市。

於是，考古隊採取更為先進的手法，利用衛星拍攝照片，然後將所有的雷達圖像結合起來進行分辨判斷。高科技的運用果然起到了很大作用，很快他們發現這些古商道有一個輻射中心，這個中心就在阿曼南部的埃門普特‧誇爾特附近，這裡正好是湯瑪斯當年考察的主要地帶。

1991年，他們終於將目標縮小到了一個地方，這個地方就是湯瑪斯路過的阿夕‧希薩爾水坑。當年，湯瑪斯曾經在這裡看到過簡陋堡壘的廢墟，可是他那時技術落後，根本無法展開有效調查。現在，克拉普的考古隊使用雷達探查地表下面的東西，還有什麼不能被發現呢？

果然，雷達探查發現了隱藏在沙子下面的那座消失了的城市。他們挖掘出了一個堡壘、八個寶塔，還有從羅馬、希臘、敘利亞運來的手工製品，有的製品已有4000年歷史。這些發現無不顯示這裡曾經有過的繁華。現在考古家們可以肯定，這裡就是傳說中的吾巴爾。

「遙感」是60年代西方首先使用的新名詞，通常是指從空間飛行器上裝備的光學、電子、微波等感測器對地球表層的自然現象、資源狀況、環境變化及

人文景觀等因素進行探測。

　　遙感與航空攝影密不可分，所包含的理論和方法很多，主要包括地球物理勘探、測量、航空攝影勘察和衛片、航片分析等等。其中以航空攝影勘察、航片、衛片考古學分析為主，文獻研究、考古調查挖掘及地球物理勘探為輔。

　　遙感與航空攝影考古還有一個顯著的特點，就是可以在很短的時間內，投入較少的人力，在面積很大的地區開展文物普查或考古專項調查。有人做過統計，在相同範圍內，用遙感與航空攝影考古的方法在人力和效率上要比傳統的勘查方法提高幾十倍甚至上百倍。

孫海波（1909年～1972年），又名孫銘思，中國潢川縣人。從事甲骨文、金文研究。先後發表《釋采》、《釋眉》等考釋甲骨文和商朝歷史、地理的論文。

神秘損壞的瓷器—室內整理

現代科學儀器在文物保護工作中的應用已經很普遍，熱釋光法、成分分析的方法都是最普遍採用的鑑定手法。

打撈海底沉船，從中搜取古物牟取暴利，是現在不少人熱衷的事情。最近幾年，沿海地區許多漁民靠此發了財，極大地刺激了人們海底尋寶的欲望。

有位叫張敏的漁民，也是海底尋寶的一員。有一次，他從海底撈出了不少瓷器，件件精緻美觀，細膩有光澤，一看就是珍品。張敏很高興，把這些精美瓷器藏了起來，等待前來購買文物的商販。

過了幾天，文物商販上門了，一進門就問：「聽說你打撈了不少寶貝，拿出來看看吧！」

「你等著。」張敏說著回屋取瓷器。為了保險，他只拿出了一件瓷瓶。

文物商販接過瓷瓶，上下左右打量半天，搖頭說：「脫瓷了，不值錢了。」

「什麼？」張敏叫道，「不值錢？我看你不識貨，我不賣了。」說完，奪走瓷瓶放回去了。

又過了幾天，另一文物商販上門時，還是說了同樣的話。張敏有些不安了，他奇怪地想：前些日子，鄰居大寶打撈了一批瓷器，遠沒有自己的精緻，賣的價格還不錯，為什麼自己的不值錢呢？再等等吧，說不定這兩個商販果真不識貨呢！

　　就這樣，張敏一等再等，過了不少日子。有一天，他忍不住拿出了瓷器。等他把瓷器拿到太陽底下一看，頓時大驚失色。本來精緻的瓷器釉面破碎了，一塊塊掉落下來，只剩下了粗糙的內胎！手捧著一堆「廢瓷」，張敏叫苦連天：「我冒著生命危險打撈上來的瓷器，怎麼變成這樣了？我把它們藏的好好的，是誰弄壞了？」

　　與張敏有著同樣困惑的漁民大有人在，這樣的事情時有發生，引起了專業考古人士的關注。有關考古部門經過調查，瞭解了事情的來龍去脈。原來，漁民們不懂瓷器保護技術，不知道在海底浸泡數百年的古瓷一旦出水，若不即時進行脫鹽脫水處理，乾燥後會因鹽分的結晶，把釉面脹裂，造成釉面粉碎性剝離。

　　考古部門向上級做了彙報，很快，政府撥款下令成立專門水下考古隊，到西沙海域進行考古工作。考古隊陸續探查了銀嶼和北礁海域，找到宋、元、明、清各個年代的水下文物遺存13處，出水文物共計1500餘件。考古隊員們按照科學方法細心整理這些古瓷，使它們得到極好的保護。每件瓷器上的文字、圖案都十分清晰、完整地保留了下來，達到了考古學目的。

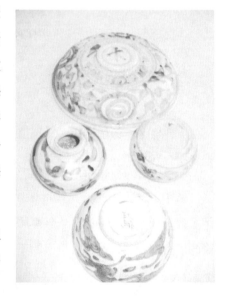

　　這個故事涉及到考古工作中的重要環節——室內整理。室內整理是運用地層學

和類型學方法，對獲取的實物資料進行分類、修復和統計及初步研究的過程。這一過程包括清潔、寫號、拼對、修復四方面工作。

清潔就是對遺物進行清洗，使之顯露本來面目的工作。清潔應該注意一點，就是適當保留部分痕跡，這有利於文物的確定和分類。

寫號是分類工作的表現。在整理過程中，最主要的工作就是對文物進行類型學研究。按照類型學原理，對遺存進行詳細分類，判斷各文物的相對年代和絕對年代。一旦確定完畢，就可以寫號標注了。

拼對也是整理工作的重要環節，透過拼對，可以完整全面地再現文物原貌。

修復是整理工作的最後環節，主要用於一些受損的文物。

伍利（1880年～1960年）英國考古學家。一戰後，他在伊拉克蘇美爾古城吾珥的舊址上進行了重點考察，再現了人類最早期的偉大文明；30～40年代，又致力於在北敘利亞挖掘哈利亞王國的遺跡。

千載佳人現原貌—X光線

X光線探傷技術對於文物鑑定工作也是一種有效的方法，通常從鑄造青銅器存在「墊片」與否等即可準確判斷文物的真偽。

1972年，馬王堆出土了一具濕屍，就是著名的馬王堆女屍辛追。辛追屍體出土時，全身潤澤，皮膚覆蓋完整，毛髮尚在，指、趾紋路清晰，肌肉尚有彈性。這是世界上首次發現濕屍，出土後震驚世界。

之後，不少科學家試圖復原女屍面貌，曾經先後公佈過多種模擬圖。30年後，中國刑警學院趙成文教授又一次復原了女屍面貌，並且再度引起世人注目。

一直以來，趙成文教授對於人體顱骨頗有研究，他發現，人的面相關鍵取決於顱骨的形狀。也就是說，只要顱骨存在，即使被毀容，也能按照一定步驟對其原貌復原。在此基礎上，他想，只要顱骨保留完整，2000多年前的女屍與平日破案中遇到的屍體應該沒有多大區別。於是，他產生了復原馬王堆女屍面貌的想法。

透過大量調查和研究，趙成文拍攝了女屍顱骨的X光片，確定了女屍五官的基本位置和形狀大小；然後，他拍攝了多幅臉部照片，為復原提供了更多的參考依據。而且，他還從帛畫和文獻資料中瞭解了辛追晚年的生活情景。經過這樣全面的準備工作，趙成文首先復原了辛追30歲時的面貌圖。他說：「人在30歲時骨頭基本成型，選擇這個年齡首先進行復原，能夠盡可能保證顱骨傳遞其於18歲時資訊的有效性。」

在30歲面相圖完成後，趙成文進一步分析了X光片，他發現屍體腐爛導致辛追在去世後嘴部張開，舌頭吐出，下顎脫位，頭部變形，他認為：「根據以往規律，這種變形將導致五官變短。比如長臉型就變成圓臉，國字臉變成田字臉。」因此，他將X光片掃瞄入電腦，根據解剖學的解剖結構理論，在電腦中對脫位的下顎進行復位。隨後，趙成文根據美術學中的「三庭五眼」理論，在辛追的顱骨上畫出眼內側線、眼外側線、鼻翼線、鼻底線、髮際線、眉功線、口裂線、下顎線。

就這樣，經過14個晝夜的辛勤工作，辛追的4副標準面相圖問世了。這4張標準圖分別描繪了女屍辛追在50歲、30歲、18歲時的面相，其中，50歲的圖片分正面和側面兩張。從圖中，人們可以清晰地看到不同年齡層辛追的生動形象。18歲的辛追臉龐紅潤，杏眼柳眉，小巧的鼻頭，粉薄的嘴唇，眉宇中透著一股靈氣；30歲的辛追略顯豐滿，眉毛上翹，眼神中多了一份幹練和沉著；50歲的辛追雍容華貴，頗顯富態，不過她面帶病容，眼角佈滿魚尾紋，眼袋下垂。

面對這4副標準圖，人們似乎回到了2000年前的漢朝，親眼目睹了絕世美

人辛追的容顏，這種高科技的復原手法，實在令人震撼。

故事中，X光線在復原工作中起到了重要作用。在考古學中，X光線的應用是非常常見的，它是文物鑑定工作中的一種有效方法。一般情況下，X光線從鑄造青銅器是否存在「墊片」等可以準確判斷文物的真偽。同時，還可以對於鏽層下的紋飾、銘文等進行透視，提供近乎完美的識別照片。另外，一些經過修復補配的器物，在X光線的透照下，也都纖毫畢現。

現在，為了更加全面細緻地瞭解鏽層的結構，發明了X光線衍射儀，可將整個文物置入超大樣品室，並配備有CCD攝影系統，對樣品進行選區分析。

當然，隨著考古工作的發展，更多的大型精密分析儀器必將投入更多考古工作中，對於文物鑑定和保護起到必要的作用。

哈桑·拉加卜，1911年生於埃及亞歷山大一個名門望族，1968年，他潛心紙草學研究並成功研究出了失傳千年的紙草造紙術，成為著名的紙草學專家。

破譯瑪雅文字—文字釋讀

在對一個古文字的解讀過程中要應用到多種方法，其中形體分析法、辭例校勘法、文獻比較法都是常用的方法。

當今考古界，關於「瑪雅文化為什麼瓦解？」和「瑪雅文化是怎樣瓦解的？」一直是瑪雅研究中最引人入勝的兩個題目。對於這兩個問題的研究，學者們通常從3個方面入手，一是在各個國家檔案館裡尋找那些與瑪雅文化後期衰亡有關的歷史年鑑；一是到廢墟進行實地考察；再者就是碑文研究。

破譯碑文歷來都是非常困難的工作。瑪雅人曾留下過幾千本書或抄本，但是因為西班牙傳教士的毀壞和漫長時間的消磨，如今人們能夠看到的僅僅只有四本，而其他一些刻在瓷器、石碑和建築物上的文字和符號，都太過零散，無法理解。

當年，斯蒂芬斯和加瑟伍德發現科潘時，他們凝視著這些神秘的符號，感嘆道：「誰能讀懂它們呢？」

結果是一片寂靜。

做為美洲土著唯一的文字，何人何時可以解讀，成為瑪雅研究的重中之重。

第一批研究者認為，瑪雅文字是象形文字，因此每個文字代表一個物

體、概念或者數字。從此入手，他們發現瑪雅人是非常高明的數學家，他們精通天文學，發明了完善嚴密的曆法。

在此基礎上，研究人員初步設想了瑪雅人的形象，認為這是一個帶有哲理性的民族，他們的文字肯定與曆法、天文和宗教有關。

到了20世紀50年代，俄國學者余里‧羅索夫總結前人研究經驗，採用了一種全新的方式來研究瑪雅文字。他認為瑪雅文字和古埃及、中國的文字一樣，是象形文字和聲音的聯合體，每個瑪雅文字因為讀音不同，代表不同的概念，於是，他用字形與讀音結合的方法進行研讀。這次研究引起了瑪雅文字研究領域的一場革命。他的觀點得到很多碑文研究者回應，大家積極行動起來，紛紛為瑪雅文字尋找配對音標。

1960年，另一位在美國工作的俄國學者塔約娜‧普羅斯科拉亞科夫有了重大突破，她意識到許多瑪雅文字中都含有固定的時段，相隔大約56年到64年。這個時段恰是瑪雅時期人的平均壽命期，根據這一點，她做出結論，瑪雅文字裡寫的不是宗教，而是歷史，紀錄的是皇族人員的誕生、統治、死亡及其戰爭，是關於瑪雅人的生動故事。

於是，人們第一次從另一個角度去理解瑪雅文字，並相繼取得不少收穫。至今，研究者已經破譯了80%的瑪雅文字，對瑪雅文化和社會有了一個新的認識。人們瞭解到瑪雅世界並非一個單一的王國，而是由許多相互對立的小國和城邦拼湊而成，他們有共同的宗教，採用血祭的方式表達對神靈的敬畏。

對古文字的考釋成敗往往取決於能否找到可靠的足以溝通古今文字的有關

文字資料。在對一個古文字的解讀過程中要應用到多種方法，其中形體分析法、辭例校勘法、文獻比較法都是常用的方法。辨別這個字是否解讀準確也要透過上述方法。

當然，針對不同古文字往往採取不同的方法。比如在哈拉巴符號的解讀過程中，研究者就採取了統計學方法。透過統計每個符號在銘文中出現的次數，推斷出這是一種介於拼音文字和象形文字之間的符號。在此基礎上，研究者使用格柵法確定了哈拉巴符號的閱讀順序，從中發現規則並最終破解了這種文字。

阿美莉亞‧愛德華茲（1831年～1892年），英國女作家，著有多部長篇小說和詩歌集，尤以長篇遊記《尼羅河上100哩漫遊記》（A Thousand Miles Up the Nile）聞名，該書是世界最早的研究埃及學的著作。

自家後院的寶藏─考古探測

考古探測就是透過電流、電磁波以及磁場等方法，利用地理資訊系統等數位技術，讓地下文物映現在顯示幕上的手法。

1992年11月，英格蘭薩福克郡霍克森村的普通農民艾瑞克‧勞斯打算整修住宅，他請來了不少親朋好友幫忙。15日，房子裝修完畢，當大夥準備散去時，一位朋友突然發現自己的錘子不見了。勞斯連忙翻找，可是一無所獲。

這件事始終讓勞斯放心不下，他猜想錘子一定埋到地下了，就購買了一個金屬探測器尋找。

16日，他在院子裡用探測器搜尋著，從上午一直忙到中午。突然，探測器發出了「嘀嘀」的警報聲。勞斯高興地以為找到錘子了，連忙放下探測器，拿起鐵鍬挖土。他動作又快又賣力，不一會兒就挖到半公尺深。可惜的是，除了泥土，什麼東西也沒有，更不見錘子的蹤影。勞斯想了想，打算放棄挖掘。然而，探測器卻持續地響著，而且聲音越來越大，好像很不希望他停下來一樣。

勞斯望著探測器，搖搖頭自言自語：「這

裡到底有什麼呢？」說完，他揮動鐵鍬繼續挖下去。

　　勞斯費力的挖掘著，不過他還不知道的是，他最終挖出來的東西他根本想像不到。快挖到一公尺半的時候，勞斯眼前一亮，他看到一枚硬幣跳了出來。他俯身撿起硬幣，擦拭撫去上面的泥土，發現竟是一枚古羅馬銀幣，上面的古羅馬帝王頭像還清晰可辨！他高興極了，急忙繼續挖掘下去。接著，令人無法忘記的一幕出現了：地下湧現出了一堆古羅馬銀幣，其中還有不少閃光的金幣，以及一些金銀製作的藝術品。一個地下寶藏出現了！

　　勞斯沒有繼續挖下去，而是連忙向當地的文物管理部門做了彙報。文物管理部門立刻組織人員趕到了勞斯家中，開始了專業的挖掘工作。很快，所有的財寶全部露出了地面，人們數了數，總共有14191枚銀幣、565枚金幣、24枚銅幣、79個銀湯匙，20多個銀燭臺，一些銀製的小雕像和29件純金製成的、做工精細的首飾以及重達250公斤的純金塊。

　　寶藏的發現和出土震驚了世界，很快，來自各地的考古專家對其進行了研究和分析。他們發現：所有金幣純度都超過了99%，是古羅馬時期的九分七幣，鑄造於西元394年到西元405年之間，而它們大概是在西元440年被埋葬的。這次寶藏的發現，是歷史上古羅馬錢幣最集中的一次發現，也是英格蘭歷史上最重要的一次文物發現。

　　寶藏被收藏到了英國國家博物館，為此，博物館支付給勞斯125萬英鎊，以讚賞他的誠實。雖然這些錢和寶藏的價值根本無法相比，但是勞斯很滿足，他說：「就算一分錢都沒有，我也不會後悔。」令人頗感有趣的是，寶藏的發現為勞斯所在的村子──霍克森帶來意外之財，很多人慕名湧進村莊尋寶，金

屬探測器成為最暢銷的商品。

勞斯用金屬探測器無意中探知了古羅馬寶藏，而金屬探測器也正是考古探測中的工具之一。考古探測就是透過電流、電磁波以及磁場等方法，利用地理資訊系統等數位技術，讓地下文物映現在顯示幕上的手法。這是一種不用挖掘而直接探測地下遺跡、遺物的新考古技術，不僅可以提高挖掘現場位置、規模的勘測精度，而且在探測未挖掘過的遺跡方面也能發揮重要作用。

常用的探測儀器包括紅外和遠紅外探測器、微波測地雷達、聲雷達和斷層掃瞄（CT）等。這些技術的發展和應用，推進了地下無損探測技術的發展，為遙感探測地面或地表下的人類活動遺跡提供了硬體支援。

王懿榮（1845年～1900年），山東福山人。字正儒，號廉生，清末著名金石學家。他於1899年第一個認識並有意識地購藏殷墟甲骨文，被譽為甲骨文之父。

考古少俠一拓片

拓片是從原物直接列印下來的，大小和形狀與原物相同，是一種科學紀錄的好
辦法。

今年才22歲的天津少年郝笛是考古界的傳奇人物，年紀輕輕的他，已經是
全球很多博物館的資深權威專家，是北大歷史系最年輕的客座教授，人們更是
送了他一個稱號——「考古少俠」。

小小的郝笛似乎就是為了研究文物而來到這個世界上的。5歲時他就迷上了
文物；7歲那年，他就開始收集古幣；12歲，他發現了「白金三品」和「魚腸
劍」，並寫出了多篇相關論文；今天，他是許多博物館諮詢的對象，只要他的
一句話，就無人再質疑文物的真假。

2002年，歷史建築「天后宮」挖掘
時，傳出消息說發現了乾隆年間的瓷器碎
片。郝笛得知後，立即趕往現場觀看。他
拿起碎片仔細端詳、研究，隨後把它們分
成三堆，對周圍的人群說道：「這些碎片
不是同一個時代的，分別是康熙、雍正、
乾隆年間的。」

周圍人不知他的底細，看他不過是個
少年，竟能如此細緻地辨別文物，有些半
信半疑，有人還說：「你怎麼知道的？難

道你比專家還厲害？」

面對質疑，郝笛拿著瓷片細心地向他們解說，其中不乏專業知識。人們被他淵博的學識折服了，一個個不住地點頭稱好。

郝笛呢，講解完畢後，被旁邊的一塊石碑吸引了。石碑上的文字不清晰，郝笛就用隨身攜帶的工具進行了拓印，然後帶回家仔細研究。

經過鑽研，郝笛很快解讀了石碑的秘密。他的父母很好奇，便問他：「這上面到底寫著什麼？」

郝笛指著拓片，興高采烈地說：「這上面記述著『天后宮』的歷史。」

「『天后宮』的歷史？」他的父母著急地問，「什麼歷史？」

郝笛娓娓而談：「『天后宮』創建於元朝，明朝時進行了擴建。就是在這次擴建中，立下了這塊石碑。可以想像，石碑上一定刻著『大明』字樣。到了清朝，對『天后宮』進行重修時，人們發現了這塊石碑。清人忌諱『大明』二字以及有關文字，因此發現者害怕引火焚身，就把上面的字跡鑿掉了。」

聽著郝笛的解說，他的父母一邊點頭一邊說：「難怪有人稱你『考古少俠』，原來你還真有兩下子！」

郝笛微微一笑，對他來說，這樣的解讀實在算不了什麼。他知道，自己的道路還長遠著呢！

郝笛研究天后宮石碑採用了拓印手法。拓片，就是將宣紙貼在器物表面用墨拓印來紀錄花紋和文字。它是一種科學紀錄的好辦法，因為可以從原物直接

列印下來，大小和形狀與原物相同。在考古學中，有凹凸紋飾的器物常用到拓片，另外，甲骨文字、銅器銘文、碑刻、墓誌銘、古錢幣、畫像磚、畫像石等也廣泛使用這種辦法紀錄。

　　拓印有一個基本的方法流程，一般情況下，首先需要把要拓印的花紋或文字盡可能刷刷清楚，保證凹凸必顯，用大小合適的宣紙蓋上，並把紙輕輕潤濕；接著，在濕紙上覆蓋一層吸水性強的軟紙，用它保護宣紙面；然後，拿一把毛刷輕輕敲捶紙面，讓底下的濕紙緊緊貼附在器物表面，盡顯花紋或者文字的起伏凹凸；隨後，除去上層的保護紙，讓濕紙稍稍乾燥；最後，用撲子蘸適量的墨，敷勻在撲子面上，向稍乾的宣紙上輕輕撲打，就會形成黑白分明的拓片。

譚維四，1930年4月13日出生於湖南長沙縣（現望城縣），1952年開始長期從事文物考古與博物館工作。曾負責江陵楚都紀南城、江陵望山與沙塚楚墓、隨縣曾侯乙墓等重大考古挖掘與研究。曾侯乙墓考古挖掘與曾侯乙編鐘研究與複製的負責人。

第三編

考古學分支及相關科學

考古第一女性—田野考古

田野考古是以挖掘為中心，透過大範圍的調查，結合科學方法和方法才能完成全面的、綜合性的研究任務。

1871年，一個叫哈麗特・博伊德的女孩出生於美國的波士頓，與其他的女孩子不同，博伊德感興趣的是歷史和地理，她甚至還自學了繪製地圖的本事，能夠精確的繪製出不同的地圖。

有一年，還是學生的博伊德無意中聽到了愛德華茲的演講，這位演講者是位著名的探險者，曾經寫下了《尼羅河上1000哩漫遊記》。這次演講給了博伊德很大的震撼，激起了她探求古代世界和考古學秘密的興趣。她很快便決定，當這裡的學業結束後，就去希臘雅典的古典文學研究院的美國學院學習古代希臘歷史和文化。

25歲時，博伊德到達希臘，首先考察了邁塞勒。第一次親眼目睹這龐大的石雕和墳塚，博伊德驚喜萬分，但更讓她驚奇的卻是著名考古家謝里曼的妻子——索菲姬・謝里曼。這位女性陪伴著丈夫探索了特洛伊和邁塞勒，如今他們正在做有關古代雅典寺廟講學旅行。

與索菲姬的相遇鼓舞了博伊德，她開始夢想著有朝一日能夠親臨野外考古現場，到那些以前沒有婦女工作的地方去工作。1900年，她獲得了著名考古學家阿塞・伊文思的支持，開始了在卡塞沃附近的挖掘工作。

然而，儘管美國考古研究所支持她的田野考古，但雅典考古學界卻對博伊

德的行為表示懷疑，他們議論紛紛，有人說：「考古不是女人做的工作，她為什麼要參與？」也有人說：「女人不會成功，她們只是瞎摻和，會耽誤大事的。」

儘管遭到質疑，博伊德還是堅持自己的做法，她和同伴吉恩·伯頓在1900年4月到達了克里特島的首府──卡里亞，先後拜訪了伊文思、費德瑞可·哈爾布赫爾等考古學家。從他們那裡實地學習考古方法，瞭解考古界動態。

帶著對自行挖掘的無限期望，博伊德回到了卡塞沃。在這裡，她終日騎著騾子沿著米納貝羅海灣狹窄的山道考察。終於有一天，她發現了哥爾尼亞──這座古代克里特島的「工業城市」，並將它完整地挖掘出來，再現世人面前。

博伊德成功了，她是第一位領導考古探險隊的女性，也是第一位發現了一座消失城市的女性。面對著她的成就，有評論寫道：「這位女性打破了舊有傳統，率先成功地闖入了迄今為止幾乎全為男人獨霸的領域，即考古探險考察。」

在博伊德影響下，更多的女性加入田野考古的領域，她們考察和挖掘了世界上不少的遺址，提出了不少的推斷，極大的推動了考古學的發展。時至今日，還有越來越多的女性考古工作者不斷加入這項事業中。

癡迷田野考古的博伊德向我們展現了田野考古學的魅力，那麼，什麼是田野考古學呢？

田野考古學的名稱是20世紀初正式提出的。當時的田野考古學主要是勘察地面上的遺跡和遺物，依靠地圖進行調查，有時則要根據調查結果，測繪地

圖，做為紀錄的附件。

後來，田野考古轉入以挖掘為中心，並擴大調查的對象和範圍，方法逐漸完善，技術快速進步。在這個過程中，各種自然科學的手法和先進機械設備相繼被採用。這些方面的發展擴大了考古學的工作面，也提高了考古技術。在此基礎上，調查挖掘的對象也得到擴展，從一般的居住址和墓葬延伸到道路、橋樑、溝渠、運河、農田、港口、窯群和礦場等各種大面積的遺址，這樣一來，考古工作成為一項綜合性的、全面的研究任務。

查理‧特克思爾（1807年～1871年）法國建築師、藝術家，也是文物古董商。他於1834年到了安納托利亞，發現了古老的赫梯王國遺址。

納斯卡高原上的巨畫—— 航空考古學

航空考古學是指使用飛機從空中向地面攝影，透過對所得照片的觀察、分析，判定遺跡和遺物的形狀、種類及它們的分佈情形。

在秘魯海岸的安第斯山脈有一個納斯卡高原，高原上有一處沙漠，當地人稱為帕姆帕，意思是「綠茵遍地」。可是，實際情況恰恰相反，納斯卡高原是世界上最乾旱的地區之一，一年之中很少下雨，甚至幾年才會下一場雨，而帕姆帕沙漠更是寸草不生、滴水難尋，地面上長年覆蓋著黑色沙礫。

在世人眼中，除了乾旱以外，納斯卡高原也許沒有其他吸引人的地方了，不過，到了20世紀30年代，人們才發現，原來這座高原並不如大家過去所想的那樣平凡無奇。

這是很普通的一天，一位飛行員駕駛著單座螺旋槳飛機沿著秘魯海岸飛行，在距地面約500公尺的空中，他看到了納斯卡附近山谷之中的帕姆帕沙漠。可是，沙漠看上去與眾不同，除了沙礫外，在沙漠中還縱橫交錯著像運河一樣的白色帶狀網路。這一發現讓他大吃一驚，他立刻畫下了這塊沙漠的圖形，並且也標明了他所看到的「運河」。

飛行結束之後，飛行員將自己繪製的地圖交給了秘魯首都利馬的民族博物館館長，並且親自向他講述了自己的發現，他激動的說：「那是一處奇特的沙漠，其中貫穿著運河。」可是館長聽了並沒有在意，長久以來，他聽到的都是

乾旱的說法，怎麼可能會有運河呢？於是，等飛行員離開後，他就吩咐人把那張地圖存放在古代文書保管所的檔案裡面，再也不去管它。

過了幾年，一位叫科遜克的教授來到了博物館，他無意中發現了那張地圖，不由得產生了濃厚的興趣。看著地圖上互相交錯的線條，以及由線條組合成的幾何圖形，這位印第安歷史學家本能的想到，這處沙漠會不會是消失的綠洲呢？不然，這麼多線條代表什麼？為了弄清楚自己的疑惑，他向人打聽當年飛行員講述的情況，然後決定組織考察隊前往帕姆帕沙漠。

考察隊來到了灼熱的沙漠之中，他們在黑褐色的沙礫上尋找著，果真發現了一些淺淺的溝壑。這些溝壑深度不過15～20公分左右，寬度不到10公尺。有的淺溝又長又直，有的卻彎彎曲曲，有的十分短。看著這些奇怪的淺溝，考察人員疑惑了：這些淺溝到底是做什麼的呢？即便這裡曾經是綠洲，人們也不會用這麼淺的溝渠來灌溉農田的啊！

為了弄清楚這些淺溝到底是不是遠古灌溉管道遺留下來的痕跡，隊員們開

始進行實地測量，他們手裡拿著指南針，一邊沿著淺溝前進，一邊在地形測量圖上記載下每條淺溝的方位及形狀。

測量工作很快結束了，各式各樣的淺溝在測量圖上被清晰地標示了出來。他們把這些圖陸續交給了科遜克教授。教授拿來所有的測量圖，一看之下，不禁目瞪口呆，他立即招呼隊員們：「快來看，這是一副巨鷹的圖案！」

隊員們聚攏過來，望著圖案也嚇呆了，巨鷹的形象清晰可辨，它的翅膀展開著，栩栩如生。這個發現令人震驚，他們立刻展開了更多測量工作。不久，這些淺溝陸續被繪製到圖上，結果顯示，它們都是組成不同圖案的線條。有的是章魚，有的是蝴蝶，形態各異，活靈活現。

這高原古城的奇蹟從此被展現在世人面前，然而，至今人們還無法得知，這些神秘莫測的圖案到底是誰的傑作，它又是為了什麼被創造出來的呢？

飛行員的偶然發現引發了納斯卡高原古城的考古活動，而如今，航空考古學也是考古學中不可缺失的一部分。

所謂航空考古學是指使用飛機從空中向地面攝影，透過對所得照片的觀察、分析，判定遺跡和遺

物的形狀、種類及它們的分佈情形。

第一次世界大戰末期，英國、法國和德國的考古學者曾經利用空軍偵察地形時所拍攝的航空照片，探尋地面上的古蹟。戰爭結束後，這項工作進一步開展，奠定了航空考古學的基礎。之後，航空考古學的技術不斷改進，特別是人造衛星的發明和攝影技術的發展，使得航空考古學的效果大大提高。

透過航空攝影和航太攝影顯示和判別遺跡的方法，大體上可分3類：

1.由陽光斜射時產生陰影顯示遺跡的方法。如堤壩、城牆和墳丘等遺跡的顯示。

2.因土質不同而產生的土色明暗判別的方法，如坑穴、壕溝和道路等遺跡的辨別。

3.從穀物、野草等植物的綠色深淺差異而判明的方法，如村落、都市、農田、道路、運河等遺址的判明。

卡爾·莫克，德國探險家，1871年在非洲辛巴威土丘發現了俄斐遺址。

高原奇觀─考古天文學

考古天文學是使用考古學的方法和天文學的方法來研究古代人類文明的各種遺址和遺物，從中探索有關古代天文學方面的內容及其發展狀況的學科。

科遜克教授帶領的考古隊始終沒能找到答案，這時，第二次世界大戰爆發了，考察計畫被迫停止了下來。

雖然考察隊無法考察納斯卡高原了，但一位當地的女教師接手了這項工作。她曾經從科遜克教授那裡學習過有關測量的方法。於是，在無人協助的情況下，她一人開始了淺溝考察工作。日復一如，年復一年，女教師找到了許多圖案，有高達80公尺的捲尾猴，幾乎長達180公尺的蜥蜴等等。最為重要的是，她還發現了一些巨大的人形圖案，其中一人高達620公尺，一人沒有腦

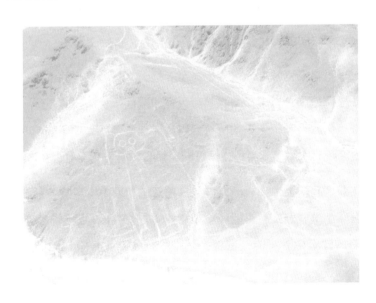

袋，卻長著6根手指。

　　二戰後，科遜克返回納斯卡高原時，女教師把這些圖案全部拿給他。科遜克非常激動，結合兩次紀錄下的圖案，他有了一個重大發現。許多筆直的淺溝保持著由南向北的方向，與指南針的刻度對照，其精度相差還不到一度！科遜克是研究古代印第安文化的教授，他明白，由於該地區處於南半球，古代的印第安人根本看不到北極星，所以他們無法進行南北方向的定位，而他們也沒有使用指南針的記載。那麼，為什麼會在帕姆帕沙漠出現這麼多由南向北的線條呢？它們意味著什麼呢？

　　帶著這個深深的疑惑，科遜克和女教師又投入考察中。這天黃昏，當他們正在觀察那幅最早發現的巨鷹圖案時，即將落下的太陽放射出餘暉，恰好覆蓋在那條與巨鷹的長喙相連的淺溝上。科遜克一下子看到了這個奇異的現象，他驚奇極了，急忙叫女教師觀看。兩人站在餘暉下，目不轉睛地看著餘光與線條完美地重合，一時間誰也沒有說話。

　　細思之下，科遜克發現，這天是冬至，是天文學上的一個重要日期，這一切是否有什麼關連嗎？為了探索線條與天文的關係，半年後的夏至，科遜克早早地等候在巨鷹的長喙旁邊，期待重合現象再現。果然，半年前的一幕重新上演了，日落之時的太陽光線與那道筆直的長長的淺溝又完全重合在一起了！

　　從兩次觀察的結果中，科遜克推測，帕姆帕沙漠中出現的各種圖案應該與天文現象有關，這些圖案有可能與星相的運轉有著直接的關係。而後來的學者還說，所有的圖案極有可能是某種宗教中的符號，並且由它們構成了一部曆法。

考古天文學是使用考古學的方法和天文學的方法來研究古代人類文明的各種遺址和遺物，從中探索有關古代天文學方面的內容及其發展狀況的分支學科。

200多年前，人們在對英國索爾茲伯里以北的巨石陣遺址進行考察時，發現兩塊石頭的連線指向冬至時日落的方向，從此揭開了考古天文學的序幕。20世紀初，英國天文學家洛基爾更進一步指出巨石陣是古人建造的觀象臺。隨後，人們除了巨石陣外，開始注意其他各種與天文有關的巨石結構和古建築，考古天文學的規模初步形成。

考古天文學具有一定特色，就是它研究的範圍側重史前時期。史前階段沒有文字，考古資料是瞭解當時人類文明的最主要依據，因此，考古天文學對天文學史的研究有很大意義，對考古學乃至現代天文學也有一定意義。

張居中，長期以來一直從事新石器時代早期考古學研究和全新世早期人類學、環境考古、農業考古、科技考古、音樂考古、陶瓷考古等專題研究，先後負責或參加十多個大、中型考古挖掘工作。

尼羅河上的漫遊—埃及學

埃及學是研究古埃及文明的語言、文字、歷史及文化藝術的學科。

自從讓·弗朗索瓦·商博良破譯了羅塞塔石碑上的文字之後，考古學家對於埃及的研究興趣漸濃。在這些考古學家中，有一人不得不提，此人名叫愛德華茲，1831年出生在英格蘭，自幼喜愛四處漫遊。

1873年，愛德華茲根據自身遊歷寫了一本書，書中講述了她穿越義大利北部唐拉米提山脈的漫遊，書一經出版，備受大眾喜愛。這次成功極大地鼓舞了她，第二年，她再度去歐洲旅行。十分不巧的是，這次旅行正逢雨季，陰雨連綿，難得有個好天氣。身陷漫長的淫雨季節裡，愛德華茲非常渴望晴朗的藍天，因為只有晴天才是旅行的好日子。

為了尋求晴朗的藍天，她開始往南漫遊。不知不覺，她到達了一個她從未打算過要去的地方，那就是埃及。當愛德華茲一腳踏上埃及的土地時，她立刻被那裡的景色迷住了，無比浩瀚的沙漠、古老的遺跡、迷人的尼羅河，這一切都是她想都沒想過的，如今真實地呈現在眼前，這是多麼浪漫又刺激的事情。

考察了開羅之後，愛德華茲被深深地打動了。她為了全面地瞭解埃及，租了一艘船，並且聘用船上的船員，與他們一起沿尼羅河逆流而上，做一次漫長的旅行。在路途上，她勤奮地紀錄和測繪著所見的古蹟、寺廟和其他遺跡，並將所有古蹟的紀錄製作成勘查報告，然後彙編成冊。

經過漫長的旅行和堅持不懈的努力，1877年，愛德華茲的漫遊報告發表

了，這篇文章以〈尼羅河上1000哩漫遊記〉為題目，不僅生動地講述了旅行經歷，而且提供了豐富詳實的考古資料，是一篇重要的學術論文。結果，文章發表後，得到許多極富聲望的考古學家的讚譽，也引起了廣大讀者和考古學界的極大興趣。

就這樣，愛德華茲由普通的旅行者成為考古界著名人士，她從此跨入了考古學這一行業，專門研究有關古埃及的問題。為了更好地鼓勵人們研究埃及，她還幫助英國的大學設立了旨在研究古埃及文物的專門學科──埃及學。1891年，她又出版了另一本有關埃及的書，極大地推動了埃及學的發展。

　　愛德華茲對埃及學的形成和發展做出的貢獻是毋庸置疑的，因此，在她去世的那一年，她被公推為第一位埃及學家。

　　埃及學是研究古埃及文明的語言、文字、歷史及文化藝術的學科。既包括考古學內容，也涉及建築史、醫學史等，是世界考古和世界歷史研究中的重要學科。

　　自古希臘羅馬時期以來，西方世界便對埃及文明抱有濃厚興趣，文藝復興後，隨著學術探討、考察和資料搜集日漸增多，終於發展成埃及學這門近代人文科學的學科。1822年，法國學者J‧F‧商博良成功譯讀古埃及象形文字，成為埃及學誕生的標誌。

　　埃及學研究範圍很廣，既包括古埃及文明年代（西元前3500年～西元前332年），也包括之前的新石器時代，以及之後的希臘羅馬統治時期。19世紀，西方史學界把埃及分為早期王朝、古王國、第一中間期、中王國、第二中間期、新王國、後王朝7個階段，加上早期王朝之前還有一段奴隸制小國萌生發展的前王朝時期，總共8個階段，概括了古埃及文明發生、發展、繁榮以致衰亡的歷史。

　　蜜雪兒‧布魯內，出生於1940年，法國古生物學家、考古學家。2001年7月，在阿富汗乍得發現了一塊距今約有600萬～700萬年的人頭骨，很多人類學家認為它可能屬於迄今為止人類進化譜系中最早的原始人類。

波尼托村落的木樑— 樹輪年代學

樹輪年代學是使用樹的年輪來確定考古文物和廢墟遺址年代的學科，這門學科特別適用於氣候乾燥、木料保存完好的考古工作。

波尼托村落遺址雖然遭到了維士利爾等人的胡亂挖掘，但因為環境的緣故，它依然算是保存得比較好的遺址。在這裡，人們看到了一個奇觀，地板和屋頂都用木樑支撐著，每間屋子大約需要40根。這些木樑都是獨根的杉樹或者松樹，筆直粗大，十分壯觀。從整個廢墟遺址情況來看，查科峽谷地區的村落群大概用了近25萬根木樑！這可不是個小數目，要把這些樹木從40英里外的森林搬來，需要多大的力氣！由於峽谷地區氣候乾燥，許多木樑至今保存完好。更奇妙的是，這些木樑竟然幫助考古學家們解開了一個考古學難題。

一直以來，確定廢墟遺址的年代是考古學家最緊迫又最棘手的問題，為此學者們發明了很多辦法，像碳－14測定法等等。如今，波尼托村落究竟存在了多久，當然是考古學家首要關心的問題，一時間出現了不少說法，可是究竟如何確定，大家卻各執己見，互不信服。

天文學家安德魯·E·道格拉斯根據多年研究經驗，提出了新的看法。大家都知道，樹的年輪每年會增加一圈，而年輪的情況也能反映某種氣候條件，如果當年雨水充足，那麼樹木就會生長得很好，年輪也會比較寬，反之亦然。而身為天文學家的道格拉斯知道，太陽黑子每11年是一個活動週期，太陽黑子的

運動會對地球上的氣候產生極大的影響，那麼，波尼托的木樑在成長時應該也會受到影響，透過這些痕跡的研究，應該可以知道村落存在的時間。

於是，道格拉斯決定對樹木進行研究，以確定他的推測。經過長期的研究，他逐步建立起了以樹輪為基礎的樹輪年代學。之後，他開始用這種方法檢驗波尼托村落木樑的年輪，他試圖比較樹年輪的排列形式；如果有兩組標本重合，他將近期標本和過去的標本從時間的角度連接起來，最終成功地將年輪學的比較紀錄擴展到了近2000年以前，現在，他可以推斷出村落的存在時間了。

隨著樹輪年代學的創立和發展，很多考古學家開始使用道格拉斯的方法來確定年代，考古工作得到了長足的發展。

樹輪年代學是使用樹的年輪來確定考古文物和廢墟遺址的年代的學科，這門學科特別適用於氣候乾燥、木料保存完好的考古工作。

樹木每生長一年就會增加一輪，這是眾所周知的事情。根據計算樹木年輪對樹木斷代的技術，從20世紀20年代起開始用於考古學，並且相繼取得成功。除了斷代外，樹輪還可以提供氣候方面的證據，因為氣候能影響樹輪的寬窄。這促發了另一門學科——樹輪氣候學的誕生。

樹輪氣候學是樹輪年代學的一個旁支，是研究樹木和氣候之間關係的學科。樹輪氣候學可以讓考古學家透過檢查樹木的年輪追蹤過去某一段時期內氣候和天氣的變化，結合相關的資訊，瞭解當時的氣候情況。

科爾德，德國考古學家，1899年，他帶領考古隊在古巴比倫遺址挖掘時，發現了著名的「空中花園」遺址。

打撈水底沉船—水下考古學

水下考古以人類水下文化遺產為研究對象，對淹沒於江河湖海下面的古代遺跡和遺物進行調查、勘測和挖掘。

英國人哈徹是一位專門從事海底尋寶的人物，1980年，他聽說中國南海附近發現了沉船，急忙前往現場考察。原來，一位菲律賓漁民在中國南海一海島附近捕魚時，意外發現了一艘大約是15世紀沉沒於海底的中國古船，從中打撈出許多瓷器。哈徹瞭解了情況後，立刻組織人員在新加坡附近海域搜尋，果真找到一艘中國古船，打撈出兩萬多件中國古瓷。這些古代瓷器價值不菲，哈徹將之全部拍賣，獲取了不少暴利。

嚐到甜頭的哈徹開始專注於打撈中國古代沉船，幾年後，又一次機會來了。這次，他打聽到1752年時，荷蘭東印度公司名下的斯爾德麥森號商船，曾裝著17萬件中國康熙年間的瓷器和125塊打有「南京馬蹄金」印記的金錠，從中國南京出發回國，可是，船隻航行到新加坡附近海域時，遭遇大風暴失事。從此，這艘裝有巨額財富的商船沉沒水底，再也沒有人知道它的下落。如今，哈徹聽說了事情的前後經過，立即意識到這是個很好的機會，他立即組織人員在新加坡附近海域探察，不久竟然找到了這艘沉船。

哈徹搜集了沉船上所有值錢的物品，並把瓷器運到荷蘭阿姆斯特丹，交給拍賣行拍賣。在水底沉睡了233年的商船重新出現，這是多麼令人震驚的事情。1986年4月，上千名來自世界各地的投標者雲集拍賣現場，競相拍買各種瓷器，拍賣場上人頭竄動，氣氛異常熱烈，各種瓷器賣價一路飆升。有的估價

600美元的瓷器，竟然賣到15000多美元。可想而知，這次拍賣十分成功，哈徹又一次大獲其利。

不過，很多人都沒有注意到，拍賣現場多了兩個中國人。這兩人是北京故宮博物院的古瓷專家，他們受中國文物部門的指派到現場看看有無可買的東西。可是，令他們非常無奈的是，他們手中的錢買不了一件像樣的瓷器，於是只好眼睜睜看著成千上萬的古瓷全部流散在海外。此情此景，深深地刺激了兩人，使他們萌生了一個念頭：建立中國水下考古隊伍，打撈南海沉船。

回國後，兩位專家遞交報告，說明了他們的想法。這份報告得到中國考古界的一致認同，他們紛紛表示，應該早日組建水下考古隊伍，發展中國水下考

古事業。1987年，中國歷史博物館成立了中國水下考古學研究室，拉開了中國水下考古的序幕。

　　水下考古隊伍建立後，很快取得很大成績，他們發現多處中國古代文化水下遺存，採集到大量中國不同歷史時期的水下文物，重現了海上絲綢之路，促進了水下考古事業發展。

　　水下考古學是考古學的一門分支學科，是陸地田野考古向水域的延伸。它以人類水下文化遺產為研究對象，對淹沒於江河湖海下面的古代遺跡和遺物進行調查、勘測和挖掘，運用考古學所特有的觀點和研究方法做為認識問題的方法並使其發揮應有的作用。

　　19世紀中葉，瑞士湖上居址的確認成為水下考古學誕生的標誌。1943年，水中呼吸器發明後，方便了水下工作，為水下考古提供了基本條件。1960年，美國考古學家喬治‧巴斯在土耳其格裡多亞角海域調查挖掘西元7世紀拜占庭時期沉船遺址時，首次運用了考古學方法，成為水下考古學發展史上的一個里程碑。

沃爾克‧貝格曼，瑞典考古學家，24歲加入中瑞西北科學考察團，追隨斯文‧赫定在中國度過了8年時光，發現了「居延漢簡」和「小河古墓」。

穿越兩千年前的完美音色——音樂考古學

音樂考古學是依據音樂文化遺存的實物史料，藉助考古方法來探討音樂史、樂器史，直到歷史上的音律形態、音階形態等音樂學課題的一門科學。

曾侯乙墓成功挖掘之後，先後出土了眾多有價值的文物。而在這些文物中最為重要也最為知名的就是青銅鑄造的成套的曾侯乙編鐘。

在考古界，對於出土文物的傳統做法就是將其保存好，然後寫挖掘報告，進行下一步研究工作。現在，邀請而來的各路專家對編鐘進行了研究，照理說只要寫好挖掘報告，將它保存好就行了。可是領導挖掘編鐘的譚維四卻有了新的想法，他想：編鐘既然是個樂器，為什麼不聽聽它的聲音呢？當然，要聽到它的聲音就要去敲。當他把自己的想法告訴大夥時，立刻遭到了很多人的反對，要知道，對於文物，大家可是連觸摸都小心翼翼的，至於去敲擊它，那真是前所未聞的事了。反對者非常的緊張：「這麼好的文物敲壞了怎麼辦？簡直是不愛惜文物。」

譚維四聽了，並沒有因此打消敲響編鐘的念頭，相反，他設法請來了古文字專家裘錫圭等人，讓他們研究編鐘上的銘文，瞭解編鐘的發音規則。

裘錫圭等人經過辨認，得知了銘文的意思。原來，這上面果然記載著編鐘的發音規則，以及敲擊規律等。於是，譚維四將目光轉移到與編鐘一起出土的有六個丁字形的木槌和兩根長長的圓木棒上面。他想，木錘是用來敲擊小鐘

的，可是，那些大鐘怎麼辦？難道與長木棒有關？自從出土以來，人們一直認為長木棒是用來支撐編鐘架的。

就在眾人疑惑之際，一人拿起木錘說：「能不能用這個敲？」說著，他敲擊了幾下大鐘，就聽發出幾聲破鑼般的聲音，實在太難聽了，在場的人無不捂住了耳朵。譚維四順手拿起木棒，在那人敲擊的地方敲了幾下，頓時，難聽的聲音沒有了，取而代之的是悠揚悅耳的聲音。大夥驚喜地睜大了眼睛，為聽到

來自遠古的樂音而激動。

既然已經親耳聽到了如此動人的音色，譚維四就很容易說服眾人了：「編鐘既然是樂器，我們就不能只見其形不聞其聲。」他打算辦一次演出，讓更多人聽一聽編鐘的聲音。很快，他們召集了一些音樂家，經過排練，開始了編鐘出土以來第一次演出。他們用編鐘演奏了古今中外好幾首曲子，演出獲得巨大成功，一下子轟動了世界。

人們對於2000年前的樂器演奏充滿了好奇心，越來越多的人希望聽到遠古之音。因此，許多人都要求傾聽編鐘演奏，要求舉辦更多的演出。可是，編鐘畢竟是文物，要是天天演出，必然會對之造成損傷。怎麼樣才能既滿足大眾需求，又可以保護編鐘呢？

又是譚維四想到了辦法，他提議複製編鐘，用複製品為大眾演奏。可是這個提議照樣遭到了反對，他們說：「我們是博物館，把編鐘保存好就行了，複製什麼？要是有人想聽編鐘演奏的樂曲，放放錄音帶不就得了。」

然而，譚維四與他們想的不一樣，他希望更多人能夠瞭解編鐘，到現場觀看演出。所以，接下來的日子裡，他不厭其煩地陳述複製編鐘的好處，並向有關專家請教複製的技術。

1979年，複製研究終於得到認可，3年後，28件樣鐘複製成功了。又過了兩年，編鐘全部複製成功了。這年的十月一日，整套複製編鐘被搬到北京，開始了它令世人陶醉的演出。

音樂考古學是依據音樂文化遺存的實物史料（挖掘而得的或傳世的遺物、

遺址、遺跡，如樂器、樂譜、描繪有音樂生活圖景的古代造型藝術作品等），藉助考古方法來探討音樂史、樂器史，直到歷史上的音律形態、音階形態等音樂學課題的一門科學。

音樂考古學的研究範圍與考古學既有關聯，又有區別。最初對音樂文物的考古研究是做為考古學的一個分支與美術考古、絲綢考古、陶瓷考古、青銅器考古等學科並立的，可是，隨著研究深入和角度變化，研究內容已經漸漸超出考古學範圍。比如，對於古陶塤的研究，可以藉助陶瓷考古的方法及其已有成果來鑑定它的形制、年代、文化屬性等。可是因此引出的古塤音階問題，卻屬於古代樂律學的研究範疇，因此，音樂考古從音樂學角度起回饋作用，以助益考古學的研究。

亨寧·哈士綸（1896年～1948年），丹麥探險家，丹麥來華傳教士後裔。對蒙古音樂在歐洲的傳播做出了巨大貢獻，被譽為「蒙古活佛的前世兄弟」。

史前的西斯廷教堂—— 美術考古學

美術考古以田野考古挖掘和調查所獲得的美術遺跡和遺物為研究對象。

這是1879年的西班牙，考古學家桑圖拉打算再次到阿爾塔米拉山洞裡去尋找古代遺物，四年前他曾經在這裡發現了許多動物的骨骼和燧石工具。可是他五歲的小女兒無人看管，於是他乾脆帶著女兒一起來到了山洞。

進入山洞，桑圖拉囑咐女兒瑪麗亞乖乖在一旁玩耍，不要打擾自己的工作，然後便埋頭專注於在地上挖掘了。小瑪麗亞無事可做，又不能離開父親身邊，只好百無聊賴的東張西望。忽然，她大叫起來：「爸爸，您快看！您快看！」

桑圖拉正忙著做事，無暇他顧，頭也不抬的安撫女兒說：「乖！爸爸在做事，妳自己玩吧！」

可是小瑪麗亞又叫了起來：「爸爸看，這裡有牛！牛！」牛？聽到牛，桑圖拉連忙抬起頭來，瑪麗亞正用手指指著洞頂，順著她手指的方向看去，桑圖拉立刻呆立在那裡，

簡直忘了呼吸。

　　洞頂畫著的是許許多多的動物，種類繁多，色彩各異，野牛、野馬、野鹿，紅色、黑色、黃色和深紅色。整個洞頂上的畫足足有15公尺長，20多隻動物神態各異，有的在奔跑，有的似乎受了傷，但都栩栩如生。桑圖拉仔細看下去，發現這些畫是事先在洞壁上刻出簡單的輪廓，然後再塗上顏色的，畫作十分的生動自然，畫家甚至還藉助了洞壁天然的凹凸不平來表現出極富立體感的造型。

　　激動的桑圖拉將這些壁畫複製下來，並交給了里斯本的一個國際性學術組織，但是，當時的學術界拒絕相信這是原始人留下的繪畫作品，要知道，即使是距今幾千年前的壁畫，水準還依然非常的拙劣，因此人們不相信在幾萬年前就有了如此生動細緻的繪畫作品存在，他們認為這是桑圖拉為了贏得聲譽而偽造的。直到1902年，隨著新的考古方法的誕生，人們才確定了這些壁畫確實是三萬年前留下的作品。

　　至此，這小女孩無意中的發現震驚了全世界。在當時，學術界在歐洲發現的舊石器時代文化物品還僅限於小型的骨頭與石頭雕刻等，對舊石器時代文化

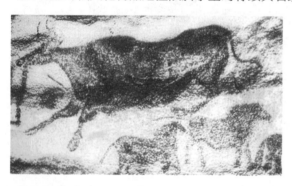

知之甚少，而阿爾塔米拉山洞裡這些畫作的發現正好彌補了這一空缺，是最早被發現的舊石器時代的壁畫。而有鑑於阿爾塔米拉山洞壁畫非凡的藝術價值，人們更稱

它為「史前的西斯廷教堂」，認為它堪與米開朗基羅手下的西斯廷教堂壁畫相媲美。

為什麼三萬年前還居住在洞穴裡的原始人能夠有如此驚人的藝術成就，至今還是一個未解的謎，而這個謎恐怕要透過美術考古學來解答了。

美術考古學是考古學的分支學科，以田野考古挖掘和調查所獲得的美術遺跡和遺物為研究對象。它從歷史科學的立場出發，依據層位學、類型學等考古學研究方法，結合古代文獻以及傳世的有關遺物，闡明美術的產生、發展過程，以及與物質文化發展的關聯，為人類文化史研究提供準確可靠的實物例證。

在世界各地，近代考古學的萌發與歐洲文藝復興後人們對希臘、羅馬等古典美術品的收集關係密切。隨著考古學逐漸發展成一門嚴謹的科學，做為考古學分支的美術考古學，才與從審美的觀念研究美術的美術史區分開來。

美術考古學研究的主要內容可以概括為建築、繪畫、雕塑、工藝美術幾類。

蒙特柳斯（1843年～1921年），瑞典考古學家。史前時代文化研究工作的開拓者之一。曾任斯德哥爾摩國立博物館館長、教授。重點研究歐洲史前文化的分期和年代，尤其關注北歐、西歐青銅時代的文化。主要著作有《青銅時代年代問題》、《異教時代的瑞典文明》等。

刻著秘密的石頭─銘刻學

銘刻學是考古學分支學科之一，以古代鐫刻在金屬、石頭、泥版、象牙等材料上的銘文或圖案為研究對象。

在秘魯納斯卡平原北部有一座名為伊卡的小村莊，村子不大，但是聞名遐邇，吸引著全世界人們的目光。奇怪的是，人們並非對這裡的風景感興趣，而是對當地的石頭博物館頗感好奇。

說起石頭博物館，也許很多人會說：「世界上有的是奇石怪峰，為什麼這裡的石頭如此聞名呢？難道它們有什麼奇特之處？」

正是如此，當地的石頭確實獨具特色。此地博物館裡陳列著的一萬多塊石頭上，都刻著奇怪的圖案，這些圖案的內容展示著器官移植手術、輸血、望遠鏡、醫療器械、追逐恐龍的人等等先進的文明景象，有幾個圖案甚至描繪出了1300萬年前從太空中看到的地球。有關學者從圖案中推測，刻石上紀錄的是一個業已消失的遠古文明。

探討石頭的秘密，就要從它們的來歷說起。有一年，伊卡所在地區發生了洪水。洪水漫過之後，人們投入緊張的重建家園工作中。這時，一位農民突然宣稱他在附近的小山上躲避洪水時發現了一處洞穴，裡面存放著大量刻著圖案的石頭。

由於人們對石頭上的圖案感興趣，於是這位農民就陸續地拿出石頭出售，經營起了石頭生意。為了獨佔洞穴的石頭，農民對洞穴的位置一直保密。可

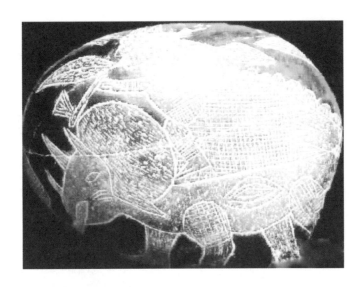

是，那些石頭被賣出去後，一傳十，十傳百，很快引起了專家們的注意。在專家們的參與下，伊卡成為考古的新焦點。秘魯政府也得知了這件事，他們認為那位農民私自出售文物是違法行為，就把他逮捕了。

那位農民害怕被判刑，就招供說那些石頭是他自己刻的，他的目的就是為了賺錢。這樣一來，農民獲釋了，那些石頭也成為「騙局」的象徵。秘魯政府出面宣佈，這是一場鬧劇，毫無科學根據，請人們不要再上當了。

刻石的事情似乎就這樣過去了，伊卡又恢復了昔日的安寧。可是，細心的專家們卻沒有就此罷手，他們仍有諸多疑惑：一個幾乎沒有受過教育、不具備豐富科學知識的人，怎麼能夠如此精確地刻畫出這樣的圖案？更何況刻石上顯示的都是十分先進的高科技，甚至有些現在的人類科技還不曾具備，更加令人不解的是，那位農民一共出售了15000多塊石頭，只要細心一算就會發現，即

使他一天刻一塊石頭，那也需要耗費40多年才能刻完這麼多石頭。這就無法解釋他怎麼會突然間擁有那麼多刻石。另外，專家們在早期的西班牙編年史中，還瞭解到了當地古墓中發現刻石的記載，西班牙人還曾陸續將這些石頭運回歐

洲。這點說明，那位農民尚未出世前，就已經有人發現刻石了。

在諸多困惑干擾之下，專家對刻石進行了化驗，結果顯示，這些石頭是產於當地河流之中的一種安第斯山石，表面覆蓋一層氧化物。進一步鑑定顯示，石頭上的刻痕歷史極為久遠，絕非現代人所為。同時，他們在發現刻石的山洞附近，也發現了無數幾百萬年前的生物化石。因此可以肯定，刻石應該來自古代的文明社會。

然而，這個遠古文明為什麼會有這麼先進的科技，他們又為何會消失湮滅，這無數的未解之謎，恐怕還需要漫長的時間去揭示真相。

　　銘刻學是考古學分支學科之一，與中國過去的金石學類似。以古代鐫刻在金屬、石頭、泥版、象牙等材料上的銘文、圖案為研究對象。其內容包括識文字、讀文句、抽譯文例、考證銘文內容及斷代等。對研究古代社會的歷史和語言文字具有重要價值。

　　18世紀，不少學者在憑弔埃及、希臘、羅馬古蹟時，喜歡把這些古蹟描繪下來，臨摹銘文，加以製版印行，供做研究。這促使了銘刻學的誕生。19世紀初，楔形文字銘刻的發現，使銘刻學得到發展，特別是羅林遜考釋了古波斯文後，更是激發了後人對於各種銘刻文字的興趣。

古斯塔夫六世阿道夫（1882年～1973年），瑞典國王，對中國陶瓷頗有研究，曾經來華探測礦藏，組建「中國委員會」，被公認為西方最偉大的中國考古和藝術鑑賞家。

解剖馬王堆女屍—
科技考古學

科技考古指用現代科技手法獲得古代人類社會遺存、遺物和遺跡的潛資訊，進而盡可能地恢復古代人類社會的面貌。

馬王堆女屍堪稱是考古史上的奇蹟，自從她被挖掘出土後，人們就汲汲於解開她身上一切的謎團。

當人們開始挖掘馬王堆墓穴時，就對墓穴主人的身分做過多種不同的猜測，隨著墓穴的打開，巨大的棺木呈現眼前，渴望知道墓穴主人身分的心情就更加強烈了。開棺的過程與以往不同，龐大的棺材套裝有4層，最裡面才是安放墓穴主人遺體的內棺。內棺打開，身著盛裝的墓穴主人遺體呈現在考古人員眼前。人們發現，她身上裹了20層衣物，有絲綢、麻織品，春、夏、秋、冬的衣服幾乎都齊了。

為了解開她身上的絲織品，考古人員花費了整整一個星期的時間。在解開衣物的過程中，強烈的酸臭氣味揮之不去。為此，人們不由得驚訝地猜測著：如果屍體早已完全腐爛，不可能有這種氣味。難道屍體還沒有腐爛？果真如此，可是奇蹟啊！

人們焦急地等待著答案。一個星期後答案揭曉了。在場的人看到了一具保存完好的新鮮屍體，她的皮膚仍舊是淡黃色的，用手按壓還有彈性，有些關節還能活動。面對這具奇蹟般保存下來的濕屍，人們嚇得目瞪口呆。為了進一步

176

瞭解女屍的生理狀況，考古人員決定對古屍進行解剖，這項工作由湖南省的醫學專家負責。

為了確保解剖成功，手術過程中請來了包括放射科、皮膚科、口腔科、婦產科、內科、外科、耳鼻喉科在內的幾乎所有科別的專家。

解剖進行得相當順利，結果顯示，墓穴主人50歲左右死亡，生前患有冠心病、多發性膽石症、日本血吸蟲病、第四五腰椎間盤脫出或變形、右臂骨折等多種疾病，從她光滑的皮膚來看，應該屬於猝死，並非久病不癒而亡。

　　既然多病纏身，這位高貴的墓穴主人究竟死於哪種病因呢？

　　醫學專家準備揭開她的死亡之因。為此，他們進一步解剖了女屍的胃腸，從中發現了138粒還沒有消化的甜瓜子。這位墓穴主人生前患有膽結石，一塊石頭堵在十二指腸口，而甜食容易誘發此病，也就是說，她死前的前一天，可能因為食用過多甜瓜子發生過膽絞痛。另外，墓穴主人有嚴重的冠心病，百分之七十的主動脈堵塞，膽絞痛又誘發了冠心病。這就是她猝死的原因了。

　　至此，透過解剖人們清晰地瞭解到了2000多年前人類的死因，這在考古史上是絕無僅有的事情。另外，解剖還顯示了屍體得以保存完好的部分原因。原來，屍體安葬後，曾經受到細菌侵蝕，因此屍體解剖顯示了早期腐敗症狀。所幸的是，屍體只是暫時地被細菌侵蝕了，隨後便成功地阻止了大自然的進攻，她也就此保存下來。

　　但是，女屍究竟為何沒有像普通屍體一樣腐朽，或者像木乃伊一樣乾燥，這依然是考古界乃至科學界的重大困惑之一。至今，仍沒有哪種解釋能讓人完全信服。

　　科技考古指用現代科技手法獲得古代人類社會遺存、遺物和遺跡的潛資訊，進而盡可能地恢復古代人類社會的面貌。

　　第二次世界大戰以後，世界各地的自然科學、技術科學迅速發展，促進了考古研究方法的革新，極大地擴展了考古學研究的深度與廣度，產生了許多嶄新的分支學科、跨學科的研究，生物學、化學、電腦等被廣泛應用於考古活動。現代科學技術在田野考古勘探、挖掘和研究的應用程度，已經成為當今衡

量考古學現代化、科學化的重要標準。

　　為了趕上世界考古學發展的步伐，加速中國考古學現代化、科學化的進程，中國社會科學院於1995年成立了考古科技中心。

裘琴遜‧湯姆遜（1788年～1865年），丹麥考古學家，提出著名的「三期論」，分析出人類曾經歷石器、銅器和鐵器三個時代。

瓦罐中的聖經─宗教考古學

宗教考古學是以有關宗教的文化遺存做為研究對象的考古學分支。

世上的事總是這麼奇怪，似乎冥冥之中早就有所安排一樣。比如《舊約》裡有很多預言，後來都應驗了。於是人們不得不懷疑，以為《舊約》是事後偽造的，否則怎麼會預言得這樣準確？

但是，一個普通人在一次平常勞動中的意外發現，卻消除了人們的疑慮。

這是1947年，在死海附近，一個阿拉伯牧羊人正在牧羊。這是他的日常工作，他每天都要趕著羊群尋找水草茂盛的地方，好讓羊群吃飽。這群羊是他家的重要財產，因此照顧羊群也就是重要的事情。

羊群在草地上爭先恐後地吃著草，生怕錯過一株嫩芽。牧羊人站在草坡上，前後觀望，四下無人。他不免有些寂寞，躺下來望著藍天出神。

又過了一會兒，太陽漸漸偏西，大地暖洋洋的，牧羊人躺不住了，他爬起來準備驅趕羊群。可是羊群依舊埋頭努力地啃著草，絲毫早就忘記主人了。牧羊人想了想，沒有去驚動羊群，而是順手撿起一塊石頭朝遠處扔去。他扔了一塊，覺得有趣，又撿了幾塊扔出去。這個簡單的遊戲此刻充滿了情趣，使得牧羊人心情豁然開朗。

牧羊人一次次地扔著石頭，一次次傾聽著石頭落地的聲音。忽然，他察覺到一塊石頭落地的聲音有些奇怪，與其他石頭落地的聲音不同。為什麼呢？他好奇地跑到石頭落地的地方，打算一探究竟。石頭落在一片草叢裡，他撥開草

叢，竟然看到一個洞口。牧羊人大吃一驚，他伸著腦袋往洞裡觀望，發現裡面地方不小，而且還有很多瓦罐。真是不可思議，這些瓦罐是做什麼的？懷著極大的好奇心，牧羊人伸手取出一個瓦罐。當他取出瓦罐打開來一看時，更是驚訝得張大了嘴巴。原來，瓦罐裡裝的竟是《聖經》！牧羊人雖然識字不多，可是他知道《聖經》。於是，他急忙將所有的瓦罐取出，並將這個發現告訴了其他人。

後來，有關學者瞭解到這件事情，他們經過研究，鑑定罐中的《聖經》是西元前200年的手抄本，將之稱為「死海古卷」。那麼，這些古卷是何人抄寫的？為什麼裝在瓦罐裡？扔在山洞裡？

進一步的研究發現，西元前200年，猶太人還處在希臘的統治之下，當時，他們與希臘人享有同等待遇。可是到了西元前150年，東羅馬帝國取代了希臘。猶太人害怕羅馬人，於是紛紛攜帶《聖經》抄本離開故土，躲進死海附近的山洞隱居。到了西元前63年，羅馬人驅趕了猶太人，不許他們住在此地。

猶太人倉皇逃走，而手抄《聖經》也就掉在洞中。

「死海古卷」的發現和研究屬於宗教考古學問題。所謂宗教考古學是以有關宗教的遺跡和遺物為研究對象的考古學分支。

在古代，宗教信仰普遍存在人類社會中。所以，研究古代人類社會必須把宗教活動考慮在內。它的研究對象包括各個時代的神殿、寺廟、祭壇、祭具、造像、壁畫、經卷和符號等，這些遺存有的具有一定的美術價值，因此與美術考古學的關係也比較密切。

根據各地宗教信仰不同，宗教考古學分類很多，其中以歐洲的基督教考古學、北非及西亞和中亞的伊斯蘭教考古學、南亞和東亞的佛教考古學最為重要，它們都屬於歷史考古學的領域。

鳥居龍藏（1870年～1953年），日本四國德島市人，知名日本民族學家、人類學家、考古學家。他將考古學與人類學結合，最早對中國少數民族進行調查研究的日本學者。

重現古老造紙術─紙草學

紙草學是研究古埃及和東部地中海地區用紙草書卷保存的古代文獻的學科。

古老的埃及充滿了傳奇色彩，關於它的紙草造紙術就是眾多傳奇中的一個。4000多年前，聰明的埃及人發明了用紙草造紙的方法，他們用紙莎草製成的紙做為書寫材料，用來紀錄事件，書寫文章。這可是非常先進的文明技術，遠遠超過了當時世界其他地方的文明。遺憾的是，到了大約西元9世紀，這種造紙技術突然失傳了。

多少年來，紙莎草造紙術成為埃及人的難解之謎，他們不斷追尋著，試圖恢復這種技術。然而，雖然考古發現的紙莎草紙不計其數，但關於造紙工序卻未見詳細記載。因此，直到19世紀，一直無人揭開這個千古之謎。

歷史的重任落在一位叫哈桑·拉加卜的埃及博士身上。這位博士生於埃及亞歷山大一個名門望族，早年從事電力工程工作。1952年，他參軍後參加了推翻法魯克封建王朝的革命，後被任命為國防部次長，並被授予少將軍銜。這位高級官員熱衷外交，先後出任駐中國、義大利和南斯拉夫大使。

在出任駐華大使的期間，拉加卜親眼見到了中國傳統造紙術的流傳和推廣，想到自己國家的造紙術卻早早失傳，他產生了一個強烈的願望──重現埃及的傳統造紙術。

1968年，哈桑·拉加卜開始潛心紙草學研究。不過，說起來容易做起來難，想要恢復造紙術並非易事。拉加卜投入工作後，首先面臨的難題就是用來

造紙的紙莎草在埃及已經絕跡的事實。沒有造紙原料，造紙從何談起！不過拉加卜並沒有氣餒，他幾經探訪，得知當時蘇丹還生長著這種草。於是，他花錢從蘇丹進口紙莎草的種子，並親自試種。

可是，試種失敗了，紙莎草沒有長出來。面對打擊，拉加卜毫不氣餒，他想了一個新辦法，從蘇丹進口紙莎草的根部，透過反覆試栽獲得了成功。

有了原料，下一步就是解決造紙工序問題了。多年來，無數人曾經探求過紙莎草造紙工序，可是無人成功。現在，拉加卜知難而進，潛心研究。他查閱大量歷史書籍，從中瞭解與造紙術有關的點滴內容，還多次與專家們交流，認真學習古墓畫，細心觀察已經發現的各種紙草文書的紋理，從中總結經驗。皇天不負苦心人，經過艱苦地探索和學習，拉加卜攻克重重難關，終於研究出了古老的紙莎草紙製造術。

重獲新生的造紙術很快贏得了世人喜愛。如今，埃及紙草畫已經成為當地的象徵之一，凡是到過那裡的人，沒

有不購買它的。這些畫大多臨摹金字塔法老墓壁、神廟廊柱上的畫，反映古埃及法老時期的生活習俗、宗教儀式、狩獵征戰等情景。一眼望去，淺黃色粗紋紙配上精美的古畫，獨特的質感使人難以忘懷。

紙草學是研究古埃及和東部地中海地區用紙草書卷保存的古代文獻的學科，是古文字學的分支。

1752年，首次發現紙草文獻，隨後，各地發現逐漸增多，紙草學應運而生，成為古埃及、古希臘羅馬歷史研究中的重要內容。埃及古王國後期，當時的埃及人用尼羅河下游一種叫作紙莎草植物的莖切片壓平，製成紙草書寫文字。到了新王國時期，紙草成為主要書寫資料。在希臘、羅馬統治埃及期間，紙草傳入西亞、希臘等地，使用更為普遍。

已發現的紙草文獻主要是西元前4世紀～西元6世紀的物品，也有一些埃及中王國、新王國時期的珍貴史料。紙草文獻多用古埃及文字的世俗體，希臘、羅馬統治時，則用希臘、拉丁和科普特文字。20世紀50年代發現的「死海古卷」中的紙草書，是紙草文獻遺物中最有名的。

湯瑪斯・傑弗遜（1743年～1826年），美國第三任總統，於1784年在美國維吉尼亞州參與挖掘一個印第安人墓葬，提出考古學不應單純利用地質學分層法理論。

一枚獨一無二的鎳幣——
古錢學

古錢學以古代錢幣為研究對象。舊古錢學主要研究錢幣的形制、書體、重量和成分等。新古錢學則透過對古錢的研究，進而探求當時社會的政治經濟狀況。

陳福耕是上海一位古錢幣收藏者，人稱「幣癡」。1982年，他購買了一罐古錢幣，發現其中有一枚樣式非常奇特。這枚錢幣是一枚5分鎳幣，只有現今的「1分」幣大小，正面中間印著阿拉伯數字「5」，環以珠圈，上下兩端皆為英文，背面正中赫然出現一條蟠龍，上下兩端也是英文。他越看越奇怪，就搬出英漢辭典細細對照，結果發現，錢幣正面上端的英文意思是「伯明罕造幣廠」，下端為「英格蘭」；而背面的英文，上端是「鎳幣樣板」，下端是「千克」。

得知英文意思後，陳福耕心情激動，多年的收藏經驗和豐富的錢幣知識告訴他，這絕不是一枚普通錢幣！為了確定這枚古幣的來歷，他連忙帶著錢幣跑去找他的老師——錢幣考古界的泰斗馬定祥老先生。老先生仔細審視了錢幣

後，高興地說：「這是中國鎳幣鼻祖『伯明罕』啊！你知道嗎？如今國外只有『10分』幣的拓本，這種5分的還無人發現呢！這可是難得的精品啊！」陳福耕也曾聽說過「伯明罕」，知道它是中國鎳幣鼻祖，價值非凡，不過對於它的來歷還不甚明瞭。於是，他請老師為他講述「伯明罕」的故事。

馬定祥老先生按捺住激動的心情，娓娓道來：1888年，大清王朝處於洋務運動的熱潮中，受國外影響，李鴻章等洋務派大臣主張改變幣制，鑄造與國際接軌的鎳幣。這個提議得到了光緒和慈禧的許可。很快，由大英帝國伯明罕造幣公司代鑄的3枚鎳幣樣板出爐了。李鴻章親自將鎳幣呈送上去，請求皇帝下詔實行幣改。可是，幣改一開始就遭到保守派強烈反對，如今，他們看到這枚錢幣上全是洋文，立即抓住了把柄，強烈反對幣改，並提出了很多反對理由。

一時間，洋務派和反對派互不相讓，爭鬥激烈。最後，慈禧一錘定音：「改幣制可暫且緩議！」

就這樣，一場幣改風波悄然落幕了，那3枚鎳幣樣板也不知去向。

馬老先生講到這裡，再次拿起那枚「伯明罕」，依然激動萬分：「沒想到啊，福耕，你竟然得到了其中一枚，太了不起了。」

之後，歷經重重磨難，從盜竊者手中失而復得，這枚傳奇的鎳幣，至今仍是當年歷史最好的也是僅存的見證。

以古錢為研究對象的考古學稱為古錢學。由於古錢的鑄造年代明確，它成為考古學斷代的最直接的依據之一。

除了斷代外，古錢學的意義還在於透過研究錢的形狀、質料、重量、銘

文、圖紋和鑄造技術，辨別它們的發行者和發行地點，確定它們的價值，研究銘文、圖紋的意義和風格，進而為經濟史、文化史乃至美術史的研究提供資料。

另外，古錢做為一種重要的經濟史史料，透過對它的起源、發展變化的研究，可以瞭解古代商品流通和金融財政狀況，並為研究和瞭解古代政治、社會、文化、對外關係等方面提供線索。

王仲殊，1925年出生，浙江省寧波人。主要研究領域為中國漢唐時代考古學，兼具日本考古學和古代史。主要著作有《漢代文明》、《關於日本高松塚古墳的年代和被葬者》、《關於日本古代都城制度的源流》、《再論好太王碑文辛卯年條的釋讀》等。

水下居巢國─環境考古學

環境考古（environmental archaeology），揭示人類及其文化形成的環境和人類與自然界相互影響的考古學分支學科。是環境科學與考古學結合的產物。

在安徽巢湖，每當到了冬季，湖北岸的水位下降時，就會露出大量的陶片。當地人對此已經司空見慣，所以沒人把它當一回事。可是，到了2001年底，巢湖市發佈了一則消息，說發現了隋朝窯遺址，這個消息引起有心人的注意。

一天，負責巢湖窯遺址挖掘工作的辦公室裡來了一個人，他是當地居民，進門後便說：「我從報上看到了窯遺址的消息，在我們那裡，每到冬天，巢湖水位下降時，都會看到很多陶器。我想那些陶器可能與遺址有關，所以來彙報情況。」

辦公室的人聽了深感興趣，就把這個情況紀錄下來。隨後，他們又陸續接到與此相似的各類說法，有人透過電話，有人透過書信，還有人透過網路，反映巢湖北岸發現陶片的事情。

這些線索極大地激發了考古人員的熱情，他們決定到巢湖北岸考察。時值嚴冬，考古人員趕到了現場，沿著湖濱大道觀察著。果然，在露出水面的約有二、三百公尺的河床上，他們看到到處散落著的陶片。考古人員立刻分頭考察陶片，結果發現，這些陶器以泥質灰陶和夾砂灰陶為主，同時還有泥質紅陶、褐陶、夾砂黑陶以及一些燒成溫度略高的硬陶等。陶器普遍體形較大，有各種甕、盆、缸、罐、罈、釜等，都是生活用品。還有一些陶器上有印紋，像方格紋、席紋、弘紋、繩紋和刻劃水波紋等。

考古人員的到來吸引了當地很多漁民，他們上前熱情地說明巢湖陶片的情況，指著湖岸四周說：「這裡4、5公里的範圍內都能見到陶片，有的地方可多了，厚厚一層。」有些老年人還說：「這裡過去有座城市，後來沉到湖底去了。」

考古人員對此極感興趣，追問道：「你們怎麼知道的？城址在哪裡？」

老人回道：「我們這裡的人都這麼說。我帶你們去看看這座城的四個城門。」

他帶著考古人員沿湖行走，一一指點著城門的位置，好像他真的看見過古城遺址一樣。一路上，他還指著河床不斷地說著：「你們瞧，那個水井旁還有棵古樹樹墩。看樣子，那棵樹兩人都合抱不起來。」在河床上，遠遠近近散佈

著十多口水井，其中一個水井旁就有他說的古樹墩。

考古人員對此越發好奇了，他們觀察了老人說的城門、水井、古樹，然後到附近村民家查看。結果，在村民家裡，他們見到了村民們在湖岸撿到的陶壺、陶罐等。經過鑑定，他們得出結論：這些物品都是陶器製作和使用鼎盛時期的產物。

這些發現似乎都在驗證著當地人關於古城的傳說。至此，考古人員也不得不把此地的發現與歷史上講到的「陷巢州」一說聯想起來。

據史料記載，春秋時期，曾經有一個侯國叫居巢國，在當時處於非常重要的地位。可是，到了秦漢時期以後，這個國家就從史料中消失了，關於它的人和事像蒸發了一樣，再也沒有了紀錄。

於是，關於居巢國沉入湖底的說法就產生了。不過，多年來人們一直沒有確定它的位置，有人說在巢湖，有人說在桐城，還有人說在壽縣。因此，當巢湖岸邊的陶器被發現後，立即引起了人們對於古老居巢國的猜測和聯想，很多人相信，這個城市是因為一場大的地殼運動而下陷，最終成為今天的巢湖。

從考古學的角度來看，這些發現似乎證實了史料記載有關「陷巢州」的故事的可能性。而大量的陶片和古人生活的遺跡，則顯示在這浩瀚未知的湖面下，有著一段精彩的、無法被磨滅的歷史。因此，對巢湖形成和居巢國的探索，從過去一直停留在以古籍史料為依據的歷史學範疇內，正式擴展到了現代考古學領域。

環境考古（environmental archaeology）是揭示人類及其文化形成的環境和

人類與自然界相互影響的考古學分支學科。是環境科學與考古學結合的產物。

　　環境考古的研究對象包括人類形成以來整個第四紀時期和人類有關的環境問題。研究的重點為新石器時代及歷史時代初期人類文化與自然環境間的關係。研究的方法很多，其中最主要和常見的是孢子花粉分析技術。這項技術就是利用孢粉長期不變的特色，透過研究遺址中的孢粉分佈瞭解古代植被的基本面貌、人類使用植物的情況等，確定遺址年代，瞭解古人類生活環境以及變遷歷史。

陳文華，生於1935年。著名考古專家、茶文化專家。先後應邀到日本、韓國、英國、法國、美國等國家講學和交流，被日本考古學界譽為「中國農業考古第一人」。

只屬於女人的文字──
古文字學

做為考古學的分支，古文字學的研究對象必須是鑄、刻或書寫於遺跡和遺物上的文辭，與一般的書籍文獻不同。

1982年，武漢大學教授宮哲兵在湖南省江永縣發現了女書。這是一種獨特的，只在女性間使用的文字，字體秀麗娟細，造型奇特，也被稱為「蚊形字」。這種世界上獨一無二的女性文字符號甫一問世就備受世人注目，無數人在探索它的起源問題。其中最引人注目的就是在江永縣流傳的一個動聽故事：

相傳王母娘娘最小的女兒名叫瑤姬，長得花容月貌又聰明伶俐，深得王母寵愛。一天清晨，瑤姬早早起床，推開霞帳雲幔，俯視人間景色。她看到一派明山淨水，鳥語花香之景，心情格外舒暢，再看到田園阡陌，泉美林秀，更覺人間情深。忽然間，她萌生了下凡到人間，尋覓一方清靜處的想法。於是，瑤姬離開了天宮，足踏祥雲，飄飄然來到了人間。

瑤姬降落到一個地廣人稀的地方，這是風光綺麗的水鄉，名叫普美村。她下界後雖與當地人語言不通，但還是受到了熱情的歡迎。普美村的姑娘們個個心靈手巧，聰明能幹，她們擅長描花、紡織，織繡的繡鞋花、衣邊花、頭巾簡直比天上的彩霞還要絢麗美妙。

瑤姬被她們的紡織手藝深深吸引，拜她們為師。後來，瑤姬發現當地的女子沒有受教育，不識字，言不達意，意不能書。於是她想幫助她們提高言情記

事的能力，為此，她回到天庭搬下了複雜的天書教導姐妹們。

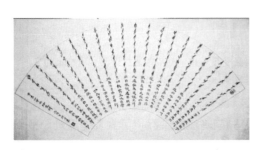

姑娘們非常希望學習文字，可是她們一個個目不識丁，還要擔負著紡織的任務，哪有時間快速學會呢？瑤姬經過深思熟慮，想到了一個好辦法，她把深奧的天書簡化，並與女紅刺繡結合起來，用當地的土語讀唱，這樣一來，姑娘們學習起來方便多了，而且還不耽誤工作，真是一舉兩得。很快，當地的女子變得能識善寫、作詩繪畫、讀唱自如了。從此，這部改變了的天書就在女人中傳遞著，而與男人無關。因此人稱「女書」。

故事當然只是傳說，但「女書」確實是女子創造的獨有文字。千百年來，在湖南省的江永縣、道縣以及江華瑤族自治縣和廣西部分地區的婦女之間，一直流行、傳承著這種文字。它以母傳女、老傳少的形式，一代代傳下來，成為女人間的神秘文字。

目前搜集到的女書文字有近2000個字元，所有字元只有點、豎、斜、弧四種筆劃，可採用當地方言土語吟誦或詠唱。「女書」作品絕大部分為歌體，其載體分紙、書、扇、巾四大類。內容多是描寫當地婦女的生活，還用來通信、記事、結交姐妹、新娘回門賀三朝等，文體多為七字韻文。

據考證，「女書」應當是起源於史前陶文，發源地應在黃河流域中、上游地區，尤其陝西省的關中地區或商縣一帶可能性更大。「女書」可能是當年居住於陝西商縣一帶的蒼梧族南遷帶到湖南江永山區的古老文字。如果真是如

此，那麼「女書」就是目前世界上最古老的文字之一，而且是到了今天仍在使用的文字，這不能不說是文字史上的奇蹟。

做為考古學的分支，古文字學的研究對象與一般的書籍文獻不同，必須是鑄、刻或書寫於遺跡和遺物上的文辭。

含有文辭的遺跡和遺物，大體上可分兩類。一類如墓誌、碑碣、印章、甲骨、簡牘、泥版、帛書和紙書等，文辭是器物的主要內容；另一類如紀念性建築物、雕刻品、繪畫、貨幣、度量衡器、鏡鑑、工具、武器和各種容器等，銘文處於附屬的地位。

古文字學的任務就是識別銘辭的文字，判讀辭句的意義，區別不同時代、不同地區的字體。同時，對銘文的研究還可以判明遺跡和遺物的年代、製作者、所有主、所在地、用途和製造目的等。由於銘辭存在於遺跡和遺物上，可靠程度遠遠超過文獻的記載，不僅可以彌補文獻記載的不足，還可糾正錯誤。所以，古文字學和銘刻學一樣，對原史考古學和歷史考古學意義非凡。

路易士‧利基（1903年～1972年），英國著名人類學家和考古學家，1959年4月4日，他和妻子在坦桑尼亞挖掘出一塊人類化石，這塊估計有175萬年歷史的化石被定名為「東非人」（現在稱為「南方古猿」）。

埃及豔后的簽名——
文物鑑定學

文物鑑定學有它自身特定的研究對象，那就是古人和今人鑑定文物的實踐，包括其鑑定理論、知識和方法。

在柏林博物館內，存放著一具古埃及木乃伊，100多年來，考古學者們一直認為這是一具普通的木乃伊，對它的關注和研究並不多。

這次，比利時草紙考古學家簡·比根為了研究木乃伊，特地請求柏林博物館讓他進館進行研究工作。博物館批准了他的請求。這天，簡·比根像往常一樣走進博物館，來到木乃伊前面仔細地觀察、琢磨。忽然，他看到木乃伊的布片裡夾著一張發黃的草紙，這讓他心跳加快。畢竟他是草紙學家，草紙的發現對他的研究意義重大。他直觀地感覺到，這張草紙一定是古埃及的文件。

簡·比根小心翼翼地行動著，從木乃伊身上慢慢的剔出那張草紙。隨著草紙慢慢露出來，他的心跳更快了，草紙上寫滿了密密麻麻的古埃及文字，他估計的沒錯，這正是一張古埃及文件。對於簡·比根來說，這簡直就是如獲至寶。他慌忙拿著那張16開大小的草紙跑進了特別鑑定室。

在鑑定室裡，簡·比根首先拿起一個普通放大鏡觀看草紙上的文字。一看之下，他馬上識別出了這份文件的來歷，它是古埃及某個王朝的正式公文，上面還有日期。於是，激動的簡·比根迫不及待地在考古權威雜誌上發表了自己的發現，並斷定這是古埃及某個農民和「×先生」之間的普通合約。

簡‧比根的文章發表後，引起了一個人的注意，他就是荷蘭歷史學家彼得‧萬‧明尼。明尼從文章中的圖片看出了問題，他發現圖片顯示的是地地道道的古埃及政府文件，而非私人間的合約。於是，他向出版社要來了放大的文件照片，並把它輸入電腦觀察。僅僅30秒鐘，他就鑑定出了文件的真實身分—它確實是埃及王宮的文件。

接著，明尼與古埃及歷史學家合作，換算出了文件抬頭中的年分，是西元前33年2月23日。這個時間一經確定，大家立即驚訝地叫出聲來：「西元前33年，不正是著名的『埃及豔后』克麗奧佩特拉七世統治下的托勒密王朝時期嗎？」

令人驚奇的不止於此，文件的內容更是讓他們大吃一驚。從文字的筆力來看，這是由男性書寫的，內容為埃及國王答應給予羅馬帝國大將軍卡尼迪斯優惠的商品進出口關稅，允許他每年免稅向埃及出口 1 萬袋小麥，進口5000安普耳的上好埃及美酒。

再看文件的末尾，書寫著一個娟秀的單字，與文件內容的字體截然不同，很明顯是女性的筆跡。明尼拿起一個40倍的專業放大鏡，仔細觀看那個單字，不由得失聲叫道：「genestho，這不是古埃及國王簽署法令時的希臘用語『同意』的意思嗎？」

所有的發現，包括埃及國王、西元前33年、羅馬帝國大將軍，還有女性簽署，都在說明一個事實，合約的落款是「埃及豔后」的親筆簽名。

這個發現一經公佈，立刻引起了軒然大波。多年來關於「埃及豔后」與凱

撒大帝、安東尼、卡尼迪斯的感情故事眾說紛紜，人們認為，在她與安東尼的感情之路上，卡尼迪斯起到了重要作用。不過，這件事並沒有史料記載，也缺乏相對證據。如今，這份優惠的合約不就是一張鐵證嗎？

文物鑑定學是考古學的一個分支。考古學所具有的一般原理，都基本適用於文物鑑定學。同時，文物鑑定學有它自身特定的研究對象，那就是古人和今人鑑定文物的實踐，包括其鑑定理論、知識和方法。

文物鑑定的主要內容包括辨偽、斷代、評價。文物鑑定的基本方法是分類、比較和辨識。分類是把混合相間的各種文物分為互相排斥、互不相容的不同類群，找出文物之間的異、同點，達到認識和掌握的目的。比較是根據已知的標準物，把彼此有某種關聯的文物加以對照，進而確定與標準物的異同，進而對鑑定對象的各個方面的內部矛盾和關聯，進行系統的研究和比較，以做出定性判斷。辨識則是在實踐經驗的基礎上，用調查、考證和科學檢驗等不同方法，按鑑定對象及其同類品的規律，考察文物的本質，透過理論思維、概括和抽象的作用，達到明辨和認識的目的。

布利根（1887年～1971年），美國考古學家，發現歐洲早期文字並在伯羅奔尼薩斯進行考古挖掘，為重建希臘史前史做出貢獻。著有《特洛伊城與特洛伊人》、《皮洛斯的涅斯托耳王宮遺址》。

巨大的牙齒─古生物學

對舊石器時代的考古研究，除了石器外，還包括當時的生物化石，因此，古生物學
常常發揮著重要作用。

曼特兒是19世紀的一位鄉村醫生，他生活在英國南部蘇塞克斯郡的路易
斯。曼特兒熱愛大自然，保持了一顆孩童般的好奇心。平日，除了行醫外，他
喜愛收集和研究各種化石。他的愛好影響了妻子，兩人常常一起爬山涉水採集
化石。

1822年3月的一天，曼特兒外出給人看病。臨行前，妻子叮囑他說：「天
氣還很冷，你要早去早回。」曼特兒答應一聲就走了。可是，曼特兒一去大半
天沒有回來。妻子惦記著他會不會受涼，在家裡坐立不安，乾脆拿著丈夫的大
衣走出去，打算順著他出診的方向去迎接他。

曼特兒夫人很快來到一條正在修建的公路上，路旁，新開鑿的陡壁上露出
一層層岩石。這些岩石吸引了她，她習慣性地觀察著岩層，就像以前跟隨丈夫
外出尋找化石時一樣。

走著走著，岩層中一些亮晶晶的東西引起曼特兒夫人注意，她一面自言自
語：「這是什麼啊？」一面走近前細看。原來是一些動物的牙齒化石。不過，
這些化石牙齒形狀奇特，而且個頭特別大。曼特兒夫人滿腹驚訝地想，我還從
來沒有見過這麼大的牙齒化石呢！這到底是什麼動物的？意外的發現讓她興奮
不已，竟然忘記了給丈夫送衣服的事。她小心地把化石從岩層中取出來，興高
采烈地帶回家去。

不多時，曼特兒回來了，他看到妻子收集的化石後也是大吃一驚。多年來，他見到過無數動物的化石牙齒，可是從沒有一種與此相似。

隨後的日子裡，夫妻倆多次到發現化石的地點尋找，又接連找到了很多這樣的牙齒化石，還有一些相關的骨骼化石。面對著如此奇特的發現，他們決心揭開化石之謎。於是，曼特兒將化石帶給了居維葉，請他幫忙識別。

居維葉是當時最有名的學者，極具權威。可是，居維葉也沒有見過這類化石，他找遍了各類書籍，依舊無法做出鑑定。後來，他憑藉豐富的動物學知識判斷認為，牙齒是犀牛的，骨骼是河馬的，而它們的年代並不久遠。

曼特兒得知居維葉的判定後，心情有些沮喪，他覺得居維葉的結論過於草率，不能說明問題。為此，他開始獨自考證這些化石的來歷。只要有機會，他就到各地博物館尋找標本對照、觀察，還廣泛結識各類化石專家和愛好者。

兩年後，他的付出得到了回報。有一天，他偶然結識了一位在倫敦皇家學院博物館工作的生物學家，此人當時正在研究一種生活在美洲的現代蜥蜴——鬣蜥。曼特兒沒有見過鬣蜥，不瞭解牠們的牙齒和骨骼構造，就帶著那些化石來到倫敦皇家學院博物館，與鬣蜥的牙齒比對。結果，他發現兩者非常地相似。曼特兒喜出望外，他認為，自己和妻子發現的化石應該屬於一種與鬣蜥同類，但是已經絕滅了的古代爬行動物，並把它命名為「鬣蜥的牙齒」。

曼特兒沒有想到的是，他的這次發現堪稱古生物學的重要成果之一。這是人類第一次認識到的一種古老動物的化石，這種動物並非是他當初認為的鬣蜥的遠祖，而是今天人們非常熟悉的恐龍。而且，人們已經確定，這種恐龍叫做

禽龍。

　　做為考古學研究對象的舊石器時代的遺物，都是埋藏在第四紀地層中的。
對這一時期的考古研究，除了石器外，還包
括當時的生物化石，因此，古生物學常常發
揮著重要作用。

　　古生物學是研究地質時代中的生物及其
發展的科學。它全面地研究了古代生物的形
態、分類、生活方式、生存條件和地史分佈
等，還闡明了生物進化發展的基本途徑和規
律。古生物學的研究方法就是透過對從岩層中挖掘出來的化石的考察，配合對
含化石岩層的瞭解以及其他一些有關地質問題的研究，解釋古代生物中的各類
問題。比如推斷古地理和古氣候，分析礦產成因等。

　　古生物學做為生物科學的組成部分，研究對象包括現代人和猿人在內的一
切生物。人類化石自然是古生物學家或專門的古人類學家研究的對象。所以，
古生物學與考古學關係密切，兩者相互滲透，不可輕易區分。

E．S．莫爾斯（1838年～1925年），美國人，在東京郊區挖掘了
新石器時代繩紋文化的遺址大森貝。

地質學之父—考古與地質學

舊石器時代和新石器時代的大量石器，以及各個時代的許多石製品，其中包括寶石、半寶石等非金屬礦物，都可以用地質學方法進行鑑定。

1769年3月23日，英國地質學家威廉‧史密斯出生於一個小農場主人家庭，他從小就喜歡到處遊逛，搜集奇石。後來，他學習了測量學，掌握了測量技術，並跟隨測量隊工作。這個工作十分適合他的個性，使得他在東遊西逛中見識到了不同的土地和岩層，讓他眼界大開。

1794年，英格蘭西南部要開挖一條運河，聘用了史密斯做為測量指導。借此機會，史密斯仔細考察了當地的岩石，他觀察到，在一套沉積岩中含有的化石，從岩層的底部到頂部具有特定的規律和次序，而且這種次序在其他岩層中也存在，他進一步研究發現，這種規律不僅僅在他測量的地區，而且可以適用於整個英格蘭。針對這一現象，他提出了「化石層序律」，也就是說，每一地層含有特定的化石或化石組合，並可以以此來與其他地層區分。同樣的，在特定地區的沉積岩的地層所含有的化石具有明確的次序，在另外的地區也有同樣的次序，於是不同地區的地層就可以相互比對了。

同時，史密斯更進一步推斷，由於生物的演化是不可逆的，一種生物滅絕後，就不會再次出現在地球上，因此考察岩層中的化石，根據生物演化的順序就可以確定岩層的形成順序，而對於各種生物的綜合考察，就可以精確地劃分地層。透過這種方法，就可以更準確的進行野外地質考察，只要地層中化石豐富，這一規律比「地層層序律」更實用。

　　有一天，史密斯去拜訪一位朋友里查德。這位朋友有一個收藏化石的小博物館，可是史密斯一走進他的博物館，竟然就動手開始重新將化石分類。在場的人都大吃一驚，他們知道這些化石可是里查德的寶貝，經過了精心的分類擺放在這裡的，史密斯如此唐突的行為肯定會激怒里查德的。可是沒想到，里查德卻很坦然的看著史密斯的舉動，他微笑著告訴其他人：「我完全相信史密斯的能力和他的理論。」而事實證明，他確實沒有誤信，史密斯在地質學上的理論都是正確的。

　　1812年，史密斯經過艱苦努力終於完成了世界上第一張地質圖，也讓他贏得了「地質學之父」的美名。而他提出的化石層序律直到今天還一直是野外地質考察的基本方法之一。

　　地質學在一般考古學上的應用，主要是對岩石和礦物的鑑定。舊石器時代和新石器時代的大量石器，以及各個時代的許多石製品，其中包括寶石、半寶

石等非金屬礦物，都可用岩石切片的方法，用顯微鏡加以鑑定。這不僅能確認岩石和礦物的性質，而且可以推定它們的產地。

　　當然，地質學對考古學研究最大的貢獻不只於此，而是在於它全面恢復了第四紀的自然環境。第四紀是早期人類所生存的更新世，是地球上氣候發生劇烈變化的時代。那時出現的大規模冰川活動造成了海平面大幅度升降、氣候帶的轉移和動植物遷徙或者滅絕等一系列事件。這些事件無疑對早期人類體質的進化、文化的發展及居住範圍的變化發生了極大影響。因此來看，第四紀地質學研究成果是舊石器時代考古研究的重要依據。

柯林伍德（1889年～1943年），英國哲學家、歷史學家、考古學家。他的思想對20世紀西方的歷史理論以及藝術理論有較大影響。主要著作有《藝術哲學》、《形而上學論》、《新利維坦》、《自然的觀念》和死後出版的《歷史的觀念》。

頭骨上的傷痕─動物學

無論是史前考古學還是歷史考古學，與動物學的關係都十分密切。

這是羅馬西南部的一個美麗小島齊爾切奧角，1939年2月25日，一次日常的考察工作中，考古人員卻意外地發現了一個20萬年前的神秘山洞。

在山洞深處有一個用石塊圍成的圓圈，圓圈的中間底卻朝上擺放著一顆人的頭顱。在離石圈不遠的地方，彷彿陪葬似的，放著三堆動物的骨骼，分別是赤鹿、牛和豬。讓人奇怪的是，整座山洞中只有這一顆頭顱骸骨，身體其他部位的骸骨卻都沒有發現，而且這顆人類頭顱已經破裂了，底部還有一個大洞，似乎是遭受過重力的打擊造成的。

這個發現讓考古學家頗為費解，他們不明白為什麼只有頭骨，而尋找不到任何的肢骨？而且，頭骨上那明顯的暴力痕跡是如何造成的呢？莫非這裡發生過什麼可怕的事情？

經過測定，研究人員確定了這是一個20萬年前的歐洲史前人類──尼安德特人的頭骨，他們同時也確定了，他頭部的傷痕確實是因為遭到過凶狠的擊打。然而更令人震驚的是，專家認為，這顆頭顱底部大洞的邊緣參差不齊，因此不是自然力作用而造成的傷痕。因此，在20萬年前的義大利，這個尼安德特人很可能是喪命於同類手下。有專家推斷，這個尼安德特人應該是被割下頭顱帶回洞裡，隨後被砸開顱底吸乾了腦髓！

義大利專家的論斷似乎有些驚人。可是如果這個論斷不對，還有什麼原因呢？

就在義大利專家專心研究尼安德特人時，遠在中國北京的一位專家也在苦苦思索這個問題，他叫魏敦瑞，一位來自德國的學者。與尼安德特人的頭骨一樣，他所研究的北京人頭骨上也有著相同的遭受暴力的痕跡。他在排除了挖掘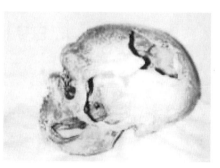遺漏、洞穴坍塌、水流等原因後，想到了另一個可能的因素：

遠在史前時代，地球上生活著一種甚至比獅子還可怕的動物，牠們就是鬣狗，最兇殘的肉食動物之一。從周口店的挖掘來看，那個時期的鬣狗體格極為龐大，甚至超過了今天的東北虎，並且這種也愛吃死屍的動物牙齒尖利，撕咬力驚人。在周口店遺址中就發現了大量鬣狗帶有碎骨的糞便化石，說明鬣狗嗜血成性，甚至連骨頭也不會放棄。而鬣狗和北京猿人的關係極為密切。在猿人洞遺址中，北京猿人和鬣狗相互交錯的化石堆積層清晰地顯示，洞穴最早的主人應該是鬣狗，50萬年前的時候，北京猿人開始入住這裡，從此，雙方交替佔領洞穴，進行了長達數十萬年的殊死搏鬥。北京人頭骨上的傷痕應該是鬣狗撕咬後留下的。

魏敦瑞和義大利專家提出了完全不同的觀點，那麼他們究竟誰正確呢？關於這些頭骨之謎成為考古界一直爭論不休的話題，直到今天，人們依然無法得到統一答案，無法瞭解遠古時代究竟發生了什麼事，才會導致這種結局。

儘管頭骨之謎至今未解，可是我們從魏敦瑞的研究分析中瞭解到一個問題，這就是考古動物學。

　　無論是史前考古學還是歷史考古學，與動物學的關係都十分密切。從舊石器時代遺址中挖掘出來的動物骨骸屬於野生動物。這些骨骸的研究有助於確定遺址的相對年代、劃分地層和進行各遺址之間的比對研究；結合其他方面的有關資料，還可以分析出當時人類的居住環境和氣候條件。

　　新石器時代，人類開始養家畜，各遺址出土的獸骨成為研究家畜起源的最直接的依據。對早期家畜的研究有助於瞭解人類最初是怎樣認識自然和改造自然的；還可以探明各種家畜飼養業在地域上的發展和傳播情況。另外，從新石器時代遺址中挖掘的獸骨也可以判斷當地的經濟狀況。

J・德謝萊特（186年2～1914年），法國學者，1908年至1914年出版的四卷本《史前考古學手冊》，總結了19世紀至20世紀初葉的史前考古學成果。

千年蓮藕忽化水——
考古與植物學

透過植物學方法，可以論證農業的發展水準和居民的生活條件，進而推斷當時的地理和氣候等，還可以幫助考古工作者對地層層位的劃分和核對。

很多人都知道馬王堆古墓中出土女濕屍的故事，卻很少有人瞭解在挖掘過程中的另一件奇事。

當古墓打開後，考古隊員們從中提取文物時，有人在東邊的邊箱裡發現了一個漆器，這個漆器漂亮美觀，十分引人注目。考古隊員準備取出其中的文物，可是，當他打開蓋子時，不可思議的事情出現了。

漆器裡面裝滿了水，水面上漂浮著一層藕片！一位專家隨即喊道：「哎呀，這是2000多年前的藕片啊！」這聲叫喊吸引了所有人，人們都紛紛擠過來伸頭觀望。人太多了，為了保護漆器，打開漆器的隊員慢慢端到中間趕快照相，然而，就這麼一端一放，漆器裡就只剩下幾片了，等漆器被放到汽車上送到博物館時，打開一看，漆器裡一片藕片也沒有了，只剩下一鍋湯！

這個奇異的現象當然令人費解，人們不明白為什麼藕片能夠保存得如此完好？也不知道為什麼轉瞬間它們就消逝了？

然而，由於當時出土的文物太多，而且隨著女屍的露面，大家的注意力都被吸引了過去，對藕片之謎也就沒有深入追究。

後來，人們在棺木中陸續發現了裝著各種糧食、蔬菜種子和水果的竹筒和陶罐，看到其中有水稻、小麥、大麥、大棗、梅子、楊梅等幾十種，這些東西也都保存完好。

想到那些突然消失無蹤的藕片，不難聯想到當時中國南方農業的興盛情況。而因為藕片歷經兩千年還得以保存的事實，有專家認為，這也可以佐證，在這兩千年的時間裡，長沙地區應該沒有發生過地震，否則藕片早就會因為震盪而消失了。

研究藕片之謎，是植物學在考古學上的一種應用。植物學在考古學上的應用相當廣泛。在一般的遺址和墓葬中，最容易遇到的植物遺存是木材、纖維和種子，後者包括穀粒、果核和瓜菜子等。

透過植物學方法，對木材進行研究和鑑定，可以瞭解各種木器的材質，進而推定它們的製法和效用；對纖維進行研究和鑑定，可以瞭解紡織品的質料，進而探討農業和紡織業的情形；而對種子的研究和鑑定，可以瞭解農作物的種類，進而論證農業的發展水準和居民的生活條件等。

F‧皮特裡（1853年～1942年），英國考古家，講求挖掘方法的科學化，於1904年寫出《考古學的目的和方法》一書，總結了自己的工作經驗。考古學因此被承認是利用實物的證據以探索古代人類歷史的一門科學。

第四編

中國考古學發現

從牙齒到頭骨—周口店遺址

周口店遺址位於北京市西南約50公里，處於山區和平原接壤部位，這裡最早發現了北京猿人遺骨。

這是50萬年前的北京周口店，到處都是茂密的原始森林，一群北京猿人生活在這裡，他們依靠著自己的力量站立起來，艱難地創造著自己的世界。

他們會打製各種工具，一些不同大小、不同材質、不同用處的石器。他們能夠獵取種類繁多的動物，連兇猛的劍齒虎都會在他們團結一致的行動中被捕殺。他們還學會了使用火，火給了他們暗夜的溫暖和光明，讓他們有了對抗野獸的最好武器，也讓他們發現了食物的美味。人類文明慢慢地誕生了。

然而，這一切都過去了，隨著時間流逝他們被湮沒在黃土之下，似乎再也無人能夠瞭解那時的世界、那時的人類。

時光車輪滾滾，進入了人類文明的20世紀。有一天，來自瑞典的學者安特生和奧地利古生物學家師丹斯基到北京西南的周口店考察，他們聽當地人說附近有座龍骨山，山上的洞穴裡埋藏著很多「龍骨」。這個說法引起了兩人的注意，他們在嚮導帶領下到一些發現「龍骨」的洞穴考察，結果他們發現，這根本不是什麼「龍骨」，而是哺乳動物的化石。

隨後，安特生分別於1921年和1923年兩次來到周口店，當他穿行在天然形成的大小不等的洞穴之中，揮動工具挖掘「龍骨」時，隱隱覺得這裡曾經有過人類活動的痕跡，可是，這是一群什麼樣的人類？他們會給後人留下什麼呢？

　　終於，安特生在周口店發現了兩顆人類牙齒化石，這讓他的考察活動達到了高潮。1927年，加拿大人步特生實施了對周口店的第一次挖掘工作。參與這次挖掘的人員很多，其中有位中國學者，他叫裴文中。當時，裴文中年僅25歲，但他卻在這裡挖掘出了「北京人」第一個頭蓋骨！

　　這是1929年12月2日下午4時左右，太陽即將落山，挖掘人員在昏暗的燭光下工作著，忽然有人大叫：「這是什麼？人頭！」聽聞此言，裴文中立刻湊了過來，他小心翼翼將這個保存完整的猿人頭骨取出，在燭光下略一打量，頓時欣喜若狂，他知道，這顆頭骨的意義非凡。為了保護頭骨，他用自己僅有的一條棉被和被單將其包裹起來，頂著寒風趕緊護送回北京城。

　　第一個頭蓋骨出土後，立即轟動了全世界。這一發現把最早的人類化石歷史從距今不到10萬年推至距今50萬年。人們似乎可以透過它窺視50萬年前祖先們的生活軌跡了。

　　果然，其後周口店地區的挖掘工作如火如荼地展開了，各路專家學者趕往周口店，試圖找到更多遺存。1931年，裴文中確認了石器、用火灰爐等的存在，為周口店是古人類遺址提供了重要依據。至此，周口店遺址成為中國考古史乃至世界考古史上偉大的發現之一。

　　周口店「北京人」遺址位於北京市西南約50公里，處於山區和平原的接壤部位。周

口店附近山地多為石灰岩，在水力作用下形成大小不等的天然洞穴，成為埋藏「龍骨」的天然倉庫。

經過多次大規模挖掘，北京人遺址共清理出40多個男女老少的北京猿人化石，100多種動物化石，10萬餘件各種石器，以及仍保存在洞穴內的幾個灰爐層，最厚的一層超過6公尺，灰爐層中保留有大量燒過的碎骨和木炭碎塊，可見「北京人」早已懂得用火烤食獵物和取暖防寒。

遺址中還出土了數以萬計的石製品，原料均來自於遺址附近，石製品多為小型器，器型種類繁多，早期石器較粗大，砍砸器居重要地位。中期石器形制變小，尖刃器發展迅速。晚期石器更趨小型化，石錐是這一時期特有的石器。

賈蘭坡（1908年～2001年），中國著名的舊石器考古學家、古人類學家、第四紀地質學家；中國科學院資深院士、美國國家科學院外籍院士、第三世界科學院院士。他發現了三具「北京人」頭蓋骨，震驚了世界。是一位沒有大學文憑而攀登上科學殿堂頂端的傳奇式人物。

遺失的頭蓋骨─北京猿人

北京猿人化石共出土頭蓋骨6具、頭骨碎片12件、下頜骨15件、牙齒157枚及斷裂的股骨、脛骨等，分屬40多個男女老幼個體。

1935年春天，德國古人類學家魏敦瑞趕到中國，在北京協和醫學院B樓的辦公室裡，他接手了一項夢寐以求的工作：全面負責周口店北京猿人的挖掘和研究。

自從19世紀中葉以來，世界上掀起了一股尋找人類祖先的風潮，從歐洲到非洲，西方探險家的足跡踏遍廣大區域，可是依然未能解開史前世界之謎。半個世紀過去了，他們的目光從西方轉向東方，投向中國這片古老而神秘的土地。

20世紀20年代，周口店一枚類似人類牙齒化石的發現，為這個謎團注入一絲亮光。於是，1927年展開了一場正式的挖掘。結果，這次挖掘不但發現了石器、用火的遺跡，還發現了一個完整的猿人頭蓋骨！這一發現震驚了世界，將人類的歷史起碼向前推進了50萬年，理所當然，周口店被認定為人類起源的聖地。

所以，當魏敦瑞接手周口店研究工作後，異常興奮，他日以繼夜地工作，希望能夠尋覓到人類的源頭。第2年冬天，中國學者賈蘭坡又在周口店連續找

到了三顆猿人頭蓋骨，這是世界上首次發現如此多的古人類頭骨。魏敦瑞驚喜交加，對頭骨格外珍愛，將它們保存在保險箱裡，不肯輕易示人，平日只拿著複製的石膏模型鑽研琢磨。

然而，就在他帶領學者們鑽研這些珍貴的頭骨時，不幸的事發生了。

1937年，日本發動侵華戰爭，戰火很快延燒到北京城下。這時，頭骨依然保存在協和醫院內，它們的安危牽動了很多人的心。隨著戰事持久，美日關係緊張，國人對頭骨的擔憂日重。從1940年起，先後有尹贊勳、翁文灝等人致函裴文中、魏敦瑞、協和醫院院長胡頓，要求將頭骨暫時運往美國寄存，等到戰爭結束再運回來。此時，美方早就通知在華僑民回國避難，魏敦瑞也有了回國的打算。臨行前，他多麼捨不得這批珍貴的北京人頭骨，多麼希望將它們帶走。可是，他當然清楚攜帶文物出境的麻煩，知道海關不會輕易放他出行。於是，他回信拒絕了翁文灝，並說：「在可能危及化石標本的情況下，最好什麼也不做。」

1941年4月，魏敦瑞回歸美國。4個月後，中美雙方達成協定，由美方設法運出北京人頭骨，暫存美國。11月，美國駐華大使下達轉運頭骨的命令。於是，有關人員將珍貴的北京人頭骨分裝入箱，在極其秘密的情況下將它們運出了協和醫院。當然，誰也不會想到，北京人頭骨走出協和醫院後，竟然一去無蹤，從此失去下落。

就這樣，關於北京人頭骨的去向成為一大謎案，有人說，「北京人」化石送交美國海軍代運出，在秦皇島附近遭日軍截奪；有人說，「標本箱在天津調包，流落到了美國」；有人說，「裝載標本的航船不幸觸礁沉沒，北京人頭骨

葬身大海」；還有人說，「北京人頭骨流落到了中國民間」。

各執說詞，莫衷一是，直到如今，儘管許多人發起過各種組織尋訪探究，但北京人頭骨依然不知所蹤，成為國人心中之痛。

20世紀20年代，考古學家開始在周口店挖掘，發現了距今約50萬年前的一些完整的猿人頭蓋骨，定名北京猿人，正式名稱為「中國猿人北京種」，現在在科學上常稱之為「北京直立人」，屬舊石器時代。

北京猿人化石共出土頭蓋骨6具、頭骨碎片12件、下頜骨15件、牙齒157枚及斷裂的股骨、脛骨等，分屬40多個男女老幼個體。

根據對文化沉積物的研究，北京人生活在距今70萬年至20萬年之間。北京人的平均腦量達1088毫升（現代人腦量為1400毫升），據推算北京人身高為156公分（男）、150公分（女）。北京人的壽命較短，據統計，68.2%死於14歲前，超過50歲的不足4.5%。

夏鼐（1910年～1985年），原名作銘，考古學家。先後負責指導過多次考古挖掘工作。著有《考古學論文集》、《考古學和科學我》，主編有《新中國考古發現與研究》、《長沙挖掘報告》、《輝縣挖掘報告》等。

變色的稻穀—河姆渡遺址

河姆渡遺址是世界聞名的新石器時代遺址，遺址總面積約四萬平方公尺，堆積厚度四公尺左右，上下疊壓著四個文化層。

在浙江省餘姚縣，有一條叫姚江的大河，河邊就是河姆渡村。1973年的夏天，村民們打算建造一個排澇站，以便應付即將到來的雨季。

當他們挖到一公尺多深的時候，土地中突然多出來很多的石頭和雜物。細心的人發現，這些碎石塊好像是有人加工過，於是他們挑選了一些有加工痕跡的石頭，送到了專業考古人員那裡。

幾天以後，一群考古人員來到了河姆渡，並組織人員展開了挖掘。挖掘工作開始不久，考古人員就發現了一口深1.4公尺的水井。水井的出現，讓考古人員頗感好奇，他們推測，這個地方可能不僅僅是幾個墓葬遺址，有可能是古人類居住的村落。繼續往下挖，很快就證實了他們的推論，有一些陶器出土了，這些陶器的質地比較粗糙，從表面留下的痕跡判斷，它們應該是在距今6000年左右加工出來的。

考古人員加快了挖掘速度，很快挖到距地面3公尺深的地方，這時，一個令人吃驚的現象出現了。在黑褐色的土層中，閃出了一些金黃色的小顆粒！

在場的人們立刻聯想到：挖出了金子！可是，他們還沒來得及高興，就見這些小顆粒失去光澤，變成了泥土的顏色。

這是怎麼回事？人們面面相覷，奇怪地望著小顆粒，不明白發生了什麼

事。有些專業人士馬上想到了問題的癥結：這些顆粒在地下保存良好，挖出來後因為見到空氣，所以變了顏色。

儘管找到了答案，可是這些小顆粒究竟是什麼？

他們拾起混在泥土中的褐色小顆粒，經過仔細的辨認，幾乎無法相信自己的眼睛，這些東西居然是炭化了的稻穀！大家疑惑了，難道6000年前的新石器時代人類就開始種植水稻了？

隨之的挖掘證實了這個疑問。人們不斷地挖掘出混在泥土中的稻穀，這麼大量的囤積，提供了有力的證據：6000年前居住在這裡的古人當時已經熟練地種植水稻了。

接著，更重要的證據出土了，在離稻穀不遠的泥土中出現了許多骨製的東西，這些出土的骨製品中有一件上面纏著葛藤，這就是河姆渡人的生產工具——骨耜！骨耜是種植水稻的工具，是中國目前發現的最古老的骨製農具。至此，人們完全可以確定，6000年前的河姆渡人確實已經種植水稻了。

除了稻穀和骨耜，人們還在泥土中挖掘出了陶器，這些陶器上繪著6000年前當地人的生活情況，其中有馴養家畜的畫面。所有的挖掘證據都告訴我們，河姆渡是長江下游新石器時代晚期的一處氏族聚落生活遺址，他們從附近的山上砍伐樹木，建構起了干欄式房屋，他們靠種植水稻、採集、捕魚和狩獵為生，他們已經開發出了蘆葦和麻製品。

　　河姆渡遺址的發現告訴我們，中華文明的發源地不僅限於黃河流域，在6000多年前，它已經在長江流域產生了。

　　河姆渡遺址是世界聞名的新石器時代遺址，遺址總面積約四萬平方公尺，堆積厚度四公尺左右，上下疊壓著四個文化層，其中，第四文化層的時代，距今約七千年，是中國現已發現的最早的新石器時代地層之一。第三、四文化層保存了大量的植物遺存、動物遺骸、木構建築遺跡和構件，以及數以千計的陶器、骨器、石器、木器等。

　　透過1973年和1977年兩次科學挖掘，河姆渡遺址出土了骨器、陶器、玉器、木器等各類質料組成的生產工具、生活用品、裝飾工藝品以及人工栽培稻遺物、干欄式建築構件、動植物遺骸等文物近7000件，全面反映了中國原始社會母系氏族時期的繁榮景象。河姆渡遺址的挖掘為研究當時的農業、建築、紡織、藝術等東方文明，提供了極其珍貴的實物佐證。

俞偉超（1933年～2003年），考古學家，曾負責白鹿原墓葬、湖北班村、長江三峽文物保護等重要考古工作，在考古學理論建設、田野挖掘、多學科綜合研究等領域均有突出成就，專著有《考古學是什麼》、《古史的考古學探索》、《考古類型學的理論和實踐》等。

尋找南少林—南少林寺遺址

福清少林寺歷史悠久，源遠流長，創建於唐朝，毀於戰亂。1990年經考古挖掘，出土了不少文物。

世傳中國古代有南北兩座少林寺，「一在中州，一在閩中」。中州少林寺即河南登封嵩山少林寺，持續至今，而閩中少林在康熙十三年時被清王朝下令燒毀，從此消失，無人能知。多年來，莆田和泉州等地一直各執一辭，都說南少林寺在自己的地界內，卻始終沒有定論。

八〇年代，莆田縣在當地的文物普查中，發現了一座寺院遺址，經過挖掘後，發現了5個刻有「僧兵」、「諸羅漢浴煎茶散」等文字的北宋石槽。而根據歷史記載，只有少林寺才能冠之以「僧兵」二字。據此，他們判定這就是南少林的遺址。

然而，之後挖掘出來的文物中，始終只有「林泉寺」的唐朝石刻，而沒有「少林寺」之名，雖然有學者解釋說是因為南少林僧人成立了天地會，反清復明，因此之後少林寺之名一直不敢公開，但還是有很多人懷疑，這裡究竟是不是真正的南少林。

這時，福清的一位學者卻有了新的發現，他在福建福清的地方誌中，有關寺廟的部分找到了「少林寺」的字樣，這讓他想到，難道真正的少林寺既不在莆田，也不在泉州，而是在福清？

就在這時，福清縣一位小學校長為他的想法提供了實證。這位校長名叫吳

鎮輝，是土生土長的福清泗洲人。他聽說南少林可能在福清的事，聯想到自己村裡也有個寺院遺址叫肖林寺，而且聽老人講，那是北少林和尚遷建的寺院遺址，於是他常常想：難道傳說的肖林寺就是南少林嗎？

「肖林是否就是少林？」吳鎮輝日思夜想。在當地人的讀音中，「肖」、「少」同音，因此，他覺得這個肖林寺大有來頭。為了查證，他開始尋訪老人，瞭解歷史。不久，他竟然在肖林村一位老人保存的厝契中發現有「少林」二字，也就是說，「肖林村」果真本來叫做「少林村」。這一發現讓他更加堅定了自己的想法。

一天，吳鎮輝在路過少林村的路上，看到一座石板橋上有模糊不清的石刻。探索南少林的癡迷之情讓他敏感地來到了石刻邊。他輕輕地去除上面的青苔，小心地辨認著上面的字跡，結果，他驚訝地發現，上面竟有「少林院沙

門……」的字樣。

吳鎮輝十分激動，他覺得這一發現是個重要證據，立刻帶領著他的學生開始了更多的調查取證。他們收集到了很多的碾藥槽、馬槽和大石珠，也就是說，該寺院規模宏大、武僧眾多、驢馬成群，因此極有可能是「少林院」。之後，聞訊而來的學者們又陸續發現了諸如「少林當山僧月休……」等帶有少林的字樣，因此他們斷定，這裡才是真正的少林遺址。

南少林創建於唐朝，毀於戰亂，遺址位於福建福清東張鎮少林村。這裡屬於山區盆地，叢林茂密，與外界隔絕。從1993年以來，經過多次挖掘，出土了大量珍貴文物，諸如石橋、石盂、石槽、石碾（藥臼）、石碑、石礎、石春臼、石磨、石香爐、瓷器、錢幣、銅鏡，還有和尚墓塔等，發現了「少林院」、「少林」等石刻銘文。這些文物的出土使少林寺遺址得到了進一步的驗證。

南少林寺遺址規模宏偉，遺跡結構完整，遺物分佈廣泛豐富，所顯示的文化內涵與河南嵩山少林寺相似，是福建省內各寺院僅有的。

李仰松，1932年生，陝西臨潼人，在史前考古學特別是民族考古學研究上做出了突出貢獻，是著名的民族考古學家。

患病求醫識龍骨─甲骨文

甲骨文發現於中國中部河南省安陽市的殷墟遺址，是已發現的中國人最早使用的文字。

1845年7月12日，王懿榮出生於福山古現鎮東村世學之家，他自幼就對金石古物抱有濃厚的興趣，並付諸研究累積，20多歲時便名滿京都，成為士子爭相結交以為風雅的人物。

1899年秋天，王懿榮罹患瘧疾，吃過許多藥都不見好轉。後來，有位知名的老中醫給他開了一劑藥方，藥方上有一味叫「龍骨」的中藥。王懿榮學識淵博，對中醫中藥頗有研究，卻從來不知道「龍骨」這味藥，因此十分好奇。打聽之下，才知道，這種藥來自於河南小屯村，最早是當地一個小剃頭匠發現的。這個小剃頭匠名叫李成，有一次他染上瘧疾，又無錢買藥，無奈之下急病亂投醫，他就從地上隨意撿拾了幾塊甲骨，將它們磨成粉末塗抹於患處。沒想到，這種粉末吸水的效果非常好，瘡面膿水很快就被骨粉吸乾了，李成的病就這樣治好了。

痊癒後的李成十分興奮，他再次試驗了這甲骨的效果，驗證了它的奇效。從此，他也不再以理髮為業，而開始四處收集甲骨，並為之取名為「龍骨」，以六文錢一斤的價格賣給藥鋪。除此之外，他還將「龍骨」磨成粉末，包成小包，在廟會上擺起了攤子，以跌打藥之名進行販售。漸漸的，其他的村民見到李成的收入不錯，也跟著去撿拾「龍骨」換錢了，於是「龍骨」也就成了一味有名的藥材。

聽到此處，王懿榮更感好奇，於是他派人到宣武門外菜市口一家老中藥店達仁堂購買此藥。沒想到這味藥竟然讓他解開了一個巨大的秘密。

當下人買回「龍骨」交給王懿榮時，他迫不及待地打開藥包，想看看「龍骨」究竟是何物。可惜的是，「龍骨」已被搗碎成粉末，看不清本來面目了。於是，王懿榮又讓人從藥店裡買回了沒被搗碎的「龍骨」。

這次，他驚奇地發現，龍骨上面有很多刻痕，但這些劃痕不像是隨意所為，倒類似篆文。難道這是上古之人留下的文字？王懿榮越看越奇怪，越看越心驚，他不敢怠慢，立即派人去藥店買下了所有「龍骨」，並開始潛心鑽研。

終於，王懿榮揭開了「龍骨」的秘密。原來，這些刻痕的「龍骨」是龜甲或獸骨，是商朝人占卜用的。上面的刻痕不是意外所致，而是商人刻的文字。在商朝，不管事情大小，都要透過占卜決定。占卜的程序如下，先由占卜者選定龜甲和獸骨，並將它們擦拭乾淨；然後，用尖銳的器物在甲骨表面刻上擬問的事，比如「大王問本月初十是否宜出獵」；接著，占卜者在所問字句旁邊刻劃溝紋，並用燒熱的銅器尖端錐刺溝紋，使之出現裂紋。最後，占卜者根據裂紋的形狀、位置等推測吉凶，宣佈鬼神之諭，並在裂紋旁刻出答案。

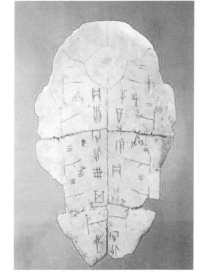

「龍骨」的秘密揭示後，引起世人震驚，王懿榮獨具慧眼識甲骨的故事也成為千古美談。之後，人們開始努力追蹤甲骨的來

歷，考古界也掀起甲骨研究熱潮。

甲骨文是中國已發現的古代文字中時代最早、體系也較為完整的文字，是現代漢字的早期形式。目前發現有大約15萬片甲骨，4500多個單字，被識讀的已有1500餘字。

這些甲骨文所記載的內容極為豐富，涉及到商朝社會生活的諸多方面，不僅包括政治、軍事、文化、社會習俗等內容，而且涉及天文、曆法、醫藥等科學技術，是研究中國古代特別是商朝社會歷史、文化、語言、文字極其珍貴的第一手資料。

甲骨文的出現，印證了包括《史記》在內的一系列文獻的真實，也把有記載的中華文明史向前推進了近5個世紀。

衛聚賢（1899年～1989年），山西萬泉人。曾挖掘南京明故宮，負責南京棲霞山三國墓葬挖掘，並致力於江浙古文化遺址調查。後參與常州淹城遺址、上海金山衛戚家墩古文化遺址考察研究。著有《中國考古學史》、《古史研究》、《中國社會史》、《古今貨幣》等。

半個蠶繭─西陰村遺址

西陰村遺址位於山西省南部夏縣西陰村東北俗稱灰土嶺的高地上，是以新石器時代廟底溝文化類型為主，兼有半坡上層、西王村三期、廟底溝二期等階段以及商文化遺存的古文化遺址。

西陰村是山西運城市東北二十多公里的一個小村落，位置偏僻，毫不起眼。可是1926年的一次考古發現卻引起世人對它的關注，讓它從此馳譽世界。

1926年，考古學家李濟帶領考古人員在西陰村經過一個半月的挖掘，挖掘出了大量陶片和石器。因此，他斷定這處遺址屬於新石器時代彩陶文化遺址。隨著挖掘日深，遺址底部已經形成一個大坑。這天，李濟在坑底用鐵鏟仔細翻找著，突然，一個很小的東西在他手底出現了。他急忙撿起來，輕輕擦拭上面的塵土觀察，不由得大吃一驚，這個小東西竟然極像半個繭殼。

這無疑是此次挖掘中最有趣的發現了。李濟把這個半割的、似絲的半個繭殼放在顯微鏡下觀察，看到繭殼已經腐壞了一半，比當地家庭飼養的蠶繭中最小的還要小一點，不過依然散發著光澤。半個蠶繭上有明顯的切割痕跡，切割線十分平直，一眼看去就是人工所為。毫無疑問，這些現象都在說明一個問題，早在新石器時代，當地居民已經開始人工養蠶了。

半個蠶繭的出土立即轟動了整個學術界。1927年初，李濟和北大地質學家袁復禮決定

將挖掘出土的器物運回北京保管研究。他們組織人員將器物裝了70餘箱，經過艱難的長途運輸，終於抵達北京。1月10日，清華國學院為了迎接這批出土器物，特地召開了歡迎會。

會上，李濟和袁復禮說明了挖掘西陰村遺址的情況，並現場解說實物。一名助教端著一盒子遺物走上來，李濟說道：「這裡就有經過切割的半個蠶繭。」頓時，所有同學伸長了脖子，朝盒子望去，他們知道半個蠶繭代表的意義，當然不肯錯過良機。

在觀望半個蠶繭的過程中，同學們議論紛紛，有的說：「哎呀，蠶繭還很白呢！我不相信年代那麼久遠它還能這麼白！」有的說：「新石器時代沒有金屬工具，它是用什麼切割的呢？」

聽著同學們熱切的議論聲，李濟和所有老師都很欣慰，他們一一解答學生的疑惑：蠶繭之所以看上去還很白，是因為用棉花襯托的緣故；而切割的工具，除了金屬以外，還有各種尖銳的骨器、石器。李濟一邊解釋著，一邊拿出一塊彷彿石英的石片，說：「這種石頭就可以用來切割……」

歡迎會結束後，李濟為了確定半個蠶繭，又請生物學專家進行鑑定。結果顯示，半個蠶繭果真是家蠶的繭。因此，小小的半個蠶繭證實了中國在史前時代就已懂得了養蠶抽絲的技術，它的價值無可估量。

西陰村遺址位於山西省南部夏縣西陰村東北俗稱灰土嶺的高地上，以新石器時代廟底溝文化類型為主，兼有半坡上層、西王村三期、廟底溝二期等階段以及商文化遺存，面積約30萬平方公尺。

　　1926年秋，西陰村遺址首次挖掘，出土了大量陶片和石器，並出土了著名的經過人工切割的半個蠶繭，證實了新石器時代人類養蠶的歷史。1994年，遺址進行了再次挖掘，發現了環繞古村落的防禦壕溝設施，還有陶窯、灰坑、房址等。出土了彩陶盆、彩陶缽、罐、釜形鼎等陶器，還有石器刀、鏟、鏃、球、棒、骨器錐、鏃等工具；另外，遺址中還發現了豬、羊、雞等動物骨骼，反映了當時人們蓄養家禽的情況。

張光直（1931年～2001年），致力於考古學理論和中國考古學的研究和教學工作，主要成就有二：1.開創聚落考古的研究，2.將當代文化人類學及考古學的理論以及方法應用在中國考古學領域。代表作《The Archaeology of Ancient China》。

閃爍的藍色火焰——
馬王堆遺址

馬王堆遺址位於湖南長沙東郊馬王堆，因傳為楚王馬殷的墓地，故名馬王堆。

1971年年底，在長沙市東郊的兩座土丘下，當地駐軍打算利用兩個小山坡建造一個地下醫院。

這兩座土丘可有些來歷，因為它們的外形很像馬的鞍具，因此被當地人叫做「馬鞍堆」，後來訛傳為「馬王堆」。在一本地方誌中，還記載著馬王堆是五代十國楚王馬殷的家族墓地。

現在，馬王堆下盡是勞動的士兵，他們揮鍬揚土，賣力得熱火朝天，工程進展很快。

可是，在施工過程中，發生了一件意外的事情，這天夜裡，地下忽然冒出了一股嗆人的氣體，有人好奇的點燃它，頓時，一股神秘的藍色火焰燃燒起來，在場諸人無不感到恐懼和不解。大家紛紛議論：「這是怎麼回事？為什麼會冒出藍色火苗？」

有些人猜測道：「聽人說墓地裡常有藍色火苗，也許這裡是墓地，地下埋著屍體。」

這個猜測有些道理，不過有人反對說：「墓地的藍色火苗是磷在燃燒，可是現在燃燒的是氣體！那股嗆人的氣體是什麼？」

再多的猜測畢竟也不能得到答案。人們立刻向有關部門反映了這個問題。

1月分，考古隊來到了馬王堆，展開了科學的挖掘工作。當推土機轟鳴著清理掉一部分封土後，埋藏千年的墓葬遺址才向世人展現出它的全貌。

這個墓葬南北長20公尺，東西長17公尺，屬於大型的古代墓葬。墓葬上層是白膏泥，清理掉之後露出了厚厚的黑色木炭層。這層木炭非常厚，人們不得不開來卡車將其載走。結果，連續開來4輛卡車，每輛都裝得滿滿的，才把木炭全部清理完畢。

木炭下面鋪著很大的竹席。這時人們看到，這是一個方形的墓，深20公尺，從上到下逐漸縮小，像漏斗的模樣，墓坑的底部擺放著4公尺多長、1.5公尺高的槨室，如此罕見的巨大槨室讓經驗豐富的考古學家感到驚訝。這是一個豐富的地下寶庫，中央是巨大的棺材，四邊的邊廂裡填滿了五光十色的珍寶，在淤泥的覆蓋下，每件物品都如新的一樣。

隨後，考古隊員們小心地將文物一一取出，放好保存。在這個過程中，他們解開了馬王堆的秘密，發現了世界上第一具保存完好的女濕屍。

馬王堆遺址位於湖南長沙東郊馬王堆，整個遺址是一個巨型的槨室，形狀就像漢字的「井」，中間是4層套棺，周圍堆滿了琳瑯滿目的陪葬品。

棺木中出土了著名的馬王堆女屍，這是世界上第一例濕屍，考古意義重大。遺址的北面是墓穴主人的客廳，地上鋪著竹席，四周圍著絲幔，23個精心雕刻的木俑女僕盡心地服侍著她。東、西、南三面是墓穴主人的庫房，擺放著漂亮的衣服和豐富的物品。

　　從出土的竹筒和陶罐裡可以發現保存完好的糧食、蔬菜種子和水果，其中有水稻、小麥、大麥、大棗、梅子、楊梅等幾十種。

石璋如，生於1904年10月，河南省偃師縣人。他依據殷墟地面上及地面下的建築遺存及墓葬的研究，復原了地上的建築物，並將複雜的考古現象加以關聯，重建當時的制度。

千口棺材的墓地─樓蘭

樓蘭屬西域三十六國之一，位於新疆羅布泊西北，與敦煌接鄰，現在考古發現的遺址有樓蘭古城、海頭古城、瓦石峽古城、小河墓地等。

1934年，瑞典考古學家貝格曼應邀來到中國西北考察，曾經帶領著考古隊找到樓蘭古城的當地獵人奧爾德克告訴他一個訊息，他說自己20年前無意中在雅丹布拉克和庫姆河以南的荒漠裡發現了一個有一千口棺材的地方。聽到這個消息，貝格曼非常感興趣，他決定去尋找這個神秘的地方。

他們在樓蘭庫姆河邊紮下營地，開始了艱苦的探索之旅。可是兩個月過去了，他們一次次搜尋都徒勞無功。面對漫漫黃沙，他們失去了信心，就連貝格曼本人都猜測，古墓是不是已讓十幾年間新形成的河湖水域給淹沒了，或者是被某次強烈的風暴重新掩埋了？

貝格曼滿懷失望之情帶領隊伍向更靠近羅布荒原西南的綠洲帶挺進。不久，他們發現了一條流向東南的河流。這條河有20公尺寬，總長約120公里，水流雖緩，但岸邊遍佈著蘆葦和紅柳。這應該是庫姆河重見後才產生的河流，考古隊員們於是給它取名「小河」，開始沿著它搜尋。

有一天，一位隊員從東岸幾公里遠的地方跑回來，氣喘吁吁地說：「離這裡4、5公里的地方發現了一個山丘。」這個消息令人振奮，大家連忙跟隨他前往。果然，在小河東岸4～5公里處，有一個渾圓的小山丘。遠遠看去，山丘頂部長著密密麻麻的樹木，高度幾乎都在4～5公尺。這些樹木似乎都是枯死的胡楊，一株連著一株，擠挨在一起。

奧爾德克叫了起來:「就是它,就是它。」聽到這句話,貝格曼異常激動,帶頭向小土丘上奔去。當他們來到山丘上時,頓時被眼前的景象嚇呆了。山丘上,遍地都是木乃伊、骷髏、肢解後的軀體,還有凌亂的厚毛織物碎片和巨大的木板。

隊員們在山丘上還找到了一船形木棺,當他們打開棺木時,竟然看到了一具保存完好的女屍。這應該是一個年輕美麗的姑娘,她身材嬌小,僅5.2英尺,黑色的長髮至今還披在肩上,她有著漂亮的鷹鉤鼻和微微張開的嘴唇,嘴角微翹,就像著了魔法剛剛睡著一樣,臉上浮現著神秘會心的微笑。面對美女」,隊員們幾乎異口同聲地喊道:「這就是傳說中的『樓蘭公主』或『羅布女王』!」

在當地傳說中,2000多年前,一位美麗的姑娘曾經統治過這個地方,為百姓們帶來了安康和幸福。如今發現的美女屍體是否曾是傳說中的人物呢?

不管怎樣,樓蘭美女的出現讓隊員們格外興奮,他們隨後進行了更大規模考察,發現山頂有10×16平方公尺大小,上面有彩繪的巨大木柱,精美的木柵欄,與真人一樣大小的木雕人像,還有醒目的墓地地面建築。所以,當貝格曼將這些發現公諸於世之後,專家一致認定,這裡絕不是普通樓蘭人的墳墓,而應該是一處重要

人物的寢陵。他們將其命名為「小河墓地」。

　　小河墓地屬於樓蘭古國遺址之一。樓蘭是西域三十六國之一，位於新疆羅布泊西北，與敦煌鄰接，現在考古發現的遺址有樓蘭古城、海頭古城、瓦石峽古城、小河墓地等。

　　樓蘭王國創建於西元前176年，西元630年滅亡，王國的範圍東起古陽關附近，西至尼雅古城，南至阿爾金山，北到哈密。樓蘭古城位於羅布泊西部，處於西域的樞紐，在古代絲綢之路上佔有極為重要的地位。中國內地的絲綢、茶葉，西域的馬、葡萄、珠寶，最早都是透過樓蘭進行交易的。許多商隊經過這一綠洲時，都要在那裡暫時休憩。

　　當貝格曼的考古隊離開之後，這神秘的墓地再次從人們的視線中消失了，在長達66年的時間裡，許多的考古學家都在努力的尋找它，卻始終沒能如願。直到2000年，中國考古學家才重新找到了它的蹤跡，開始了對這神秘墓地的探究。

高去尋（1909年～1991年），字曉梅，河北安新人，多次參與殷墟考古挖掘，成就斐然。輯補梁思永先生未竟作品《侯家莊》。

三尺青鋒劍猶寒—
越王勾踐劍

越王勾踐劍於1965年出土於湖北荊州望山楚墓群，劍身經2000年而不鏽，鋒利異常，是極為罕見的文物。

1965年，湖北江陵地區打算修建漳河水庫，挖掘工作按照計畫有條不紊的進行著，不過，當水渠延伸到紀南城西北7公里時，人們忽然發現，這裡的土層有些不一樣，似乎有過挖掘的痕跡。施工人員知道江陵是楚國的都城，地下古墓眾多，於是他們懷疑，這個土層下面也許正是一座古代的墓穴。想到這裡，人們立刻停止了施工，並迅速通知有關部門。

考古學家們迅速趕來了，以譚維四為首的考古學家們立刻展開探勘，他們發現，這下面的古墓至少有50座之多，於是為之取名為望山楚墓群。挖掘工作緊張有序的進行著，有一天，在其中的一個疑為楚國貴族的墓中，考古學家們在墓穴主人的內棺中發現了一把裝在黑色漆木劍鞘中的青銅寶劍。劍鞘黯淡，寶劍看起來非常的不起眼，人們不禁奇怪了，這麼普通的寶劍，為什麼墓穴主人還要在死後將之特地放在身邊呢？

這時，譚維四小心翼翼的拔出了寶劍，一道藍光幽幽閃爍，所有人都嚇呆了。那寶劍散發出淡淡的藍光，劍身上竟然沒有一絲鏽跡，彷彿剛剛鍛造而成一樣，絕對是當之無愧的上古神器。

一個考古人員激動不已，情不自禁地伸手觸摸了一下寶劍，誰知道輕輕一

碰，手指立刻被劃了一道傷口。所有人都驚呼起來，一把埋藏了2000多年的寶劍，竟然還能有如此的鋒利？這一切讓大家更為好奇，希望早日破解這把寶劍的謎題。

要知道這把劍的來龍去脈，首先就得解開劍身上那八個鳥篆銘文。其中的六個字早已有了答案，即是「越王自作用劍」，但越王之後的兩個字卻是人們從來沒見過的，它到底是誰的名字呢？

無數的考古學家都投身到研究中。終於，故宮博物館的唐蘭給出了答案，這兩個字是「鳩淺」。而「鳩淺」又是誰呢？實際上，「鳩淺」就是「勾踐」的通假字，也就是說，這把劍是越王勾踐自用的寶劍。

這個消息一經公佈，考古界立刻為之沸騰了。越王勾踐臥薪嚐膽，忍辱負重，終得雪恨，他的傳奇經歷連一般人也耳熟能詳，如今親眼得見他用過的兵器，寒氣凜凜，鋒芒依舊，怎能不讓人浮想聯翩。

越王勾踐劍劍首外翻捲成圓箍形，內鑄有極其精細的11道同心圓圈。劍柄上纏著絲繩並刻有三道戒箍。劍格向外突出，正面鑲有藍色玻璃，後面鑲有綠

松石，劍身上刻有八個鳥篆銘文。

經檢測此劍含80％～83％的銅，16％～17％的錫，另外還有少量的鉛、鐵，劍身與劍柄上的銅錫比例並不一樣。越王劍的手柄上所刻的同心圓，最小間隔只有0.1毫米，劍身上的菱形花紋為硫化而成，古人精湛無比的工藝實在令今人讚嘆。

張朋川，1942年生。江蘇常州人，傑姆斯加嘉峪關、涇原等地古代少數民族岩畫的考察工作，參加蘭州、景泰、廣河、玉門等地遠古文化遺址的田野考古工作；負責秦安大地灣、王家陰窪等遺址的田野考古工作。著有《中國彩陶圖譜》、《中國漢代木雕藝術》等書。

孤奇怪異蜀文明—三星堆

三星堆遺址位於四川廣漢南興鎮。總面積超過12平方公里。遺址文化距今4800～2800年，延續時間近2000年。

在四川廣漢南約3、4公里處，有一條古老的馬牧河，馬牧河圍繞著三星堆村形成了月牙般的彎道，於是人們都叫它月亮灣。河的南岸是三個起伏相連的黃土堆，因此古有「三星伴月堆」之稱。

1929年春，三星堆村民燕道誠和兄弟三人在住宅旁挖蓄水溝時，意外發現了一坑玉器。發現寶藏的消息不脛而走，傳到古董商人耳中。來自全國各地的商人紛紛上門，向燕家兄弟購買玉器。1931年，在華傳教士英國牧師董宜篤也來到燕家，並購買了幾件玉器。他略懂考古知識，覺得這些玉器來歷不凡，就把它們交給了華西大學博物館的戴謙和教授。戴教授又把玉器拿給博物館館長美國人葛維漢觀看。葛維漢看到玉器，立即露出驚訝表情，喃喃地說：「機會來了，機會來了。」

葛維漢察覺到這些玉器背後肯定有更大的秘密。為此，他和博物館副館長林名均教授在1934年組織了一支考古挖掘隊，趕赴三星堆村燕家住宅進行挖掘考察。從此，中國川西平原的考古序幕拉開了。

可惜的是，這次挖掘並沒有發現離此只有600公尺遠的三星堆遺址。而且，隨著戰事四起，當地的考古挖掘工作暫停了。直到1953年，四川省部分考古人員才又一次來到這裡，並重新提及三星堆文化遺產的事。於是，他們來到了燕家，動員燕家兄弟拿出古玉器，並建議政府再次進行調查工作。

1980年，在全面調查和多方人員努力下，四川省考古隊終於對三星堆遺址開始了搶救性挖掘工作。他們發現了龍山時代和距今3000～4000年的房屋基址18座，墓葬4座，出土了數百件陶器、石器、玉器文物和數萬片的陶片標本。

這些發現無疑激發了人們的熱情。1986年，四川省考古所決定在三星堆進行最大規模的挖掘工作。7月18日，考古工作人員在挖掘現場整理資料，突然，一位挖掘工人跑過來說：「不好了，剛剛挖到的幾件玉器被大家搶走了！」

原來，負責挖掘工作的是附近磚廠的工人，他們只知道玉器是寶物，可以賣錢，並沒有考古眼光和知識。聽到這一消息的考古學者們隨即跟隨工人來到發現玉器的地方，他們追回了玉器，並且驚喜地看到，一個擁有寶藏的大門已經表露無遺。

最初，學者們認為這是一個大墓，就像在安陽廢墟發現的武官村大墓一樣。他們輪流值班，細心地指導工人們挖掘，希望能夠快一點看到遺址的全貌。下旬的一天，學者陳顯丹帶著助手值班。夜裡2點半了，他依然無法安睡，索性和助手們來到了寶藏中。在忽明忽暗的燈光下，他看到了地底下有一點點發光的東西，上面似乎還有花紋。當時，他以為是條金魚，就用竹籤慢慢向下挑。可是，他越挑越長，越挑越長，後來竟有一公尺多了。他的心怦怦直跳，

助手們也不住地發出驚奇的詢問聲。他們看到的是一根金枴杖！在金枴杖旁邊，赫然是一個與真人相仿的銅人頭。

他們不敢繼續做下去了，慌忙把金枴杖和銅人頭埋起來，跑到考古所主任趙殿增屋裡，氣喘吁吁地說：「重大發現，重大發現，跟真人那麼大的銅頭、銅人頭，而且還有一根金枴杖，亮晶晶的，我們趕緊把它埋起來了，快派人去守！」

就這樣，三星堆遺址浮出了水面。在緊張的挖掘之下，考古人員先後從坑底清理出眾多器物。各種青銅器都十分巨大，造型精美誇張，獨特的青銅人像高鼻深目、顴面突出、闊嘴大耳，長長的眼珠呈圓柱形向外突出，呈現出與中原文化截然不同的風格。

當人們面對著這些器物時，空氣彷彿凝固了。當年，葛維漢和林名均教授初次考察挖掘三星堆時，曾經將挖掘出的部分器物照片寄給旅居日本的郭沫若。郭沫若認為，在三星堆發現的玉器與華北、華中出土的相似，這是古代西蜀曾與華中、華北有文化接觸的證明。他說：「『蜀』這一名稱曾先發現於商朝的甲骨文，當周人克商時，蜀人曾經前往相助過。」在中國歷史中，蜀文化是偏遠地帶的象徵，與華夏族關係疏遠，直到魏晉時期，關於它的歷史記載

才比較多。如今,三星堆遺址的挖掘,無疑是揭示蜀文化的最好例證。

三星堆遺址文化距今4800～2800年,延續時間近2000年,即從新石器時代晚期延續至商末周初。遺址包括大型城址1個、大面積居住區和兩個器物坑等重要文化遺跡。兩座大型祭祀坑內出土了大量青銅器、玉石器、象牙、貝、陶器和金器等。

三星堆遺址記憶體在三種面貌不同的考古學文化,這些文化連續發展,一期文化以成都平原龍山時代至夏朝遺址群為代表,又稱「寶墩文化」;二期文化以商朝三星堆規模宏大的古城和高度發達的青銅文明為代表;三期文化以商末至西周早期三星堆廢棄古城時期為代表,又稱「十二橋文化」。

但是,關於三星堆遺址,至今仍存在著許多謎團。諸如三星堆古城是什麼人建造的,這些人屬於哪個種族,他們獨特的面貌特徵說明了什麼,這一切都還等待人們的探索。

原田淑人(1885~1974)日本著名考古學家。日本東洋考古學開創者之一。主要著作有《東亞古文化研究》、《東亞古文化論考》、《東亞古文化說苑》、《漢六朝的服飾》等。要著作有《東亞古文化研究》、《東亞古文化論考》、《東亞古文化說苑》、《漢六朝的服飾》等。

斯坦因盜寶敦煌—莫高窟

莫高窟又稱「千佛洞」，位於敦煌縣城東南25公里的鳴沙山下，因其地處莫高鄉而得名。它是中國最大、最著名的佛教藝術石窟。

斯坦因是英國人，出生於1862年，他25歲時獨自一人來到印度喀什米爾地區，從此開始探險、測繪和考古事業。

1907年3月12日，斯坦因到達敦煌。本來，他準備在這裡考察一下洞窟後就去羅布泊進行考古挖掘的，可是他到達不久，就從一位定居敦煌的烏魯木齊商人那裡瞭解到一件事：莫高窟的王道士發現了一個藏經洞。這引起了他極大的興趣。3月16日，斯坦因來到千佛洞拜訪王道士。不巧的是，王道士為了籌集整修洞窟的經費，外出化緣去了。

在等待王道士的過程中，一個小和尚給斯坦因看了一卷精美的經文。斯坦因並不認識漢文，不過憑藉豐富的經驗，他一眼就感覺到這種寫本一定很古老。這讓他心情激動，他決定從長計議，先去敦煌西北長城鋒燧遺址挖掘，經卷的事等王道士回來再說。

斯坦因在長城鋒燧挖掘了兩個月，發現了大批漢朝簡牘。5月15日，他返

回敦煌縣城，正趕上千佛洞一年一度的盛大廟會，前來觀光遊玩和燒香禮佛的人很多。斯坦因十分精明，為了不驚動他人，他在縣城待了幾天，直到5月21日，廟會已過，他才再次來到莫高窟。

王道士化緣歸來，聽說有個外國人對藏經深感興趣，就用磚塊代替木門堵住了藏經洞的入口，心情忐忑地地等待著那個人的到來。果然，斯坦因又來了，這次，他首先讓自己的翻譯蔣孝琬拜見王道士，提出想看看那批寫本藏經的事，並說願意出資換取部分經卷，援助他整修洞觀。

王道士是洞窟住持，他自然知道不能隨便買賣經卷的規定，而且他也瞭解當地老百姓對經卷的虔誠態度，不會答應他出賣經卷。因此，雖然他極需金錢來修繕洞觀，他還是狠下心拒絕了斯坦因的請求。

然而，斯坦因是個很有心機的人，遭到拒絕後，他沒有立刻離去，而是在莫高窟搭起帳篷，做出一番長期停留、考察石窟的樣子。表面上，他一天到晚奔忙於石窟之中，拍攝壁畫和塑像，忙得不亦樂乎，而對藏經洞文物不感興趣。暗地裡，他指使蔣孝琬繼續和王道士交涉，商談出賣經卷之事。

最初，王道士對斯坦因並不信任，態度相當堅決。眼看著商談無效，斯坦因又改變了策略，他從王道士關注的問題入手，對正在努力興修的洞窟表示出極大興趣。這一做法迅速拉近了兩人之間的距離，王道士非常興奮，答應帶斯坦因等人參觀洞窟的全貌。在參觀過程中，王道士為斯坦因一一講解壁畫的內容，其中一幅是根據《西遊記》唐三藏取經故事繪畫的。內容是玄奘站在一條激流的河岸旁，一匹滿載著佛經卷子的馬停在一旁，一隻巨龜朝他們游來，想幫助他把從印度取來的神聖經典運過河去。

為了尋找古代遺址，斯坦因曾經深入鑽研過玄奘《大唐西域記》。這幅畫為他帶來了靈感，他靈機一動，自稱是一位佛教信徒，是玄奘法師的追隨崇拜者。這番話果然打動了王道士，一天夜裡，他拿出一卷寫本經卷交給斯坦因研

究。斯坦因高興的發現，這部佛教經典正是玄奘翻譯的。

於是，斯坦因對王道士說：「我能看到玄奘法師帶回的佛經，完全是玄奘法師安排的。印度已經沒有這些經書了，玄奘法師有意讓我把它們送回原來的地方。」

王道士相信了斯坦因，夜裡，他拆除了藏經洞的磚牆，舉著微弱的油燈，帶著斯坦因進入洞內。洞內堆滿了寫本經卷，讓斯坦因眼界大開，他立即和蔣孝琬翻閱起來。可是卷本太多，不可能很快完成。

為了掩人耳目，他們決定在附近的小屋裡暫住，每天夜裡由王道士入洞取出一捆寫本交給他們研究。

由於經書數量龐大，斯坦因沒有為每個寫本都編出目錄，只盡可能多、盡可能好地選擇寫本和絹、紙繪畫。不久之後，他和王道士達成一筆交易，用不多的銀元換取了滿滿24箱寫本和5箱經過仔細包紮好的絹畫或刺繡等藝術品。1

年半後，這些珍貴的文物經過長途運輸抵達倫敦，被收藏於英國博物館。

　　敦煌在今甘肅省西北角，在漢、唐時代是一繁盛的城市，是「河西走廊」的必經之地，曾經留下了璀璨的藝術珍品和佛教寶藏。如今在當地考古發現的遺址很多，其中，敦煌莫高窟、敦煌玉門關、敦煌懸泉置遺址最為有名。

　　三者之中又屬莫高窟最引人注目。莫高窟又稱「千佛洞」，位於敦煌縣城東南25公里的鳴沙山下，因其地處莫高鄉而得名。它是中國最大、最著名的佛教藝術石窟。分佈在鳴沙山崖壁上三、四層不等，全長1600公尺。現存石窟492個，壁畫總面積約45000平方公尺，彩塑佛像等造型2100多身。石窟大小不等，塑像高矮不一，大的雄偉渾厚，小的精巧玲瓏，其造詣之精深，想像之豐富，堪稱世界之最。

戈登·柴爾德（1892年～1957年），澳裔英籍考古學家。曾任倫敦大學考古學院院長、愛丁堡大學教授和不列顛學院院士，早年領導蘇格蘭和北愛爾蘭的考古挖掘，後致力於歐洲和西亞的考古學研究，在史前學領域成就卓著。被公認為20世紀前期最有成就的史前考古學家。

地下的黑瓦人頭—兵馬俑

秦始皇兵馬俑是秦始皇的陪葬坑，是世界最大的地下軍事博物館，被稱為「世界第八大奇蹟」。

在秦始皇陵東1.5公里的地方，有一個普通的小村莊，叫西楊村。村子裡大多數人姓楊，他們日出而作，日落而息，數百年來過著平淡無奇的農家生活。1974年，此地遭遇大旱，莊稼歉收。為了抗旱，西楊村決定在村南的柿樹林打井。

柿樹林墓塚累累，亂石堆積，平日很少有人光顧。村裡把這次打井任務分派給了楊志發、楊新滿等十幾個農民。很快，他們帶著鐵鍬、鋤頭和簡陋的工具開始了打井工程。沒幾天就挖到2公尺深的地方，地下出現了紅燒土塊。這天，楊志發、楊新滿還有另外兩個姓楊的村民負責挖井，挖到3、4公尺深時，只有楊志發一人在井下挖土，其他人在井上提土。

楊志發持續挖下去，忽然覺得下面有個硬東西。他覺得很奇怪，就用足力氣挖掘，結果土塊落地，井壁露出一個黑東西。楊志發好奇地湊上去，用鑿頭細細挖著四周的泥土，竟然發現了一個像真人頭顱一般大小的「黑瓦人頭」！在當地，村民們曾經挖出過黑陶殘俑，有的像人的胳膊，有的像人腿，還有的像人頭。他們稱之為「瓦爺」，認為這些東西是不吉祥的預兆，所以挖出來後都會偷偷埋掉，再也不敢向他人透露。

楊志發這次看到的是比較完整的「黑瓦人頭」，見這個人頭頂上長角，雙目圓睜，緊閉的嘴唇上方鋪排著兩撮捲翹的八字鬍。他沒有像他人那樣將其掩

埋，而是毫不顧忌地把它裝到土筐裡，吆喝上面的人拉上去。楊新滿三人用力拉上土筐，沒想到裡面竟然裝著一個「人頭」，嚇得丟下土筐拔腿就跑。

此時，井下的楊志發有了更多發現，他陸續挖出陶俑的殘斷軀體，還有磚鋪地面，以及銅箭等。他把這些東西聚集在一起，招呼夥伴們運上去。楊新滿三人壯著膽子運上這些東西，並把它們拋入荒灘野地。

後來，隨著挖掘出土的陶俑碎片越來越多，楊志發等人就向上做了彙報。縣文化館考古專家趙康民聽說後，立即趕赴現場考察，並將陶俑進行修復，復原了第一尊秦兵馬俑。

恰在此時，一名記者回到家鄉臨潼探親，他將秦始皇陵發現大型陶俑的消

息在報紙上做了報導，受到了有關部門的重視。7月15日，省文物局派出了秦俑考古隊開赴挖掘現場。隨後，西北大學考古系的師生也前來支援，挖掘工作就此展開，埋藏地下2000多年的兵馬俑終於露出了地面。

秦始皇兵馬俑遺址在秦皇陵東1.5公里處，陪葬坑坐西向東，共有三個坑，呈品字形排列，是世界最大的地下軍事博物館。俑坑佈局合理，結構奇特，在深5公尺左右的坑底，每隔3公尺架起一道東西向的承重牆，兵馬俑排列在牆間空曠的過洞中。

1、2、3號兵馬俑坑的總面積2萬餘平方公尺，共有陶俑、陶馬約8000件，像個龐大的地下軍團。目前，1號兵馬俑坑已挖掘了三分之一，3號兵馬俑坑已全部挖掘，2號兵馬俑坑正在挖掘中。3個俑坑內現已挖掘出土陶俑、陶馬2000餘件，戰車30餘乘，各類青銅兵器40000餘件，還有大量的其他遺跡、遺物。陶俑、陶馬的大小和真人、真馬相似，種類眾多，有車兵、步兵、騎兵等不同的兵種，排列有序，氣勢磅礴，是秦王朝強大軍隊的縮影。

黃展岳，1926年8月出生，原籍福建南安縣，曾多次參加黃河水庫、洛陽、西安、昆明、廣州等地的重要考古挖掘。主要論著有《中國古代的人牲人殉》、《考古紀原》等。

佛祖舍利現真身─法門寺

法門寺位於陝西省扶風縣城北10公里處,地宮內珍藏著2499多件大唐國寶重器,還有佛祖真身指骨舍利。

1981年8月24日,位於陝西省扶風縣城北10公里處的法門寺寶塔突然半邊倒塌,成為一時關注焦點。

法門寺創建於東漢末年恒靈年間,距今約有1700多年歷史,有「關中塔廟始祖」之稱。相傳,釋迦牟尼佛滅渡後,遺體火化結成舍利。西元前3世紀,阿育王統一印度後,為弘揚佛法,將佛的舍利分成八萬四千份,使諸鬼神分送世界各國建塔供奉。舍利到達中國後,先後在各地建有19處塔廟,法門寺即為第5處。

在北魏和隋唐年間,皇室曾經三度開塔瞻禮舍利。原塔俗名「聖塚」,後改建成四級木塔。唐高宗顯慶年間更是進行了擴建,建成瑰琳宮二十四院,建築極為壯觀。歷經唐宋盛世後,法門寺成為皇家寺院及舉世景仰的佛教聖地。據說,西元874年唐僖宗皇帝在萬民歡騰中送還法門寺的佛指舍利時,同時數以千計的皇室珍寶按唐密規定的儀軌被安置在地宮做為供養。不過,這個傳說是否屬實,一直以來都存在爭議。

誰會想到,這次寶塔倒塌竟然成為揭開千古之謎的契機。

1986年,政府決定重建寶塔,恢復它的昔日盛況。第二年2月分,重建工程開工了,人們緊張有序地工作著,不知不覺到了4月3日。當時的工作人員也

許不知道，再過5天就要迎接一個特殊的日子，佛教的佛誕日。

這天一大早，人們照樣忙來忙去，有的搬磚，有的挖土，有的和沙，工地上機器轟鳴，一副熱火朝天的勞動場景。忽然，有考古人員無意中發現了一塊白玉石板，人們清理掉石板上的浮土，一尊雄獅浮雕顯現了出來。將石板打開，一個狹小的洞口出現在人們面前。

考古隊員們立刻回想起一個故事。據說1939年朱子橋將軍負責修塔時，發現了塔下有座地宮，宮中珍藏著很多寶物。現在看來，這個消息很有可能是真的，興奮的考古隊員立刻決定下洞考察，以免讓地宮之謎永遠埋於地下。

在考古人員進入地宮前，他們還是滿懷疑惑的，可是當他們沿著撒佈銅錢的踏步漫道拾階而下，穿過石砌隧道走進立滿佛像的前室和中室，置身方形的後室時，他們的驚訝和喜悅難以言表：地宮裡，果然珍藏著佛教世界至高無上的真身佛舍利，還有大唐朝眾多精美無比的宮廷珍寶。

地宮的秘密揭露了，考古人員決定進行科學地挖掘和考古工作。於是，5天後，也就是4月8日，在佛誕日這一天，沉寂了1113年後，2499多件大唐國寶重

器，簇擁著佛祖真身指骨舍利重回人間！

法門寺地宮遺跡包括明朝塔基、唐朝塔基和唐朝地宮三個部分。挖掘總面積為1300平方公尺。其中唐朝地宮坐北向南，近於「甲」字形佈局。長21.2公尺，寬2～2.55公尺不等。地宮前有21級踏步漫道，下為長方形平臺，是迄今所見最大的塔下地宮。

地宮內分為前室、中室（主室）、後室和後室秘龕幾部分。漫道、平臺和秘龕由方磚鋪成；甬道和前、中、後室全用石塊構築。前室、中室和後室內儲藏著四枚佛指舍利和各類文物。

存放佛指舍利的寶函由重重密套的金、銀、水晶、玉石、珠寶和檀香木等貴重材料製成，極其貴重，反映出唐朝皇室對佛祖的極度尊崇，以及對舍利的極度珍愛，也反映出當時高度的物質文明。

丁麟年（1870年～1930年），字紱臣，號幼石，清朝日照縣濤雒人。在文物考證方面有獨特超逸的見解和充實可靠的資料，並有多種考古著錄。是當時有名的收藏家、考古家和書法家。

何處去尋古杭州─良渚遺址

良渚文化遺址散佈在長江下游環太湖地區36000平方公里的範圍內，多達500多處。遺址群中發現有分佈密集的村落、墓地、祭壇等各種遺存，出土物中以大量精美的玉禮器最具特色。

20世紀70年代初，浙江省餘杭縣長命鄉的一個農民在農田翻地時，意外地挖出了一些古玉器。經過文物部門鑑定，這些古玉竟是距今5000年前的玉器。考古人員非常激動，他們沿著這個線索尋找，最後找到了安溪一處叫反山的地方。

所謂反山，不過是比其他地方高出4、5公尺的一個大土堆。富有經驗的考古人員一眼就看出，這個土堆不是自然形成的，而是由人工堆築的熟土堆。面對反山，他們不禁想到：「這個土堆是什麼時候堆成的？這裡為什麼會出現古玉？難道這裡與良渚文化有關？」

說起「良渚文化」，還要追溯到20世紀30年代中期。當時，一位叫施昕更的學者在家鄉餘杭縣良渚鎮考察時，首次發現了大批新石器時代晚期的陶器、石器和玉器。後來，戰爭爆發，當地的考古工作被迫中止。50年代後，考古工作者在太湖周邊進行考察時，再次發現了類似的遺存，於是，他們就將這些史前文化遺址正式定名為「良渚文化」。

如今，挖出古玉的反山就位於良渚鎮西北方向5公里處，從古玉的材質和器形來看，與「良渚文化」的文物非常相似，所以考古人員猜測反山土堆下面也埋藏著「良渚文化」的遺存。

為了證實這個問題，考古界開始了認真而嚴肅的探究工作，並很快取得重大成就。1977年，兩位考古學大師蘇秉琦和嚴文明在調查空檔就此進行了一段意味深長的對話。

蘇秉琦問：「你說良渚這個遺址怎麼樣？」

嚴文明答：「很大，但是乍看之下不很清楚。」

蘇秉琦繼續問：「我是說，它很重要。你看重要在什麼地方？它在歷史上應該處於什麼位置？」

嚴文明鄭重地說：「我看很像是良渚文化的中心。打一個不恰當的比方，假如良渚文化是一個國家，良渚遺址就應當是它的首都。」

「你說的也對。」蘇秉琦高興地說，「我本來是想說良渚是古杭州。……杭州應該是從這裡起步的，後來才逐漸向錢塘江口靠近，到西湖邊就紮住了。把良渚比喻成首都，也有道理……」

幾十年後的今天，越來越多的來自良渚遺址的考古學資料對「良渚乃古杭州」也提供了佐證，不僅如此，嚴文明在之後進一步指出的「莫角山遺址上曾經矗立的恢宏建築，很有可能就是中國最早的宮殿」的論斷，也得到了學界的認同。

1986年，在12號墓坑中，一共出土了700多件玉器；1993年，12號墓清理

完了以後，考古人員在600平方公尺的範圍內，一個叫莫角山的地方又陸續發現另外10座良渚時期的墓葬，出土玉器達5000多件（組），這是良渚文化考古挖掘史上最為壯觀的一次挖掘。

現已發現的良渚文化遺址多達500多處，散佈在長江下游環太湖地區36000平方公里的範圍內。最早發現的西湖良渚遺址位於中國東部浙江省餘杭縣，是中國文明起源階段規模最大、水準最高的遺址，也是中國最重要的考古遺址之一。

做為一處新石器時代晚期的遺址群，西湖良渚遺址群總面積約34平方公里。它範圍廣闊，內涵豐富，分佈於以莫角山遺址為中心的50餘處。其中以反山墓葬群、瑤山祭壇和莫角山土築金字塔等幾處最為重要。遺址群中發現有分佈密集的村落、墓地、祭壇等各種遺存，出土物中以大量精美的玉禮器最具特色。這些遺跡、遺物的發現，顯示出良渚文化遺址群已成為證實中華五千年文明史的最有力的證據。

郭沫若（1892年～1978年），中國著名的作家、文學家、詩人、劇作家、考古學家、古文字學家和革命活動家。著有《中國古代社會研究》、《甲骨文研究》、《卜辭研究》、《殷商青銅器金文研究》、《十批判書》、《奴隸制時代》、《文史論集》等。

熠熠中華第一龍—紅山玉龍

紅山文化玉龍有「中華第一龍」的稱譽，以一整塊玉料圓雕而成，細部還運用了浮雕、淺浮雕等手法，通體琢磨，較為光潔，這都顯示了當時琢玉工藝的發展水準。

中國東北赤峰市北160多公里的地方有個縣城叫翁牛特旗。蒙古王族曾經在這裡生活過。時過境遷，到了20世紀中葉以後，此地和中國其他地方一樣，成為一個普通城鎮。沒想到，1971年，翁牛特旗因為一位年輕村民的意外發現而馳名海內外。

這位年輕人名叫張鳳祥，是三星他拉村的村民。這年，他不過17歲。有一天，他和往常一樣下田勞作，休息時在田邊的樹巷子裡發現了一些雞蛋似的小石頭。他覺得好玩，就邊撿邊扔著玩。忽然，石頭嘩啦一聲滾了下去。他好奇地在地上扒了幾下，看到下面有個小石板，非常光滑，似乎蓋著底下的什麼東西。

張鳳祥心想，這是什麼呢？底下會不會埋著什麼？他繼續挖下去。讓他大失所望的是，除了石頭，並無他物。正當他準備放棄的時候，一個鏽鐵蛋子出現在眼前。他抓起鏽鐵蛋子，掂了掂，覺得有2、3斤重，心裡一陣竊喜。他知道鐵可以賣錢，這個鏽鐵蛋子說不定可以賣上幾毛錢呢！

收工時，張鳳祥帶著鏽鐵蛋子回家了。路上，他遇到了叔叔，給他看自己撿到的鐵塊。叔叔看了看，認為生鏽的鐵不值錢，就把它扔了。

可是，張鳳祥心裡捨不得這塊鏽鐵，他思前想後，又把它撿了回來。誰會

想到，這一念之間，竟然使他
與珍貴國寶結下不解之緣。

回到家後，全家人對他撿
回來的鏽鐵並不怎麼在意，他
們頂多想著收廢品的人來了能
換幾個錢。張鳳祥呢，便把這
塊鏽鐵拴上繩，讓只有4歲的
小弟弟拉著玩。小孩子天天拖
著鏽鐵跑來跑去，十幾天後，
竟然把鏽鐵上的「鏽」磨掉
了。張鳳祥家人面對露出本來
面目的鏽鐵，不禁大吃一驚。他們看到，那充滿鏽蝕的鐵塊露出墨綠晶瑩的顏
色，這絕不是塊鏽鐵蛋子，而是一塊玉！

這件事轟動了整個村子，大家都說：「這是個古物，可能挺值錢呢！」

張鳳祥和他父親很激動，他們把它包裹好了，收藏起來。有一天，生產隊
的書記聽說了這件事，建議他們拿到文化館去看看。張鳳祥家人聽後，懷裡抱
著這塊玉，趕著毛驢車跑了十幾里地，找到旗文化館的工作人員。可惜，接待
他們的人不懂文物，認為這個東西沒用，就把他們打發走了。

回到家後，村裡很多人為張家出主意，如何處置那塊玉。其中，張鳳祥的
舅舅還建議他們把玉做成煙嘴。一個煙嘴可以換一頭牛，那塊玉可以做成4、
5個煙嘴呢！所幸張鳳祥的父親沒有同意這個提議，他堅決地說：「算了，這

也許還是個寶物呢！不能損壞了。別洗、別割，拿到生產隊去。」就是這一句話，保全了一件稀世珍寶。

1年後，張鳳祥和他父親再次懷抱古玉來到文化館。文化館人員雖然不知道古玉的價值，但是十分欣賞他們父子的做法，就把古玉暫時留下了。當然，他們不懂古玉，也就不會好好對待它，而是把它隨意放置到一個存放各種收藏品的廢棄廁所裡。

又2年過去了，古玉屈尊廁所，依然無人鑑定它的價值。文化館館長從工資裡拿出30元錢交給張鳳祥一家，算是對他們的肯定。1975年，恰逢遼寧考古所的孫守道、郭大順、郭文宣三人從赤峰到克什克騰旗做野外調查，途中，他們路過翁牛特旗，見到了文化館收藏的古玉。這件文物引起他們的注意，他們隨即找到張鳳祥，請他帶路到發現玉龍的地方考察。幾年過去了，張鳳祥已經記不得發現玉龍的具體地點。3人沒有更多的發現，就把這件玉龍拿給了中國科學院考古研究所的劉觀民先生，劉先生判定這屬於紅山文化的東西。

最後，考古學泰斗蘇秉琦，根據這件玉器的形狀和質地把它定為原始社會新石器時代的「玉龍」，距今已經有五、六千年的歷史了。這件玉器從此走出了陰暗的庫房，被當作一件重要的文物。1984年，紅山文化遺址出土了更多玉器，這件玉龍也因此名聲大振，被稱為「中華第一龍」。

紅山文化玉龍有「中華第一龍」的美譽，玉龍通高26公分，墨綠色，捲曲呈C形，龍首很短，吻前伸上噘，嘴緊閉，鼻端截平，龍眼凸起且呈梭形，眼尾上翹，鬣毛長而彎曲上翹，自頸部延伸向下，長有21公分，線條流暢，有飛騰之感。

　　龍身基本上沒有花紋，只在額及顎底刻以細密的方格網狀紋，網格凸起做規則的小菱形。龍體中有一小孔，可做掛飾。但玉龍形體碩大，且造型特殊，因而它不只是一般的飾件，而很有可能是和中國原始宗教崇拜密切相關的禮制用具。

蕭魯陽，1942年10月出生，河南魯山人，主攻老子研究、墨子研究，宋元圖書事業發展史，古籍整理，著有《中國古代圖書事業史》、《中原墨學研究》等。

牛河梁下積石塚—紅山文化

牛河梁紅山文化遺址位於遼寧省凌源市與建平縣交界處，出土了包括玉人、玉鳳、玉龍在內的20多件玉器。女神廟、積石塚、大型土台建築址是牛河梁紅山文化遺址的代表性建築。

從1906年開始，日本人先後在赤峰市進行過多次考古調查，並採集了一些史前文物標本。30年代，他們在赤峰東北的「烏蘭哈達」後，也就是紅山后，挖掘了兩處新石器時代居住址、31處墓葬，出土人骨29具，動物骨20具，陶器等16件，玉石珠380顆，骨器33件，青銅器14件。這些行為引起國內學者注意，梁思永、裴文中也來到了這裡，他們帶著學生進行調查挖掘，撰寫了關於當地遺址的文章報告。

日本投降後，當地考古工作更加興盛起來。1955年，考古學家尹達在〈中國新石器時代〉一書中加寫了《關於赤峰紅山后的新石器時代遺址》一章，從此，紅山文化的名稱正式提出。

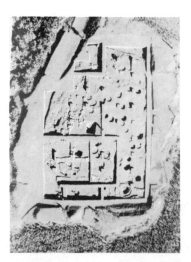

隨著三星他拉村玉龍和其他各種玉器地不斷發現，國內外對紅山的關注更為密切了。一批批考古人員來到這裡，一次次的挖掘展開了。1981年，遼寧省博物館的郭大順在建平縣兩位考古工作人員陪同下，來到了富山鄉馬家溝生產隊。2年前，本村隊長馬龍圖在一次犁

田的時候，撿到了一個像馬蹄子一樣的玉器。

郭大順慕名前來，正是要向他打聽發現玉器的過程和地方。馬龍圖告訴他：「在發現這個玉器的地方，有人還挖出過一些人的屍骨呢！」

這一資訊讓郭大順十分激動，他想，多年來考古人員一直在尋找紅山人的墓葬，難道就是那個地方？他急忙讓馬龍圖帶他前往考察。

他們很快來到了當地村民稱為「西梁地」的地方。這裡群山起伏，一條俗稱牤牛河的河流穿山而過。因此，河兩旁的山梁就叫牛河梁。郭大順發現，這裡堆積著很多石頭，陶片隨處可見。他不露聲色地在石塊間仔細尋找著什麼，突然，他的眼前一亮，一塊腐爛的人骨頭正靜靜的躺在石塊間。他在那塊有人骨的地方進行了簡單的挖掘，果真又找到一個人骨。他簡單地清理了一下，竟然清理出了一座墓葬。後來發現，這個墓葬位於整個紅山墓群的邊上，編為1號墓。

在紅山牛河梁發現1號墓之後，考古隊正式開進了牛河梁。不久，他們發現了紅山文化墓葬遺址20多處。這些墓葬不是普通的「土坑豎穴式」，而是在墓的頂上堆滿石頭的「積石塚」。

當他們最終到達大墓底部時，情況糟糕極了。墓中所剩無幾，陪葬品已被盜墓者洗劫一空。在接下來的幾個墓中，考古人員也遇到了類似情況。這讓他們非常的失望，不過，他們還是堅持挖掘下去，終於在第5號中心墓有了重大發現。這個墓埋葬著一個老年男性，陪葬品有7件玉器，包括玉佩、玉鐲、玉龜等。

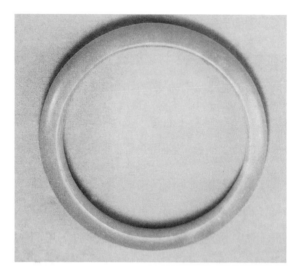

隨後的挖掘越來越順利，除了墓葬，他們還發現了祭壇。祭壇的出現顯示，5000年以前的紅山人，已經納入了同一個宗教信仰和同一行為模式中。這無疑會增加各群落、聚落間的凝聚力，強化地域共同體的認同感，促進社會秩序一體化的進展。因此，紅山文化積石塚和大型祭壇反映了紅山文化的重要特色，被看成中華文明起源的標誌之一。

牛河梁紅山文化遺址位於遼寧省凌源市與建平縣交界處，佔地面積50平方公里。這裡先後進行過多次挖掘，陸續發現了積石塚、女神廟、大型土台建築址，並出土了大量屬於紅山文化的玉器。

3個遺址點依山勢按南北軸線分佈，壇廟塚三位一體，規模宏大、氣勢雄偉，是紅山文化最高層次祭祀中心場所。它們是中華五千年文明起源的標誌，也是上古時期黃帝等代表人物在北方活動以及宗教史、建築史、美術史研究的珍貴實物資料。

　　總之，牛河梁遺址是五千年「古文化、古國、古城」之所在，是中國五千年古國的象徵。它的挖掘出土，將中華文明史提前了一千多年，被稱為「中華文明史新曙光」。

宿白，遼寧瀋陽人，生於1922年。專於隋唐考古學和佛教考古學。1951年負責河南禹縣白沙水庫墓群的挖掘。著有《白沙宋墓》、《西安地區唐墓壁畫的佈局和內容》、《大金武州山大石窟寺碑的發現與研究》等。

不可靠近的海域——「南海一號」

「南海一號」是南宋時期商船，也是世界上迄今為止發現的年代最早、船體最大、保存最完整的沉船，具有無可比擬的考古價值。

1987年夏天，陽東縣東平鎮一帶的漁民發現了一個奇怪現象，在附近海域，突然冒出了一些邊防巡邏艦艇。每當他們準備下網捕魚時，這些艦艇上的官兵就會趕過來制止他們說：「這裡很危險，海底下有早年外國侵略者扔下的炸彈。你們不要在此捕魚，趕快離開吧！」

漁民們十分害怕，他們聽從官兵的勸說，一連十幾年不敢在此海域下網捕魚。2000年，關於炸彈之說逐漸為人所質疑。漁民們隱約聽說那片海域並沒有炸彈，而是沉沒了一艘古代商船！為了保護沉船和文物不被盜賊所破壞，政府才出動官兵，不准漁民私自下網捕魚。

就在大夥私底下悄悄猜測時，揭開真相的日子終於來到了。2002年，考古工作人員悄悄進駐東平，開啟了初期水下考古挖掘工作，2003年起，沉船打撈工作由秘密轉為公開，關於這艘沉船的來龍去脈也為世人知曉。原來，早在1987年，廣州救撈局與英國海洋探測公司在陽江海域尋找東印度公司沉船時，意外在一艘宋朝商船中打撈出200多件瓷器。這件事讓中國考古界深感興奮，他們認為這可能與海上絲綢之路有關，就把這艘沉船命名「南海一號」，並採取了保密措施，等待時機成熟進行挖掘。

　　由於嚴密的保護，「南海一號」沒有受到盜賊破壞。經過全面整體挖掘，於2007年終於全部打撈出水。至此，考古學家感慨道：「『南海一號』的發現和打撈，不僅在於找到了一船數以萬計的稀世珍寶，由於它處於海上絲綢之路的航道上，因此蘊藏著非比尋常的學術價值。」在「南海一號」挖掘基礎上，中國水下考古開始復原與中國海上絲路有關的歷史空白，逐漸興起一種新的學說——海上絲綢之路學。

　　「南海一號」是南宋時期商船，長30.4公尺，寬9.8公尺，船艙內保存文物

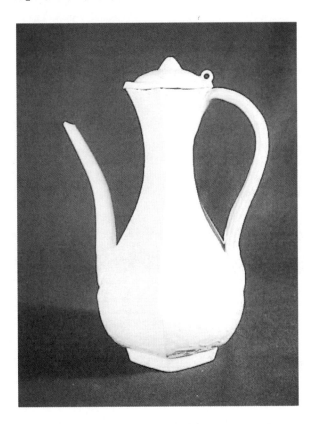

總數為6萬～8萬件。該船沉沒海面下20公尺深處，被2公尺多厚的淤泥覆蓋，800多年來保存完好，整艘船沒有翻、沒有側，端坐在海底，船體的木質相當堅硬。這是迄今為止世界上發現的海上沉船中年代最早、船體最大、保存最完整的遠洋貿易商船，也是唯一能見證古代海上絲綢之路的沉船。

沉船中的文物以瓷器為主，包括德化窯、磁灶窯、景德鎮窯系及龍泉窯系的高品質精品，絕大多數瓷器完好無損。另外，還挖掘出了金、銀、銅、鐵等器具。

從沉船中挖掘出的日用品來看，這艘商船的主人是位身材高大的富商，他可能從福建出發，運送貨物到東南亞一帶。至於船隻為何沉沒，以及沉沒800餘年而不腐爛？依舊是困惑考古界的重大謎團之一。

霍華德‧卡特，英國考古學家，1922年11月發現了埃及法老圖坦卡特陵墓。

精絕古城探迷蹤─尼雅遺址

尼雅遺址位於新疆民豐縣尼雅河末端已被黃沙埋沒的一片古綠洲上，古遺址以佛塔為中心，散佈於南北長25公里，東西寬5~7公里的區域內。

在講述中國20世紀末的重大考古發現時，有一人不得不提到，他就是日本人小島康譽。

小島康譽是經營珠寶生意的商人，1982年，他來到了新疆，打算在天然礦物蘊藏豐富的當地尋找發財之夢。然而，當他流連在洞窟佛像之前時，心情異樣激動，發財的夢想消失了，取而代之的是對文物的珍惜關愛之情。於是，他決定傾其所有，投資修復這些文物。

就這樣，小島與新疆結下了不解之緣。在保護新疆洞窟和文物的過程中，小島自然接觸到各種關於廢墟遺址的傳聞。有一次，他偶然聽說塔克拉瑪干沙漠中殘留著一個較大的遺址，這個遺址就是神秘的尼雅古城。1901年英國探險家斯坦因首次發現了這座古城，並於1906年對之進行了調查挖掘，共挖掘出了盧文木簡721件，漢文木簡、木牘數件，以及武器、織物、工藝品和糧食作物等。但之後因為沙漠的阻隔，很少有探險者能抵達那裡。這個消息讓小島十分興奮，他反覆向學術專家請教，還與當地政府部門磋商，最終決定出資支持尼雅古城的考古工作。

1988年秋天，尼雅考察拉開了序幕。經過5年時間，小島和隊友們先後多次的考察，揭開了尼雅遺址的概貌，原來，這裡竟然是史籍中記載的西域三十六國之一的精絕古城。

《漢書西域傳》記載，精絕國位於崑崙山下，塔克拉瑪干大沙漠南緣，雖是小國，但位於絲綢之路的要塞之地，一直接受漢王朝西域都護府的統轄。可是，到東漢末年，漢朝國力衰微，因此將兵力撤出了西域，從此，西域三十六國便陷入了無休止的爭鬥之中。精絕國弱小，無力與他國抗爭，最終被來自西南方向的SUPIS人征服，於西元3世紀左右徹底滅亡了。

精絕古城的滅亡之謎解開了，但更多的謎團卻擺在了考古學家面前。強悍好鬥的SUPIS人究竟是來自何方？他們是什麼人呢？精絕國應該有僥倖生存下來的後裔，他們又去了何方呢？這所有的謎團還留待後人去一一解釋。

尼雅遺址位於新疆民豐縣尼雅河末端已被黃沙埋沒的一片古綠洲上。是漢晉時期精絕國的遺址。古遺址以佛塔為中心，散佈於南北長25公里，東西寬5～7公里的區域內。遺址內發現了規模不等、殘存程度不一的房屋、場院、墓地、

佛塔、佛寺、田地、果園、畜圈、河渠、陶窯、冶煉遺址等遺跡。出土有木器、銅器、鐵器、陶器、石器、毛織品、錢幣、木簡等遺物。此外，還發現了當時煉鐵遺留下來的燒結物和炭渣。目前，發現的各類遺址已多達70處以上。

尼雅古城曾是絲綢之路上的重要城市，它的發現，對於研究中原王朝與西域古國的關係，以及東西文化交流提供了珍貴資料。

鄒衡，1927年生於湖南澧縣。主要從事商周考古、新石器時代考古研究，著有《論早期晉都》、《文物》、《商周考古》、《夏商周考古學論文集》、《文物與考古論文集》等。

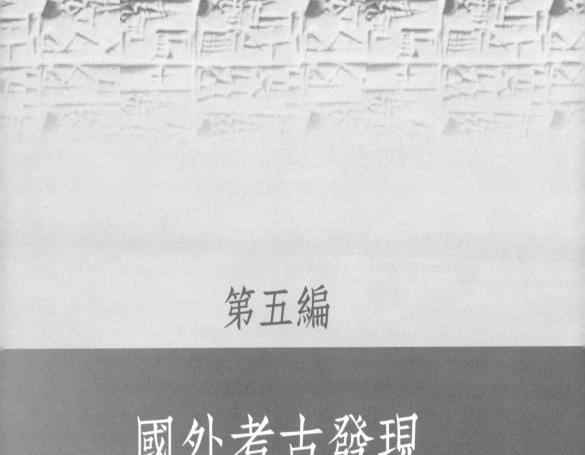

第五編

國外考古發現

從夢想走向現實——
特洛伊古城

特洛伊古城位於希臘希沙利克，目前挖掘出的特洛伊古城遺跡中，既有西元400年羅馬帝國時期的雅典娜神廟以及議事廳、市場和劇場，也有西元前2600年～西元前2300年的城堡，直徑達120多公尺。

亨利希·謝里曼1822年出生在德國，他從小家境貧窮，14歲就開始在雜貨店當學徒。儘管他沒有受過良好的教育，但他自幼就迷上了荷馬史詩，而且對於荷馬史詩中講述的特洛伊戰爭深信不疑，認為荷馬吟唱的都是真實的歷史。不但如此，他還夢想有朝一日能夠發現特洛伊城，讓古老的輝煌重現於世。這個想法在今天看來不足為奇，可是在當時人們的眼裡無疑是瘋子的舉動，要知道那時的人都認為荷馬吟唱的特洛伊戰爭是神與神之間的戰爭，是神話，而並非真實發生過的事件。

然而，謝里曼對自己的想法十分癡迷，念念不忘。當他46歲時，實現夢想的機會來臨了。這時，經過多年奮鬥的他已經成為百萬富翁，想起童年時的夢想，他毅然決然說：「我不再經商了，我要把全副精力用於吸引我的研究工作中。」

這個工作當然就是發現特洛伊古城。說到做到，謝里曼放下所有的生意，即刻動身趕往希臘去尋找自己夢寐以求的特洛伊城。到達希臘的第二年，他迎娶了一位美麗的希臘姑娘蘇菲姬。蘇菲姬不但美麗，還十分支持丈夫的事業，

幫助他尋找特洛伊古城。

夫婦兩人經過一年實地考察，認為特洛伊古城就在希沙利克山丘下，因為「一個人只要踏上特洛伊的土地，就會驚奇地發現希沙利克那座宏偉的山丘是建造堅固城池的天然好地方，如果把這裡建成要塞，就能控制整個特洛伊平原。在整個地區內沒有可以與之媲美的地方」。就這樣，從1870年4月開始，他們開始在希沙利克山丘進行挖掘。

由於當時考古剛剛興起，缺乏科學的指導和方法，也由於謝里曼缺少考古知識，因此，挖掘工作非常簡單直接。謝里曼指揮工人們向山丘中部挖進去，不久出現了殘留的城牆，他們對此並不感興趣，而是一路往下挖，這時，大量的家具、武器、裝飾品出現了，這麼多物品向人們證明：這裡曾經有過一個富饒的城市。

消息很快傳開，各地人們都在議論：難道謝里曼真的找到了特洛伊古城？

在人們疑惑的目光注視下，謝里曼有了更為幸運的發現。在剛剛挖掘出的古城遺址下面，竟然又出現了一些新的古城遺址。這真是太令人難以置信了。可是，接下來的事情更加富有戲劇色彩，新古城遺址下面還有一層遺址，而挖掘出第三層遺址後，依然有第四層、第五層⋯⋯一直到達第九層。也就是說，整個希沙利克山丘足足有九層不同時期人們留下的各種遺物！

眼看著每天都有新的發現，謝里曼興奮極了，可是他又面臨一個新難題：究竟哪一個遺址才是特洛伊古城？他試圖解答這個問題，於是對每一層遺址進行觀察辨別，最後根據遺址的情況斷定第8層遺址是特洛伊古城。可以說，謝里

曼這次為期3年的挖掘工作以大獲全勝而結束，向人們證實了特洛伊的存在，促進了人們對於考古的熱忱，是考古史上一次偉大的奇蹟。

謝里曼憑藉夢想讓特洛伊重現於世，這本身就是一個奇蹟。然而，他對於遺址的挖掘和認識卻存在很多錯誤，其中，他認定的第8層遺址為特洛伊古城遺址就不對。那麼，謝里曼挖掘的9層遺址中究竟有沒有特洛伊古城？

其實，謝里曼挖掘出的9層遺址都是特洛伊古城遺址，只是分屬不同時期。位於土耳其希沙爾克城附近40公里處的偉大的特洛伊古城從西元前16世紀前後為古希臘人渡海所建，其後歷經數代王朝興建了不同的古城。這些古城分屬9個時期，代表了從西元前3000年至西元400年的特洛伊歷史，其中西元前13世紀～西元前12世紀時，是特洛伊最為繁榮的時期。而謝里曼依據荷馬史詩《伊利亞特》中描述的故事場景並非在第8層，而是在第6層。

亨利希‧謝里曼（1822.1.6～1890.12.26），德國傳奇式的考古學家。出於一個童年的夢想，他執著地放棄了商業生涯，投身於考古事業，使得荷馬史詩中長期被認為是文藝虛構的國度：特洛伊、邁錫尼和梯林斯重現天日。

遍地黃金的古都—邁錫尼

邁錫尼遺址位於伯羅奔尼薩斯半島東北，與愛琴海薩羅尼克灣相距9英里，與阿戈斯北相距6英里。在希臘文化史上，這裡是聞名遐邇的中心。

毫無疑問，特洛伊古城的挖掘成功不但給謝里曼帶來了巨大財富，也為他贏得了考古界的崇高榮譽和地位，讓他成為名噪一時的人物。緊接著，謝里曼將目光轉向荷馬史詩中提到另外一處地方——邁錫尼。

邁錫尼是希臘傳說的一座古城，在荷馬史詩中這樣記載它的位置：「位於牧馬場阿爾戈斯的最深處。」現在，謝里曼感覺到邁錫尼的古英雄阿伽門農、歐裡默登、卡珊德拉門在向他召喚，呼喚他打破邁錫尼的古老神話。

1876年2月，謝里曼行色匆匆地趕往邁錫尼這座希臘古城。經過協商談判，希臘政府同意了謝里曼的考古挖掘申請，但是條件是他必須將發現的全部器物歸希臘人民所有。

謝里曼答應了條件，7月末，他開始了挖掘工作。有了挖掘特洛伊的經驗，這次挖掘相對快速得許多。他將大量標杆插入地層，進行大範圍的挖掘工作，幾天時間，他挖掘出了許多赤陶女人雕塑，還有一些原始的陶器，諸如手工打磨的黑色瓶和體積很大的罐子，當他繼續往下挖掘時，他搜集到許多用黑色礦石製成的刀具，藍色和綠色石頭製成的螺旋環等等。

這些遺物讓謝里曼加快了挖掘速度，很快，一些地方陸續挖掘出粗石修建成的城牆遺址。這些組成古代巨石城牆的石頭每個大約有7英尺長，其中最厚的

約有3英尺，甚至有些整體尺寸還要更大。城牆的出現使謝里曼更加堅信了荷馬史詩中關於邁錫尼的傳說，他順著城牆挖掘下去，在西北角上挖掘出了著名的「獅門」。

「獅門」是通向邁錫尼衛城主路的守門。謝里曼親手清掃乾淨塵封在獅門

上的瓦礫碎片之後，一座古老的巨型門楣出現在人們眼前，門楣上橫著一塊巨大的石灰岩浮雕石板，浮雕上兩尊雄獅威風凜凜，相向而立，尤為壯觀。

至此，謝里曼開始將目光轉向衛城內部，他認為荷馬史詩中記載的傳說故事發生在其內，那些古代英雄的陵墓也應該在其中。於是，他帶領工人進入獅門，進行了更為複雜和艱苦的挖掘工作。

經過幾個月的努力，謝里曼先後挖掘出了5座墓葬，這些墓葬中埋葬著數不清的財寶，出土的文物以其藝術價值使整個學術界為之目眩。謝里曼後來寫道：「全世界所有的博物館加在一起所擁有的收藏品還不及這些財富的五分之一。」在這些文物中，有黃金桂

冠、金搭釦、銅鍋、盛酒器……總之，寶物數不勝數，超出所有人的想像。

然而在所有出土物品中，最引人注意的莫過於一個面具。這個面具再現了自古以來就被認為屬於希臘人的特徵：臉龐窄小，鼻子很長，眼睛大大，嘴巴寬寬，嘴唇略顯肥厚……面具上的鬍子稍微向上翹起，下巴和雙頰佈滿了絡腮鬍。

面對塞滿黃金的墓葬和面具，謝里曼毫不懷疑他發現了荷馬史詩中描述的「遍地黃金的邁錫尼」，也斷定這個有絡腮鬍的面具遮蓋的是阿伽門農的臉孔。傳說中，阿伽門農是邁錫尼的偉大國王，他為了幫助弟弟，派兵攻打特洛伊，返回的路上被他的老婆克呂泰涅斯特拉夥同情夫埃吉斯托斯密謀害死。

既然阿伽門農的墓葬已經挖掘，那麼其他充滿黃金的墓葬中埋葬的一定也是著名的人物。謝里曼經過簡單分析，於11月16日向希臘國王發出電報，聲稱他已經找到了古代傳說中的墓葬，它們分別屬於阿伽門農、卡珊德拉、尤利馬登以及他們的朋友和同伴們。為了證明自己的結論，他特意舉出這些墓葬的特點：所有的墓室都是被一種雙行的薄金屬平行線條裝飾著，在古代只有在祭奠偉大的人物時才會使用這種規格。

消息很快傳遍各地，人們再次被謝里曼的偉大發現震驚，也被邁錫尼墓葬那古老的文明所折服。

實際上，缺乏深厚考古知識的謝里曼再次犯錯了，他挖掘出的面具並非是阿伽門農的，而是在他出生前300年製作的，但是，由於人們對於邁錫尼這位國王的尊重，依然習慣稱呼它「阿伽門農面具」。

　　時至今日，邁錫尼更為引人注目的地方在於它的巨石城牆。巨石城牆是用巨石構成的，這些巨石都是經過打磨之後恰到好處拼接在一起的多邊形狀，拼接之後它們都呈矩形，使得整座城牆相當堅固。為了加固，巨石中間還填滿了一些小石塊。

　　另外，位於卡爾基米什的幼發拉底河城牆，是聞名於世的最古老的工程建築，即使在今天，它的建築風格仍被工程師們廣泛利用，而「巴格達鐵路」便是建築學上矩形風格的一個典型例子。

賓格哈姆，美國考古學家、參議員。1911年曾勘定印加帝國的首都比爾卡班巴（Vilcabamba）和另一重要印加遺址維特科斯（vitcos）。著有《印加國家》、《馬丘‧比丘遺址》等書。

消失的陸地—亞特蘭蒂斯

傳說中沉沒的亞特蘭蒂斯位於大西洲，在大西洋中心附近。

在挖掘了特洛伊和邁錫尼之後，謝里曼一度將目光轉向古埃及，對傳說中提到的亞特蘭蒂斯產生了濃厚興趣。無奈，此時的他年老體弱，心有餘而力不足，於是，這位傳奇人物為世人留下了一個遺願。

由於身體一日不如一日，謝里曼預感到自己的日子不多了，有一天，他向家人要來筆和紙，寫下了一封信，並把這封信封存在一個貓頭鷹形狀的瓶子裡。這個瓶子是他挖掘的古物之一，瓶口細小，裝進去的東西想要取出來，只有將瓶子打破。謝里曼告訴人們：「誰要是想知道信的內容，就要打破瓶子，並且發誓按照信的內容去做。」

幾天後，謝里曼與世長辭，裝有密信的瓶子連同他的很多遺物一起被存放到法國一家銀行，這家銀行受他委託代為保管這些物品。另外，謝里曼還留下一大筆資金，做為支持這項神秘事業的經費。

就這樣，古瓶密信成為當時人們非常感興趣的話題，人們紛紛猜測，謝里曼在信中究竟寫了什麼？誰會打破瓶子取出密信，成為謝里曼遺願的實現者？

時光飛逝，20年過去了，有人挺身而出，準備將自己的一生投入這個密信所提到的考古事業中。此人不是別人，正是謝里曼的孫子保羅・謝里曼。保羅發誓：「將按照祖父在信中所說的去做，絕不食言。」發誓之後，他打破瓶子取出密信，終於得知信中內容。

信中寫道：「打開這個信封的人，必須正式發誓繼續我的未竟事業。我可以斷定，亞特蘭蒂斯不僅僅是位於美洲與非洲、歐洲西海岸之間的一片巨大土地，而且，它也是我們今天人類文明的發源地。關於這個問題，在學術界已經引發了不少爭論。有些人認為，亞特蘭蒂斯的傳說根本是來自於詩歌中的想像，它是人類對發生在基督紀元前數千年的一場大洪水的支離破碎的記憶殘留。另一些人則宣稱這個傳說絕對是史實，但卻不能拿出足夠的證據。在信封裡有一些文件、筆記、文章和文字證據，我認為這些東西都和亞特蘭蒂斯有關。仔細閱讀這些資料的人必須保證，接手我的研究工作，盡一切可能爭取拿出有決定意義的成果來……」

謝里曼記載了他在特洛伊、邁錫尼以及其他發現中見到的各種與亞特蘭蒂斯有關的遺物，有青銅瓶、雕塑和硬幣等。他認為，在一些骨器和青銅瓶上刻著的象形文字的意思是「不朽的亞特蘭蒂斯王」。他用來裝密信的古瓶中曾經有一枚硬幣，上面用腓尼基文字刻著「來自透明牆的神殿」。另外，他還在邁錫尼獅門附近見到的一塊碑文上寫著「透特（埃及神話中的月神）是亞特蘭蒂斯的一位牧師之子」。謝里曼還舉出很多例證來證明亞特蘭蒂斯確實存在過，並要求繼承者發誓去證實這些問題。

保羅繼承了祖父的遺願，開始了歷時幾年的考古探索。1912年，他發表了一篇文章叫〈我是怎樣發現一切文明的發祥地亞特蘭蒂斯的〉，公佈了自己發現亞特蘭蒂斯的消息。在文章中，他提到了一些新的發現，但並沒有提供太多細節，而當時他宣佈，將會在即將出版的著作中公佈所有的證據。

然而，保羅的著作始終沒有問世，而他自己也銷聲匿跡了。於是，很多人認

為保羅不過是製造了一場騙局，然後便藏了起來，但更多的人卻相信，他花了六年的時間奔走於埃及、南美各地，一定是發現了關鍵性的證據，但他為什麼又突然消失，不再公佈他的發現，卻始終是一個未解的謎團。

因為這種種的未解之謎，亞特蘭蒂斯的傳說變得越來越傳奇，也越來越吸引人，至今仍有無數的科學家為之耗盡一生的心血，希望解開這傳奇的故事。

傳說中沉沒的亞特蘭蒂斯位於大西洲，在大西洋中心附近。大西洲文明的核心是亞特蘭蒂斯大陸，大陸上有宮殿和奉祝守護神波塞冬的壯麗神殿，所有建築物都以當地開鑿的白、黑、紅色的石頭建造，美麗壯觀。

首都波賽多尼亞的四周，建有雙層環狀陸地和三層環狀運河。在兩處環狀陸地上，還有冷泉和溫泉。除此之外，大陸上還建有造船廠、賽馬場、兵舍、體育館和公園等等。

由於亞特蘭蒂斯沉沒在海底，所以對於它的考古發現比較困難，直到今天，人們也沒有完全確定它的具體位置。考古界對此一直存在著很多爭議，產生了賽普勒斯說、克里特說、直布羅陀說等多種說法。

黃文弼（1893年～1966年），字仲良，湖北省漢川縣人。中國現代考古學家、西北史地學家。他在考古學上的主要貢獻是根據實地考察所得論證了樓蘭、龜茲、於闐、焉耆等古國及許多古城的地理位置和歷史演變；判明了麴氏高昌的紀年順序和塋域分佈；提出了古代塔里木盆地南北兩河的變遷問題；更為探討新疆地區不同時期的歷史文化累積了相當豐富的資料。著作有《高昌陶集》、《羅布淖爾考古記》等。

印章背後的歷史——
邁諾斯文明

克諾塞斯最古老的居住史要追溯到西元前6000年。大約在西元前2500年出現了邁諾斯時期的文化。

謝里曼根據《伊利亞特》史詩提出的線索，找到了失落的特洛伊古城，與《伊利亞特》並列的另一史詩《奧德賽》，也為人們描述了一段生動傳奇的故事，故事中講到希臘英雄奧德修斯在攻陷特洛伊城後，歷經10年流浪生涯回到家中。其中，史詩中提到了一處地名——克里特島。

《奧德賽》的描述無疑給人們提供了豐富的想像空間，特別是謝里曼成功

挖掘了特洛伊以後，很多人將目光轉向了克里特島。這些人之中有一個人叫伊文思，他1851年出生於英國的一個村莊，自幼受

父親影響，對歷史和文物很感興趣。從7歲起就開始收集和研究古幣，大學畢業後開始到各地旅行，出版遊記，後來成為牛津大學阿西莫林博物館館長，是非常有名的考古人物。

1883年，伊文思前往希臘拜訪謝里曼，在那裡，他見到了從邁錫尼出土的各種文物，這些文物中有一樣東西引起他的注意。這是一種個頭不大、環狀或者塊狀的雕石印章，這些印章數量很多，表面上嵌印著圖案和符號。伊文思細細觀察這些印章，被上面奇特的圖案和符號深深吸引，他發現這些圖案和符號不像邁錫尼文化和希臘文化中所見到的，而有點像埃及的象形文字！

這個發現讓伊文思想起一件事，幾年來，不少學者指出邁錫尼文物上的一些設計及其他特徵似乎與典型的「邁錫尼風格」格格不入，這些特徵應該屬於某個未知文化。現在，伊文思親眼看到這些非比尋常的符號，他不得不相信學者們的推斷，而且做出了進一步推測，謝里曼的印章可能就是這個未知文化的線索。

帶著這個設想，伊文思開始了搜集類似印章的活動。這個過程中，他接觸到來自雅典、希臘、埃及各地的商人，人們告訴他，這些印章來自克里特島，這個島嶼就在希臘以南65英里外。

提起克里特島，伊文思當然記得關於它的傳奇故事。傳說中克里特島上有個邁諾斯王，他把雅典的童男、童女做為祭品獻給一個牛頭人身的怪物，這個怪物名叫邁諾陶洛斯。為了管制它，邁諾斯王修建了巨大迷宮，把牠關在裡面，不許牠出來。這個迷宮位於克諾塞斯，任何人進去都很難走出來。就連雅典英雄西修斯走進迷宮後也出不來了，後來，他在邁諾斯王的女兒阿裡阿德涅

幫助下才得以逃出去。

　　現在，人們說這些奇特的印章來自克里特島，難道那些傳說也是真實的嗎？想起謝里曼發現特洛伊的事情，伊文思激動不已。終於在1894年，他來到了克里特島。當他踏上這片土地時，立即被所見所聞嚇呆了：商店擺著各式各樣琳瑯滿目的古代雕刻印石，農人脖子上掛著裝飾用的古刻印石，各種印石隨處可見。他斷定，這裡的地下一定埋藏著巨大的秘密，這將是考古學上的另一次奇蹟。

　　於是，伊文思決定買下這塊地方進行考古挖掘。十分幸運的是，伊文思在開挖的第一天就挖到了建築物和藝術品。沒有幾天時間，他們就挖出了數枚雕刻印石、花瓶、陶罐、數以百計的刻著奇特文字的泥版。克諾塞斯王宮漸漸呈現在人們眼前。伊文思太激動了，他寫道：「這是一種異乎尋常的現象，不像古希臘，也不像古羅馬，……也許，它的全盛時期至少可以追溯到邁錫尼時期之前。」

　　經過1個多月挖掘，伊文思發現他們正在挖掘一個龐大的建築群，挖掘最後顯示，他們挖掘了6英畝以上，共計1400多個房間，整個宮殿群就像一座迷宮，人在其中很容易迷路。至此，伊文思向全世界宣佈了他的重大發現，並為當地人取了個名字──邁諾斯人，因為當地國王的名字叫邁諾斯。

　　從目前掌握的資料來看，克諾塞斯最古老的居住史要追溯到西元前6000年。大約在西元前2500年出現了邁諾斯時期的文化。在此期間，克里特島人可能住在小村落裡，隨著時間推移而逐漸集中。大約在西元前1900年，邁諾斯社會進入「古殿時期」。他們在克諾塞斯建造了大型宮殿。一直持續到大約西元

前1700年，邁諾斯人進入「新殿時期」，重建了很多宮殿。當時的邁諾斯文明在經濟和藝術方面都達到頂峰。

　　邁諾斯人擅長航海，能輕而易舉地橫渡地中海，因此，邁諾斯人可以方便的與其他國家往來，並在愛琴海島嶼上建立起殖民地和貿易港。他們的經濟主要依靠貿易。當時，邁諾斯出口很多物品，比如印石、葡萄酒、羊毛絨、珠寶、刀具、香水，以及藥品等，這些物品給邁諾斯人帶來不少財富。

曾昭燏（1909年～1964年）中國著名的女考古學家。主要著作有《讀契文舉例》、《彭山漢代崖墓考古挖掘報告》等。對中國文物的挖掘和保護做出了突出貢獻。

第一座女性挖掘的古城——
哥爾尼亞

哥爾尼亞是保護得最完善的古代克里特人文化的一座小城鎮，建造於西元前1700年
邁諾斯老宮殿時期之後，毀於西元前1470年。

癡迷田野考古的哈麗特・博伊德勇敢地組織了有史以來第一支女性野外考古隊，並且進行了一些挖掘工作。這件事在當時遭到很大非議，可是她堅持下來，並且前往克里特島拜訪正在挖掘克諾塞斯宮殿的伊文思。

受伊文思影響，博伊德對克里特島充滿了好奇，十分渴望尋找到克里特村落。當她告別伊文思，和同伴騎著騾子在米納貝羅海灣狹窄的山道上環繞時，她多麼希望有所發現，能夠找到一處可以挖掘的古代遺址。

可是，她坎坷地跋涉了幾個星期之後，依然一無所獲。這時，她也開始懷疑此行是否真能找到什麼東西。就在她沮喪地打算回去時，幸運之神眷顧了她。

這天，博伊德一如既往地騎著騾子走來走去，看見不遠處有位農民正在趕路。她想了想上前搭話：「請問您是當地人嗎？」

農民回頭看到這位年輕姑娘，客氣地說：「是啊，您有什麼事嗎？」

博伊德說：「我在尋找一些古代器物，不知道您曾經看見過嗎？」

農民馬上從脖子上取下一個雕刻印章遞給博伊德說：「您看這個是嗎？」

博伊德接過印章一看，興奮極了，伊文思就是在這種印章的引導下發現了克諾塞斯。她立即追問道：「請問您是在哪裡發現印章的？」

農民指著卡沃塞方向說：「在距離卡沃塞不遠處，我曾見過一些廢墟。」

真是踏破鐵鞋無覓處，得來全不費工夫。博伊德讓那位農民帶領著來到一處被稱之為哥爾尼亞的小灣，這裡距現代公路並不遠。博伊德馬上開始了搜集和調查工作，她找到了一些陶器殘片和石牆遺跡，並從卡沃塞帶來了36位工人，指揮他們在這裡開始工作。

挖掘工作出奇順利，第一天他們就發現了一把古銅刀、一把矛尖和許多瓶子的碎片，讓博伊德最為興奮的是，她發現了一條向外延伸的鋪設得很好的道路。以往考古經驗告訴她，任何獨居或墓地都不會有這種道路，所以這裡應該有一座城市或大的城鎮。

僅僅3天時間，博伊德的推斷就得到了證實，工人們挖掘出了許多房屋和道路，這些房屋足以構成一個城鎮。博伊德給美國探險協會發了電報，聲稱自己找到了古克里特人的村落。這個消息讓考古界為之一震，他們拍額驚嘆：「那條現代公路非常接近哥爾尼亞地區，我們都曾沿著公路走過，卻渾然不知古城的存在。」

在博伊德的指導下，哥爾尼亞地區的挖掘工作進展迅速，1904年末，那座埋藏於小山周圍幾英畝寬的地下城鎮完全露出地面。人們可以看到屹立在山頂的最大建築物，它比一般房屋大12倍之多，有三層百貨大樓那樣高；還可以看到住宅、商店、神殿、女神或者女祭司的塑像、祭壇等等。這一切顯示，哥爾

尼亞是克里特島的一個小城鎮，代表了典型的克里特文化。

博伊德挖掘出的哥爾尼亞是克里特島的一座「工業城市」，其中很多建築物顯示了它們曾是手工藝作坊。在那座最高大的建築物旁邊就是一座木工作坊，裡面有五個鑿子、一把鋸子和一把斧頭，它們都被細心地隱藏在玄關走道下面；從一家鐵匠裡還挖掘出了一套製作銅釘和鑿子的模子；還可以辨別出的其他建築如漁民、陶工、織工、鞋匠和油漆工的作坊。

現在考古學家認為哥爾尼亞就是保護得最完善的古代克里特人的文化的一座小城鎮，建造於西元前1700年邁諾斯老宮殿時期之後。哥爾尼亞城毀於西元前1470年，也就是在那場使邁諾斯文化毀滅的大災難中，它也隨之毀滅了。其後，克里特島的新征服者曾經佔領和建設了幾年，不過再也沒有恢復它昔日的繁華。

孫雲濤，中國地質學家、古生物學家、地層學家、地質教育家，他的重要學術成就是對寒武紀地層、地史及其三葉蟲動物群的研究。著作有《就中國古生代地層論劃分地史時代之原則》、《太平洋，早古生代生物擴散的重要中心》等。

捕蝶人密林探幽─吳哥古都

吳哥古都遺址位於柬埔寨洞裡薩湖之北，南距縣裡暹粒市6公里。西元9世紀到15世紀是高棉王國都城。

亨利・英哈特是19世紀偉大的發現者，他在一次漫遊中發現了吳哥古都，使之重現於世，成為一百多年來考古史上的奇蹟。

1826年，亨利・英哈特出生在法國，18歲時他到俄國教授法語，遊歷了整個俄國。後來，他定居澤西島，研究自然史，迷戀上了漫遊。有一次，他接觸到一本描述暹羅（現泰國）的書，讓他大感興趣。亨利從書中瞭解到神奇的東南亞文化，決心前往旅遊考察。

1858年10月，亨利來到了暹羅首都曼谷，開始了採集動植物標本的活動。他對當地的蝴蝶情有獨鍾，多次外出採集標本，在這個過程中到過很多地方。1860年1月，他到達柬埔寨西部城市馬德望，該城位於濃密的大森林中，地處地勢低窪的平原，是採集蝴蝶標本的好地方。

在這裡，亨利首先拜訪了法國傳教站的羅馬天主教牧師，希望能夠獲得他的幫助。牧師對亨利的活動十分支持，兩人很快成為好朋友。有一天，亨利外出歸來時匆忙找到牧師說：「我聽人說從這裡往東，過了洞裡薩湖（今金邊湖），有一處石建築物遺址。」

「是的，」牧師點頭說，「這裡的人們都知道這件事。」

亨利很激動，他說：「我們為什麼不去看一下呢？也許會有了不起的發現。」

289

　　牧師贊同亨利的提議，於是兩人準備了小木舟，打算穿過洞裡薩湖前往考察。

　　幾天後，亨利在嚮導的帶領下，乘坐小木舟來到了洞裡薩湖對岸。眼前有一條小路，周圍光禿禿的，因此不斷颳起風沙，這讓亨利有些不習慣。很快，前面出現了森林，風沙也就消失了。亨利緊跟嚮導走進幽暗古老的叢林，他們默默地穿行著，小路兩邊全是長滿苔蘚的岩石、小丘，青藤胡亂地攀爬著，一副陰森可怖的氣氛。

　　亨利走在路上，不時抬頭觀望，他也許有些遲疑，不知道是不是該繼續走下去。就在這時，他忽然發現前方出現了一道長長的石台，石台下面還有可攀登的樓梯，上面覆蓋著淡淡的苔蘚和幾根青藤。這讓亨利驚喜交加，他注意到自己剛剛看到的岩石小丘原來是一群建築物和石雕塑像，它們只是被縱橫的樹根分割，被苔蘚和青藤埋沒了。也就是說，他正站在一個被熱帶叢林遮蓋住的古建築物之上。

　　亨利激動地在石建築物遺址上奔走著，他攀登石梯，扯開青藤，一步步走向高處。他走到了一條高高的道路上，這條道路用巨石築堤、碎石鋪地，是一條羅馬式古道。順著古道望去，亨利看見了更為神秘的景觀：古道跨過寬寬的壕溝，一直通向一群長而尖細的高塔。那些高塔上雕刻著美麗的圖案，簡直就像是神話一般迷人。

　　神奇的發現使亨利忘記了疲勞，他滿懷敬慕之情地想到：這裡應該就是書中所說的吳哥的古城，用柬埔寨的高棉語來講，這裡就是「首都」。那些高塔是廟宇，是曾經聞名於世的宗教建築群。

　　經過3個星期的辛苦工作，亨利基本上對吳哥遺址進行了全面的瞭解。帶著珍貴的資料，他依依不捨地離開吳哥，踏上搜集蝴蝶的新路途。不幸的是，第二年他就因病去世，蝴蝶標本在運回國內時也因船隻遇難而全部沉入海底。

　　後來，他弟弟將他在東南亞的所見所聞整理發表。在這些文章中，既包含對古都吳哥最詳細的描述，也包含大量精美的遺址插圖，透過它們，消失在人們視線之內的吳哥古都終於再次浮現，成為考古史上最偉大的發現之一。

　　吳哥古都遺址位於柬埔寨洞裡薩湖之北，佔地約9平方公里。吳哥古都創

建於西元9世紀，13世紀建成。古蹟包括大、小吳哥兩地的吳哥通王城和吳哥寺（又名吳哥窟）；各種建築約600座，散佈在45平方公里的森林中，包括石造宮殿、佛寺寶塔，層層屹立。全部建築都用巨大石塊砌成，有各種精美雕刻，是世界著名的佛教建築。

吳哥城曾是東南亞歷史上最大、最繁榮、最文明的王國之一的高棉王朝皇家中心。從9世紀的最後10年耶輸跋摩一世（Yasovarman I）遷都至吳哥直到13世紀初期，吳哥諸王統治著南起中南半島南端，北至雲南，東自越南，西到孟加拉灣的大片土地。在此期間，他們動用了大量人力、財力從事大規模建設，以為自己和國都增色。自闍耶跋摩七世後，國勢逐漸衰落，1431年泰族軍隊攻佔並洗劫了吳哥，之後該城便被廢棄。

吳哥古都與中國長城、埃及金字塔、印尼婆羅浮屠並稱為「東方四大奇蹟」。

童恩正（1935年～1997年）　湖南寧鄉人。考古學家、科幻作家。多次參與西南地區考古工作，並以此為題材創作了優美的科普小說，其作品《珊瑚島上的死光》被評為中國科幻小說重文學流派代表作。

填補空白的探險─辛巴威

「大辛巴威」在班圖語中意為「石頭城」。在西元13～15世紀，曾是非洲南部古王國的都城，遺址1877年被發現。

19世紀前期，歐洲人對於非洲的瞭解甚少，在他們繪製的地圖上，非洲內地竟然是大片大片的空白地區。1847年，在德國一個木匠之家，一位10歲的小男孩正捧著這樣一幅地圖觀看。他很奇怪，不知道為什麼非洲都是「空白」的，難道那裡跟世界其他地方不同嗎？這些想法讓他產生了一個願望，那就是到非洲去探險，將這些空白地帶填補上！

　　帶著這個夢想，小男孩開始發憤攻讀生物學、地質學以及非洲的語言和各種探險作品。經過17年的學習和準備，小男孩成長為健壯而又具有豐富探險知識的青年。由於缺乏經費，他便以船員身分踏上去非洲的路程。

　　第一站是南非的德班，在朋友的資助下，他開始了穿行非洲南部的探險。期間，由於雇不起幫工，他只好自己扛著60磅的裝備出沒於羚羊藏身之地。除了背負沉重的裝備外，他還要忍受南非炙熱太陽的烘烤，懂得躲避草原野獸的襲擊。而這樣的日子他足足過了6年。

　　6年的磨難就這樣寂寞地流逝了。這天，他來到了林波波河南岸，立即被此地的地質狀況吸引。他放下裝備，取出儀器測量、觀察，最後斷定這裡是黃金、礦石礦藏的礦脈。

　　這裡確實是一處礦脈，大批的黃金正是從這裡流出去的。這個發現給他帶來名聲和金錢，不久，他結識了一位德國傳教士，傳教士告訴他在當地聽說過龐大石建築廢墟的事情，那些石建築群就在林波波河北岸，莫羅莫他巴的古都馬紹那。這個消息格外吸引人，他立即想到了《聖經》中關於俄斐的傳說。俄斐是一個富得流油的寶地，當時國王示巴女王覲見所羅門王時，曾經帶著大量黃金和寶石，成為轟動一時的事件。

　　現在，既然找到了礦脈，那些與之一河相隔的石建築群遺址會不會就是俄斐遺址呢？他立即動身趕往馬紹那，開始了新的探險之旅。

　　1871年，他越過林波波河來到了馬紹那。可是，當地人對白人懷有敵意，試圖害死他。這讓他再次面臨絕境。所幸一位脫離白人社會的獵人救了他並留

他住下，帶他到10英里之外的辛巴威小山丘考察。

來到辛巴威山丘上，他立即取出工具在廢墟上攀援、挖掘、測繪，一連做了幾天，他發現了很多建築物，其中有一座塔，塔周圍是石頭圍場。這些發現讓他確定這裡曾經是座城鎮。不過，想要證實這裡就是俄斐，還需要更多證據。

很快，證據出現了。一天，他在山頂上的一個圓形圍場的大門上發現了一根芳香的淡紅色木條。他從木條上削取薄片進行觀察，確認竟是檀香木！《聖經》中曾提到所羅門用檀香木裝修他的宮殿，於是他推測，一定是俄斐的女王從所羅門那裡學到了經驗，也用檀香木裝修宮殿。這樣推測下去，他認為圓形圍場就是女王的宮殿，這片遺址就是俄斐遺址。

可惜的是，他缺少考古知識，所以不能進行更深入準確的挖掘研究，而因為他沒有更多的證據證明自己的發現，當時並沒有多少人注意它。直到19世紀90年代，才有考古學家真正的挖掘了這一遺址。但不管怎麼說，身為發現者，卡爾·莫克的名字將永遠留在了考古史冊上。

「大辛巴威」在班圖語中意為「石頭城」，在西元13～15世紀，曾是非洲南部古王國的都城，遺址1877年被發現。

辛巴威遺址位於哈拉雷以南約300公里處，總面積達720公頃。共由90多萬塊花崗石砌造而成。石塊連接未用任何粘合物，至今仍堅固挺拔，宏偉壯觀。遺址分山頂建築、山下石廊和谷地建築三個部分。山頂建築是遺址最古老的部分，建在100公尺高山頂上，設有堡壘和圍牆，是國王的住所。山下石廊是遺址

規模最大的一部分，呈橢圓形，由高11公尺、周長243公尺的石牆圍成，是王后和嬪妃的住所。谷地建築是大臣和其他重要人物的住所。後許多著名文物都在此出土，如「辛巴威鳥」的石雕。石廓內一高11公尺、底部直徑6公尺的錐形石塔，現已成為津古文化的象徵。

目前，大辛巴威遺址被聯合國列入世界文化遺產之一，是撒哈拉以南非洲大陸最重要的古代遺跡。其代表的古代非洲文明被稱為「辛巴威文化」。

陳夢家（1911年～1966年）浙江省上虞縣人。曾使用筆名陳慢哉，現代著名古文字學家、考古學家、詩人。他在語言文字學領域的貢獻主要集中在他對甲骨文、殷周銅器銘文、漢簡和古代文獻的綜合研究方面。他對漢簡研究的成果主要集中於《武威漢簡》、《老子今釋》等。

矗立空中的花園—
巴比倫古城

巴比倫古城有內外兩道城牆，城裡最壯觀的建築物就是尼布甲尼撒王宮和著名的
「空中花園」，以及那座據說讓上帝感到又驚又怒的巴別通天塔。

1898年，科爾德遞交了一份報告，以「卡色爾一定可以挖出尼布甲尼撒時期以來的古物」為條件，請求柏林政府批准他負責巴比倫的挖掘工作，很快他便收到了政府的回覆，批准他負責巴比倫的考古工作。

巴比倫的挖掘工作進行得很順利，很快，大量文物出土，他的成績也得到世人認可。有一天，當科爾德在南城堡的東北角看到一座圓拱形建築時，他立即看出這座建築非比尋常。這是他在巴比倫看到的第一座圓拱建築，圓拱是用石料和常見的磚砌成的。在挖掘出的整個巴比倫中，只有一處石料建築，那座建築在卡色爾的北牆；而且，圓拱建築位於巴比倫城最古老的一部分，這裡名叫巴比爾，此地有最早的地窖；更為奇特的是，這裡還發現一眼古井，井是由三條豎井構成的。

為什麼會在這裡出現形狀奇特的建築呢？科爾德在古井邊徘徊著、沉思著，他想，這三條豎井是一眼抽水井，當年很有可能配有一套由鏈條帶動的水泵，可以不斷地抽水。這樣來看，整個圓拱建築就是一套結構特殊、從設計到建築都很出色的裝置，它應該具有特殊的用途。

想著想著，科爾德眼前忽然一亮，他猜到了圓拱是什麼。在關於巴比倫的

各種資料中，曾經提到過兩處石料建築，一處是卡色爾北城牆，一處是「賽米拉米斯懸空花園」。現在，北城牆已經確認，那麼圓拱建築就是懸空花園了。

這一想法讓科爾德激動不已。多少世紀以來，關於巴比倫空中花園的傳說非常多。相傳，它是巴比倫國王尼布甲尼撒二世為讓他的米底妻子賽米拉米斯公主排憂解悶而興建的。人們盛傳它的美麗、它的迷人，認為它是世界七大奇觀之一。如今，站在圓拱建築之下，科爾德的猜測能否得到證實呢？

當科爾德將自己的猜想告訴大家時，挖掘工地一片沸騰，人們情緒高漲，急切地期待著幾千年來的一個謎團能否真相大白。科爾德開始更為深入仔細地研究資料，他翻閱古籍，細心推敲，指導工人們仔細挖掘，終於，他得出了這樣的結論：那些圓拱是用來支撐「空中花園」的，那眼井是用來澆灌花木的。

至此，傳說中的空中花園得到證實，它成為巴比倫考古研究中最重要的發現之一。如今，這件古蹟依舊被公認為非凡的古建築之一，吸引了世界各地人們前往巴比倫遺址參觀遊覽。

巴比倫古城位於幼發拉

底河和底格里斯河的交匯處。創建於西元前1830年，毀滅於西元前6世紀。巴比倫曾是古代兩河流域地區最壯麗、最繁華的都城，城裡最壯觀的建築物就是尼布甲尼撒王宮和著名的「空中花園」，以及那座據說讓上帝感到又驚又怒的巴別通天塔。

巴比倫古城有名的建築還有它的城牆。城牆分內外兩道，厚度可以讓一輛４匹馬拉的戰車轉身。長達16公里，每隔一段距離就有一座城樓。城牆不僅是巴比倫人用來抵禦敵人的主要屏障，而且也是一道保護巴比倫城不受河水氾濫之害的可靠堤防。

王綿厚，1945年5月生，遼寧海城人。多年從事東北歷史、考古和文物研究，致力於歷史地理研究和高句麗等民族研究。著有《東北古代交通》、《秦漢東北史》等。

藏在高山上的廢墟──
馬丘‧比丘

馬丘‧比丘位於現今的秘魯（Peru）境內庫斯科（Kuscow）西北130公里，整個遺址高聳在海拔約2350公尺的山脊上，俯瞰著烏魯班巴河谷，為熱帶叢林所包圍。

賓格哈姆是一位考古學家，1906年至1907年間，他穿越委內瑞拉和哥倫比亞的群山峻嶺和叢林，翻過安第斯山脈，來到了秘魯首都利馬。他要在這裡考察印加遺址，尋找印加帝國最後一個要塞維爾卡巴姆巴。

印加帝國曾經是一個強盛和具有十分完善的安第斯山人的文化，首都在庫斯科。16世紀，西班牙入侵者消滅了印加帝國，庫斯科也就失去了首都的地位。不過，根據當時西班牙人記述，印加人並沒有全部被消滅，他們有一部分人逃進了叢林，建立了一個名為維爾卡巴姆巴的新首都。他們居住在這遙遠的要塞中，許多年來都不讓西班牙人接近他們。直到西元1572年維爾卡巴姆巴被攻克，印加帝國的末代皇帝被殺死，維爾卡巴姆巴城也隨之消失得無影無蹤了。

賓格哈姆帶著考古隊首先來到了庫斯科，希望在這裡能夠尋找到關於維爾卡巴姆巴的蛛絲馬跡。幾年的時光很快過去，他們在庫斯科西北的安第斯山上艱難探索著，始終一無所獲。1911年7月24日，考古探險隊長途跋涉之後，夜晚時分到一家小旅館投宿。

在旅館裡，賓格哈姆與老闆閒聊時，老闆告訴他：印加的一些廢墟遺址就

在不遠處的兩座被稱為維依拉‧比丘和馬丘‧比丘的山峰之間的某一山脊高處。賓格哈姆喜出望外，立即說服這位老闆帶他到這些廢墟遺址去。

可是，探險隊中其他人對此事卻興趣不大，他們認為這位老闆只是在編故事。然而，賓格哈姆卻堅持己見，他不顧眾人反對，帶著旅館老闆和一位警衛冒雨上路了。

雨急路滑，他們只能小心翼翼的往上爬，半路上旅館老闆就放棄了繼續前進，他不肯再往前走，但賓格哈姆很堅持，他一定要看到那座廢墟。於是旅館老闆讓當地一名農民的兒子帶賓格哈姆繼續前行。

賓格哈姆跟著男孩子繼續往高山處走去，終於，他看見了四周由石塊構築的梯地，這讓他興奮難抑。他一直走到山脊的頂端，沿路看到了很多一塊塊小小的平地。他驀然覺得，自己走進了印加人修建的天地之間。在山頂，他看到了隱藏於樹叢藤蔓間的廢墟牆壁；在兩個陡峭山峰的鞍地裡，他看到了許多石頭構成的廢墟遺址，其中有寺廟、房舍等等。賓格哈姆意識到，自己已經來到了當今稱為馬丘‧比丘的印加遺址了。

賓格哈姆連忙下山招呼考古隊成員。第二天，他們出發去這個地區尋找更

多的遺址。結果，在距離馬丘‧比丘約60哩的地方，他們又發現了一個更大的印加城市遺址。賓格哈姆經過確認，認為這裡就是消逝了很久的印加的最後都城——維爾卡巴姆巴。

馬丘‧比丘位置極佳，曾是理想的軍事要塞。馬丘‧比丘遺址大約由140個建築組成，分為三個部分：神聖區、通俗區、祭司和貴族區（也叫居住區）。神聖區裡有獻給最偉大的太陽神Inti的「Intiwatana」、「太陽廟」和「三窗之屋」；居住區一部分是專屬於貴族們的，房屋成排的建在一個緩坡上，還有一部分屬於Amantas（智者）們。

在主要城堡中，還有專門關押和懲戒犯人的監獄、石頭建造的紀念陵墓、由一整塊巨大的花崗岩鑿成的階梯，還有大量的水池，互相間由穿鑿石頭製成的溝渠和下水道。

1983年，馬丘‧比丘被聯合國教科文組織定為世界遺產，是世界上為數不多的文化與自然雙重遺產之一。

湯瑪斯‧愛德華‧勞倫斯（1888年～1935年），也稱「阿拉伯的勞倫斯」，參加挖掘赫梯王國，因在1916年至1918年的阿拉伯大起義中扮演英國聯絡官的角色而出名。

瑪雅文明的最後領地—科潘

科潘是瑪雅許多文明中心其中的一個，整個地區是一個80平方英里的河谷地區，而城市本身不過幾平方英里多一點，位於河谷地區的最低處。

佛雷德里克・加瑟伍德是英國繪畫藝術家，他喜歡旅行，曾在埃及的一個考古隊負責測繪技術，具有一定的考古經驗。1836年，37歲的他在倫敦遇到了一位來自美國的旅行者。此人叫約翰・李約德・斯蒂芬斯，比他小6歲，曾經是位律師，由於熱衷漫遊和古文化，放棄了本行，剛剛從特佩拉考察回國。

對於古文化的共同興趣讓兩人很快成為好朋友，他們開始計畫對中美地區進行一次探險考察。1837年，斯蒂芬斯因出版《阿拉伯人特佩拉遊記》一書而名聲大振，得到的稿費足以支付他們的探險所需。

很久以來，人們都在傳說中美洲的墨西哥南部、尤卡坦半島、瓜地馬拉和洪都拉斯存在著大量的廢墟，可是人們對這些遺址瞭解甚少。16、17世紀時，西班牙人入侵中美洲，他們認為當地的文化充滿了邪惡，因此採取了消滅措施，這樣，被稱為瑪雅人的文化被無情地消滅了。之後，中美洲很多地方的古老文明就像斷了線的風箏一樣，見不到蹤影。

18世紀以後，人們重新將目光聚集在中美洲那片被消滅了的瑪雅文明。可是，由於西班牙入侵者對瑪雅的破壞過於徹底，留給後人們的資訊非常破碎。從1786年以來，儘管有不少人前往墨西哥南部廢墟考察，也發表了很多關於廢墟的文章，但是由於彼此見解不同，對於當地文明的看法存在兩種截然不同的態度：一種觀點認為印第安人的文明原始野蠻，毫無內在價值；另一種觀點則

認為，中美洲是世界文明的起源地，它的文明向西移動，傳到中國、印度、美索不達米亞，最終傳到歐洲。

就在兩種理論爭吵不休之際，我們故事的兩位主角上路了。他們來到了科潘（今洪都拉斯西部的科潘·瑞納斯鎮）谷地的一條河邊，遠遠望去可以看到河對面一條長長的石牆建築，立刻意識到，那是一座巨大建築的遺跡。於是，他們穿越河流，攀爬上高大的石牆建築，沿著石階慢慢考察。

這裡掩沒在熱帶雨林之中，雜草叢林覆蓋之下，石建築的遺跡很難辨認，但是他們經過不懈地搜尋，還是找到了一個石頭砌成的半圓形的競技場、一些美洲虎的雕像、巨大的石雕頭像，還有一個巨大金字塔的頂部。塔四周圍著石柱，石柱上雕刻著各種圖案，這些圖案千奇百怪，出乎他們兩人的想像。

他們順著石階向塔頂爬去，最終坐在塔頂上放眼四望，看到了科潘遺址的全部面貌。面對著被毀滅的城鎮，他們心情沉重，不由問身邊的嚮導：「瑪雅文明為什麼被毀滅了？」

嚮導張口結舌，支支吾吾地回答：「誰知道呢？」

加瑟伍德和斯蒂芬斯面面相覷，多少天來，他們曾經問過很多當地人這個問題，可是得到的答案總是這句話，他們無言以對，默默地觀望著遺址，掏出紙和筆一邊紀錄一邊勾畫草圖。

這次發現極大地鼓舞了加瑟伍德和

斯蒂芬斯，他們在科潘待了好幾個星期，並且考察了更多廢墟遺址。回國後，他們共同發表了《中美洲、契阿帕斯和尤卡坦遊記》，並於第二年再訪尤卡坦半島，參觀了契晨・伊特薩和其他地區的瑪雅廢墟遺址，發表《尤卡坦探險軼事》一書。這兩部書吸引了眾多的讀者，為推進瑪雅文化研究起了很大的作用。

大約在西元前1100年，科潘地區開始有人居住，西元前2世紀，瑪雅文化誕生。之後，瑪雅人在科潘及各地修建大型建築，進入今天學者所說的古瑪雅時代。

科潘是瑪雅許多文明中心其中的一個，整個地區是一個80平方英里的河谷地區，而城市本身不過幾平方英里多一點，位於河谷地區的最低處。這一地區內有3500座草木覆蓋的高崗，每一處都是一座文化遺址，還有其他千餘座高崗沿著河谷地區零星地分佈著。

1982年，聯合國教科文組織宣佈科潘為世界級文化遺產之一。1984年，洪都拉斯政府宣佈科潘成立國家考古公園，並且籌備一個考古博物館，於1996年對公眾開放。

約翰・萊恩哈德，高山考古學家，在1989年～1992年期間，萊恩哈德負責首屆安地斯水下文物考古研究計畫。在該研究中，他在秘魯的安姆帕托山脈上找到古印加女孩冰凍的木乃伊像。

阿拉伯禁地—佩特拉

佩特拉位於今天約旦和南敘利亞境內，是阿拉伯游牧民族納巴秦人從西元前6世紀開創建造的，它的建築融入埃及、敘利亞、美索不達米亞、希臘以及羅馬的建築風格，展示了一個多國文化交流中心城市的風貌。

貝克哈特於1784年生於瑞士，受教於德國和英國，信仰基督教，是標準的歐洲人。但他從小學習阿拉伯語，對中東地區的文化非常熟悉。正是這一點，使他在25歲時接受了一項特殊任務。當時，英非聯合會準備調查一個地質學家難題：北非的兩條大河尼日爾河和尼羅河是否源於同一條河流？他們選中了貝克哈特，要求他用第一手資料揭開尼日爾河與尼羅河之間的謎底。

這個任務並不輕鬆，因為當時北非屬於奧斯曼帝國統治。奧斯曼帝國地處土耳其中心地帶，信仰伊斯蘭教，他們與信仰基督教的歐洲各國戰火不斷，因此，奧斯曼土耳其人以及他們遍佈中東和北非的臣民們對歐洲人頗不友善。獨身途經穆斯林地帶的基督教徒往往會被當地人當成奸細，或被驅逐出境，或遭殺害。

不過，貝克哈特還是勇敢的接受了這個任務。他首先去了敘利亞，用幾年時間完善自己的阿拉伯語，熟悉伊斯蘭的宗教信仰、典禮儀式。然後到達埃及的開羅，裝扮成商人加入穿越撒哈拉沙漠去尼日爾地區的商隊。為了裝扮得像阿拉伯人，他蓄了鬍鬚，更名西克·坎布拉罕·阿佈道拉，進入穆斯林世界之中。

此時的貝克哈特滿臉絡腮鬍，頭裹穆斯林頭巾，身著穆斯林長袍，講一口

流利的阿拉伯語，具有淵博的學識，他在旅途中處處受人尊敬，穆斯林人都誤把他當成博學多才的伊斯蘭法學家。憑藉這一點，貝克哈特可以放心大膽地去完成自己的任務了。

然而此時，貝克哈特卻對任務之外的更多事情產生了興趣。其中之一就是他到達了被遺忘的城市佩特拉，進而掀開了關於佩特拉的神秘面紗。

與其他考古遺址不同，佩特拉並非完全消失的城市。西元2、3世紀時，佩特拉是羅馬帝國東部省城的佼佼者，後來逐漸衰落。到19世紀初，除了阿拉伯沙漠小遊牧民族貝督因人外，已經很少有人參觀此地。對外界而言，佩特拉的地理位置

極其神秘，如同廢墟一樣具有考古價值。1806年，一位德國學者偽裝成阿拉伯人，穿越奧斯曼領地，從一個貝督因人那兒獲悉了「佩特拉廢墟」。他試圖悄悄溜進佩特拉，可是不幸被發現是偽裝成穆斯林的基督教徒，慘遭殺害。

這件事情更加重了佩特拉的神秘色彩。如今6年過去了，貝克哈特從敘利亞向開羅南行途中，突然發現自己正處於佩特拉附近。好奇心促使他放棄前行，改道前往佩特拉。他非常幸運地沒有暴露身分，安全地抵達了佩特拉。在這裡，他發現通往佩特拉的必經之路是西克山峽，深達200英尺。山峽蜿蜒深入，谷內漆黑一片，真是一處令人毛骨悚然的處所。但是轉過山峽，一座名叫卡茲尼的建築豁然在目。這座建築高大雄偉，雕鑿在沙石壁裡，在陽光照耀下，色彩豔麗，熠熠生輝。

過了卡茲尼，前面就是佩特拉城。懸崖構建的城牆，崖壁上雕鑿著台梯、塑像、堂皇的入口、多層柱式前廊，以及各式房屋、墓地。這一切顯示了佩特拉曾經有過的輝煌。

在佩特拉的發現讓貝克哈特激動不已，他似乎忘記了自己的使命，開始專注於各地旅行考察。結果，他在1817年不幸染病去世，臨終也未能完成任務。慶幸的是，他將在各地考察的情況做了筆記，這些筆記厚達5卷，由英非聯合會出版發行。

在這些筆記中，關於佩特拉的故事引起世人注目。不少歐洲人先後進入佩特拉考察，並做了更為詳盡的紀錄，繪製了很多圖片。後來，一位來自美國的年

輕人斯蒂芬斯也來到佩特拉，他被佩特拉深深打動，寫下《阿拉伯人佩特拉遊記》一書，發表後引起很大轟動。隨後，更多人湧向佩特拉進行參觀、考察、挖掘和研究。這座屹立於阿拉伯禁區的古城終於再現於世，成為當今考古界一顆耀眼的明星。

西元前6世紀，納巴泰人從阿拉伯半島北移，進入佩特拉所在地區（今約旦和南敘利亞境內）。他們先後建造了眾多安居地，尤以首都佩特拉最為突出。西元1世紀，羅馬人控制了佩特拉周圍的地區，西元106年奪取了佩特拉，而城市及周邊地帶成了羅馬帝國的一個省，稱為阿拉伯人佩特拉區。

佩特拉的建築卡茲尼聞名於世，它高130英尺，寬100英尺，柱子上裝點著比真人還大的塑像，整座建築完全由堅固的岩石雕鑿成形。這座建築最引人注目的特徵是色彩。由於整座建築雕鑿在沙石壁裡，陽光照耀下粉色、紅色、桔色以及深紅色層次生動分明，襯著黃、白、紫三色條紋，沙石壁閃閃爍爍，無比神奇蜿蜒。

巴·道爾基（1822年～1855年）蒙古族人，蒙古學專家，對蒙古史做了相當多重要的研究和考證。他提出的有關「成吉思汗石碑」大約建於西元1225年至西元1226年的論斷，得到了世界蒙古學家們的普遍認可。

偷偷挖掘的秘境—亞述王宮

亞述王宮遺址位於伊拉克摩蘇爾市，底格里斯河東岸。主要部分是庫雲吉克丘和奈比尤奴斯丘。

在考古史上，對於美索不達米亞地區的挖掘充滿傳奇色彩。

美索不達米亞地區位於兩河流域，西元前3000年左右，亞述人在此建立亞述王國。西元前2500年，亞述王國形成以尼尼微為首都的強大國家，統轄周邊許多小國家。西元前612年，新巴比倫和米底聯軍攻進了尼尼微。尼尼微在被洗劫一空後，又被放了一把大火，從此，人們除了從史書上知道曾經有過尼尼微這個城市之外，其他就一無所知了。

1842年，法國人博塔首先宣佈發現了亞述帝國的都城尼尼微，但他並沒有挖掘出王宮遺址，因此也就缺乏有力的證據證明自己的發現。3年後，一位英國人來到了此地，他在進入一座古城遺址參觀後，產生了繼續挖掘尼尼微的想法。

此人名叫賴爾德，當他來到傳說中的由寧錄親手奠基的一座古城遺址時，他看到了巨大的長著翅膀的人像，他們手中都拿著神秘的象徵物，帶著詭秘莫測的東方色彩。想到古代歷史學家曾經在《萬人進軍》一書中提到過這個金字塔，說一萬名士兵駐紮其上。賴爾德浮想聯翩，他最終決定繼續挖掘，用事實證明尼尼微的存在和曾有的輝煌。

經過分析，賴爾德決定從博塔首先發現的兩座土丘開始挖掘，這兩座土丘

一個叫庫雲吉克，一個叫約拿之墓。先前，博塔曾在約拿之墓挖掘過，可惜一無所獲。這次，賴爾德準備在庫雲吉克挖掘。

然而，和博塔一樣，賴爾德也遇到了地方勢力阻攔。一位總督下令：「不允許任何人在這裡挖掘墳墓。」

面對阻撓，賴爾德採取了靈活應對措施。他裝扮成獵人，在地方長官面前走來走去，讓他們對自己放鬆警覺；私底下，他卻召集工人，偷偷把工具運到庫雲吉克附近，等待時機挖掘。夜幕降臨了，工人們挖掘出了亞述宮殿的遺址，這讓賴爾德格外激動。不過，他依然不動聲色地應付著總督，防止他們去挖掘現場破壞。

就這樣，在賴爾德與總督周旋的過程中，尼尼微最大的亞述王宮出土了。這座王宮是亞述國王西那克裡布的王宮。西那克裡布以嗜殺著稱，他在西元前689年毀滅了巴比倫城：軍隊不僅屠城，還把城中所有的建築都統統拆毀，最

後甚至將亞拉奇都運河中的河水灌入整個城市，使巴比倫城陷入一片汪洋。為了讓這座城市徹底消失，他的士兵們將巴比倫大地上的泥土，用船盡量運走，然後丟棄在荒漠之中，任其隨風飄散。這座城市就這樣消失在歷史的塵埃中。

透過幾年的挖掘，賴爾德在尼尼微收獲驚人。他挖掘出了自西元前704～681年一直統治著亞述的國王辛拿切利甫的部分宮殿。宮殿擁有71間房間，其中一間是隨後建造的圖書館，這是辛拿切利甫的孫子阿西巴尼浦的傑作。這就是聞名於世的亞述巴尼拔圖書館。這是現今已挖掘的古文明遺址中，保存最完整、規模最宏大、書籍最齊全的圖書館。圖書館包攬了古亞述叢書——從語言、歷史、文學、宗教到醫學，無所不有。

透過對亞述王國最大王宮的挖掘，賴爾德證實了尼尼微的確曾經是亞述王朝的都城，為後人繼續挖掘尼尼微，研究美索不達米亞地區文明打下了基礎。

齊東方，1956年生於遼寧省昌圖縣。主要從事漢唐時期的考古、歷史、文物、美術的教學與研究。出版學術專著《唐代金銀器研究》等三部。

無所事事的發現─蘇美爾

蘇美爾民族在4000年前就消失了，連名字都被人遺忘。但它對後來的亞述人、巴比倫人產生了很大影響。

在博塔和賴爾德挖掘了尼尼微之後，在史密斯翻譯了泥版文字中的洪水故事之後，考古學者們一致認為，在美索不達米亞平原上還有一個更古老的民族文化。雖然沒有考古證據，雖然缺乏文獻資料，可是學者們固執地認為：這個未知的民族一定存在過，根據一些殘缺的碑文提到過「蘇美爾與阿卡德之王」，他們認為這個民族應該叫蘇美爾。

沒有任何證據預先確定一個民族和他的文化，這是考古史上非常少見的現象，但更少見的是，這個預言很快就被證實了。更加令人不可思議的是，證實預言的人竟是一位官員，他似乎與考古沒有任何淵源，而他發現蘇美爾的經過也充滿了傳奇意味。

發現者名叫歐尼斯特‧德‧薩才克，他是法國駐伊拉克的領事官員。被派駐到伊拉克之後，他每日打獵遊蕩，無所事事，這樣過了兩個月，單調的生活讓他頗感苦悶，於是他開始關注當地的文化，與當地人交往。

一天，他與當地一位朋友交談時，談到古巴比倫和尼尼微遺址。這時，那位朋友向他提議：「離這裡不遠有一個土崗，你要是感興趣也可以去看看，說不定能挖掘出什麼東西來。」這個提議打動了薩才克，他想，反正閒著無事，不如去看一看，即便發現不了什麼，也可以散散心。

朋友說的土崗在泰洛附近，因此叫做泰洛土崗。這是個不規則的圓形土崗，長約2.5英里，寬1.25英里，座落在一個一年半旱半澇的地區內，看上去一點也不誘人。

不過，既來之則安之，薩才克提著工具上了土崗。當他粗略地觀察了一遍土崗時，原先的低落情緒一掃而光，他高興地看到，這裡佈滿了陶器、泥簡和雕塑的碎片，在土崗的另一側低窪處，還有一個未完成的雕像，雕像上刻著銘文。這一切都說明，這裡曾經是古代的城鎮。

興奮的薩才克開始考慮挖掘的地點。他知道，土崗雖不大，但是憑藉個人的力量不可能全部挖掘，因此他決定從未完成的雕像入手。他覺得這個雕像一定是從高處滾下來的，那麼就從滾落雕像的高處開始挖吧！動土不久，他就發現了大面積的建築物和各式各樣的殘片，其中一塊巨大的飾文墓碑，屬於一位名叫伊納托姆的國王；許多閃長岩雕像，屬於一位名叫古德阿的邦主，他統治的城名叫拉嘎什；還有他的兩個赤陶圓柱，每個圓柱上都刻有2000行楔形文字，這些文字與已經發現的楔形文字和象形文字不同，完全是一種更古老、更奇特的文字。

雖然挖掘出了不少東西，但是薩才克並不瞭解它們的真正價值，僅從外觀看，這些東西粗陋笨重，毫不起眼。好在薩才克對當時的考古有些瞭解，他覺得有必要帶回去給考古學家看一看。於是，他把它們帶回巴黎，交給了羅浮宮東方古物館館長。館長一看，隨即瞪大了眼睛，他發現自己看到了早於亞述人1500年的東西，激動的館長

立刻對薩才克說：「先不要公開你的發現，悄悄回去，繼續挖掘遺跡……」

薩才克回到土崗，繼續挖掘工作。終於，他將這個古老的民族完整再現於世，他說：「自從發現了尼尼微以後，還沒有任何發現可以在重要性上和最近於迦勒底出土的文物相提並論。」

消息公佈後，無數學者紛紛趕往迦勒底去挖掘和瞭解這個古老的文化遺跡。關於蘇美爾的預言也開始一步步地證實了。

自從蘇美爾遺跡發現以來，人們已經瞭解到蘇美爾民族在4000年前就消失了，連名字都被人遺忘，但它對後來的亞述人、巴比倫人產生了很大影響。

從考古挖掘來看，巴比倫人採用的是蘇美爾人的建築風格，特別是穹窿結構的運用，首先就是蘇美爾人發明的。對法律影響極大的希伯來法是以巴比倫法為基礎的，但巴比倫法又來自蘇美爾人的法律。巴比倫人的許多工藝，正是靠蘇美爾人傳授的。巴比倫人的楔形文字又是借鏡蘇美爾文形成的。甚至巴比倫人的神就是蘇美爾人的神，只是名字不同罷了。至於亞述人，在建築上也秉承了蘇美爾人的傳統，他們都有名為「齊古拉特」的梯形塔，這些塔造型奇特，看上去就像一層層疊放的磚面。

劉慶柱，1943年生於天津市，研究領域主要為中國古代都城考古學、帝王陵墓考古學和秦漢考古學。

伍利推算歷史─吾珥古城

吾珥古城位於幼發拉底河河岸，由傳說中的蘇美爾人創建，大約在西元前2300年時，吾珥發展到了它的頂峰，面積達到250英畝，有兩個港口進行航運業務。

伍利為了挖掘吾珥古城，花費了4年時間做準備工作。當他帶領訓練有素的工人們開始挖掘時，很快就挖掘出了很多墓穴。這些墓穴有兩種，一種是長方形的井穴，一種是具有拱頂的室形墓穴。經過確認，伍利認為井穴是一般平民的墓葬，由石塊或磚頭砌成的室形墓穴則是皇族的墳墓。

在墓地的挖掘工作持續了4年，先後共挖掘了1850座墳墓，其中有16座是

王室成員的墳家。這些墳墓大多數在千年前就被盜墓賊光顧過，所以剩下的陪葬珍品不多。這樣一來，想要確定墓穴的年代就變得困難了。

幸運的是，當伍利和同事們挖掘到離地面大約10公尺深的地層時，發現了兩座沒有被盜的王陵。這兩座陵墓中有一個是女王舒伯·亞德的，在墓室中，除了女王棺材架的一頭一尾各有一具女性的屍骨之外，兩旁還並排

躺著兩行女性的屍骨，而在其中一排女性屍骨的最後，還有一具男性的屍骨。所有女性屍骨都戴著精巧的金頭飾，這顯示她們生前極有可能是伺候女王的宮女；而在那具男性屍骨的臂骨中還緊緊抱著已經斷裂的、裝飾著黃金與天青石的樂器，顯然，他曾經是一位宮廷樂師。

對於活人殉葬的現象，挖掘人員展開了熱烈討論，有人說：「活人殉葬的歷史並不遙遠，這座古墓的年代也不久。」有人說：「我們從來沒有在關於吾珥古城的文獻中看到過活人殉葬的說法，難道這裡不是吾珥古城的遺址？」

伍利經過仔細思考，否定了眾人的疑問，他說：「已知的銘文中沒有一處提到過類似的殉葬，這正說明在雕刻銘文的時候，這種儀式已經消失了，當時的人們已經不知道古人還用這種方式殉葬。也就是說，吾珥王陵的歷史遠遠早於歷史記載，它實在是太古老了。」

事情真的像伍利推測的嗎？想要證實自己的推測，當然需要充分的證據和資料。伍利首先對吾珥古城的年代進行了確定，他運用地層學原理，對遺址從地表逐層進行了耐心檢查，結果得到了當代定居者的第一批證據。然後，他制訂了一個關於吾珥古城的時間表，大約在西元前5500年，吾珥已成為幼發拉底河河岸上史前時期人民的聚居地；西元前4000年，吾珥被建造成為蘇美爾人的城市之一。其後，在不同民族人們居住期間，吾珥也經歷了不同的發展變化。西元前400年，由於當地乾旱，居民不斷外移，吾珥逐漸被風沙掩埋。

瞭解了吾珥古城的歷史，伍利就可以確認古墓的年代。他結合古墓中出土的各種文物，一一確定每個古墓的年代，進而為吾珥古城的研究提供了更多有用的資料。1934年，伍利結束了在吾珥古城的考古工作，至此，關於史前人類

的古城吾珥也已經較為全面地展現在世人面前。

伍利的發現全面揭開了吾珥古城的面貌。人們看到，大約在西元前2300年時，吾珥發展到了它的頂峰，面積達到250英畝，有兩個港口進行航運業務。城中的中心由城牆圍繞著，牆內有熱格拉提斯（一種人工堆成的小山），還有最宏大和最重要的寺廟和皇家宮殿，在這個核心地區和城市周邊的城牆之間有一個繁雜和擁擠的社區，其中群集著一些建築物和狹窄的步行小街，在這兒住著眾多的麵包師、金首飾商和教士祭師等。吾珥拿姆還制訂出了已知的世界上最古老的法典。

徐仁（1910年～1992年），出生於安徽蕪湖。致力於植物學和古植物學研究近60年，在植物形態學和解剖學、古植物學及孢粉學等方面都做出了重大貢獻。

刻在石柱上的法律──
漢摩拉比法典

漢摩拉比法典雕刻在高2.25公尺，底部圓周1.9公尺，頂部圓周1.65公尺的石碑上。整部法典分為序言、正文和結語三部分。

1901年12月，法國人和伊朗人組成了一支考古隊，在伊朗西南部一個名叫蘇撒的古城舊址上進行挖掘工作。蘇撒是一座5000年前的古代都城，也是今天伊朗迪茲富爾西南的蘇撒盆地一個強大的奴隸制國家埃蘭的首都。

這天，一位隊員正在揮鍬挖土，突然發現土裡埋著一塊黑色玄武石。他好奇地拿起石頭左右觀看，看到上面既有楔形文字，還有些殘留的雕像，便趕緊將它交到考古學家手裡。

過了幾天，隊員們又挖掘出兩塊黑色玄武石。這時，有人發現「這三塊石塊應該是一個整體，應該把它們拼湊起來」。

於是，大家把三塊玄武石拼在一起，他們驚訝地看到，三塊石塊恰好是一個橢圓形的石碑。石碑分為上下兩段，上段刻著精緻的浮雕：古巴比倫人崇拜的太陽神沙馬什端坐在寶座上，巴比倫國王漢摩拉比恭謹地站在它的面前，沙馬什正在將一把象徵帝王權力標誌的權標授予漢摩拉比；下半段刻著楔形文字書寫的文章，

其中有少數文字已被磨光。

　　望著石碑，考古隊員們十分不解，不知道這是一件什麼遺物。他們瞭解關於蘇撒的歷史，似乎其中沒有提到這樣的石碑。幸好考古隊中有人懂得楔形文字，他們經過仔細辨認，詫異地說：「這塊石碑不是蘇撒的，它來自古巴比倫。」

　　這一說法使隊員們大吃一驚，他們不明白為什麼巴比倫的石碑會來到了蘇撒？這塊石碑究竟有著怎樣的價值呢？

　　很快，透過對石碑內容的研究，人們找到了問題的答案。原來，這塊石碑就是傳說中著名的「漢摩拉比法典」，也是世界上最早的一部比較有系統的法典。古巴比倫王國位於幼發拉底河和底格里斯河流域，大體相當於今天的伊拉克，西元前1792年，漢摩拉比成為古巴比倫國王。漢摩拉比是一位很有才幹的國王，他勤於朝政，關心農業、商業和畜牧業的發展，他也關心稅收，處理各種案件。在位期間，每天要處理的申訴案件非常多，他簡直有些應付不了。有一天，他就讓臣下把過去的一些法律條文收集起來，再加上社會上已形成的習慣，編成了一部法典。漢摩拉比命令把法典刻在石柱上，豎立在巴比倫馬都克大神殿裡。

　　西元前1163年，埃蘭人攻佔了巴比倫之後，便把刻著漢摩拉比法典的石柱做為戰利品帶回到了蘇撒。埃蘭王國後來被波斯滅亡。西元前6世紀時，波斯帝國國王大流士登基後，又把波斯帝國的首都定

在蘇撒。這個石柱法典便又落到了波斯人手中。

瞭解了石碑的秘密和來歷，隊員們非常激動，他們為這個了不起的發現而相互慶祝。石碑法典的發現也成為考古史上最偉大的發現之一。

雕刻著「漢摩拉比法典」的石碑高2.25公尺，底部圓周1.9公尺，頂部圓周1.65公尺。上面雕刻著國王漢摩拉比接受太陽神授予權力的塑像，還有完整的法典條文。

漢摩拉比法典分為序言、正文和結語三部分。正文共有282條，刻在圓柱上共52欄4000行，約8000字。其中包括訴訟手續、盜竊處理、租佃、雇傭、商業高利貸和債務、婚姻、遺產繼承、奴隸地位等條文。漢摩拉比法典比較全面地反映了當時的社會情況。

圓柱挖掘出來的時候，正面7欄（35條）已經損壞，其餘的基本完整。上面的字跡優美，是一種只有王室才使用的楔形字體。正是依靠這部法典，漢摩拉比時代的巴比倫社會，成為古代東方奴隸制國家中，統治最嚴密的國家。

圓柱上被塗毀的7欄文字，可以根據後來發現的漢摩拉比法典的泥版文書進行校補。所以，「石柱法典」仍是世界上現存的一部最古老、最完整的法典。

葉大慶（約西元1180年～1230年），南宋考古學家，字榮甫，龍泉人氏。上自六經諸史，下逮當朝名家著述，無所不諳，並以詞賦知名於時。其《考古質疑》一書，內容涉及歷朝史實、曲章制度、文字訓詁、詩詞文章，而以考證史實為多。

安納托利亞高地上的廢墟——
赫梯人

安納托利亞高地上的巴卡科依廢墟遺址是世界上已知的遠古文明之一，可以追溯到西元前7000年甚至更早。

1834年，法國人特克思爾來到了愛琴海東邊的安納托利亞半島（今土耳其境內）。他是一個建築師、藝術家，也是一個文物古董商，來此的目的是尋找那些希臘和羅馬歷史裡曾經有過記載的地方。

歷經千辛萬苦，特克思爾到達了安納托利亞的北部中心地區，來到了一個叫做巴卡科依的小村。當地居民聽說他在尋找廢墟遺址，馬上告訴他：「村後的山邊就有一座。」

特克思爾很高興，讓村民帶他前去考察。當他來到廢墟旁邊時，立刻被眼前廢墟的規模和宏偉震驚了。整個廢墟佔地約300英畝，部分城牆依然挺立著，其中兩條寬大的馬路十分顯眼，一條有一對石獅守衛，另一條路旁守候著一個石刻的獅身人面像。這一切遠遠超過了特克思爾的想像，讓他有些不知所措。

然而，令他更為吃驚的還在後頭，就在這片廢墟附近，還有更神奇的廢墟遺址。他在村民帶領下沿著一條山道朝東北方向走去，一個小時後，他們來到了一片高大的石灰岩山頭前。石灰岩山頭上有深深的天然裂縫，順著這些裂縫進去，裡面竟是巨大的房屋！

　　特克思爾在房屋中慢慢觀察，看到高大的石牆上刻著幾十個男男女女的圖像，他們神態高貴，舉止大方，應該不是一般人。這時，村民們告訴他：「我們把這個地方叫做亞塞尼加亞。」「亞塞尼加亞」的意思是「有雕刻的岩石」。看來，他們並不知道這些圖像人物的身分，也不知道這些房屋的來歷。

　　憑藉著淵博的知識，特克思爾斷定，廢墟遺址絕不是羅馬人留下的。因為這裡的建築跟羅馬帝國時期的建築毫無關係。那麼，究竟是什麼人在巴卡科依和亞塞尼亞卡創建了這些建築，留下了這些遺址呢？特克思爾沒有找到答案。但是，他把自己的發現公諸於世，留待後人的研究。

　　經過多位學者努力，1887年，來自千里之外的埃及的楔形文字陶碑，成為解讀這兩座廢墟遺址的鑰匙。陶碑是西元前14世紀埃及法拉阿克亨利的紀錄，其中多處提到漢梯人，即赫梯人，而且這些陶碑中有兩塊用了一種無人知道的文字書寫，這種文字與在巴卡科依和亞塞尼亞卡發現的文字相同。這一發現自然將古埃及文明和在巴卡科依修建城堡的那個文明聯想在一起，也就是說，巴卡科依廢墟遺址可能是人們尋找了多年的赫梯人的首都。

　　1906年，德國學者溫克勒在巴卡科依挖掘出了刻著埃及法老拉美西斯二世和赫梯國王赫土斯裡於西元前1270年簽署的和平協定的陶碑。進而證實了兩者之間的關聯，證實了巴卡科依廢墟遺址就是赫梯首都。後來，學者們挖掘出更多刻著赫梯文字的陶碑，並成功破譯了赫梯人的文字，對這個古老的民族和國度有了更深、更新的認識和瞭解。

　　從這些陶碑裡，我們可以大約知道赫梯人的來龍去脈。安納托利亞高地上的廢墟遺址是世界上已知的遠古文明之一，可以追溯到西元前7000年甚至更

早。西元前1950年，巴卡科依廢墟遺址上就已經矗立起城堡和定居點了，它的居民稱之為漢梯息，意為漢梯人的土地。西元前18世紀晚期，漢梯人和另一支遷徙而來的好戰部落之間發生了戰爭，漢梯息在戰火中被毀滅。

然而一個世紀的時間不到，新來民族中的一支就重建了漢梯息，並重新命名為漢梯沙，使它成為自己的首府。這個部落的領袖把自己的名字改為漢梯沙裡，意為「漢梯沙的國王」，這就是赫梯王國的開始，他的臣民被稱為赫梯人。與最初的漢梯人不同，赫梯人喜愛征戰，他們很快將自己的國土擴展到了安納托利亞中部的大部分地區。

赫梯人在冶鐵方面頗具名氣，漢梯沙城堡裡出土過高品質的鐵製工具、武器和盔甲，而赫梯人打擊敵人最有效的武器是戰車。赫梯人的社會被嚴格地分成幾個等級，法律相當嚴屬也非常公正。

郎樹德，北京市人。1980年起負責大地灣遺址的挖掘、保護和研究工作，主導並完成了《大地灣遺址挖掘報告》的編寫，發表專著《甘肅彩陶》（與賈建威合著）以及學術論文20餘篇。

死人之丘——
摩亨佐・達羅城遺址

摩亨佐・達羅古城位於印度河右岸，從西元前3000年到西元前1750年青銅器時代，這裡是一座世界名城。

1922年，幾名印度勘察隊員路過巴基斯坦信德省的拉爾卡納縣南部。這裡是信德沙漠的邊緣地帶，白天狂風沙塵呼叫，夜晚寒風習習。一眼望去，黃沙漫天遍地，一片荒蕪，淒涼無比。因此，當地人把這裡叫做「死人之丘」。

在死人之丘上有一處廢墟，這是一座半圓形佛塔建築。多少年來，它默默

地佇立在風沙之中，沒有人知道它的過去和未來。

　　當勘察隊員在信德沙漠邊緣徘徊時，他們看到了佛塔的廢墟，信步走進其中。在廢墟，隊員們找到了幾塊石製印章，印章上刻著動物圖形和一些奇怪的文字。隊員們左看右看，不明白這些文字寫的是什麼。最後，他們帶著印章走出廢墟，走出信德，回到了印度。後來，他們把這次發現寫成文字發表出去。於是，佛塔廢墟引起了考古界的興趣。

　　隨後的日子裡，世界各國的許多考古學家、歷史學家、人種學家和古文字學家相繼來到這裡，他們不停地工作著，不但挖掘出了大批石製印章、陶器、青銅器皿，還挖掘出了古城遺址。其中既有高大的城牆、寬闊的街道，還有整齊的房屋、先進的排水系統等。

　　挖掘成果顯示，這裡曾是一座繁華的古城。學者們經過研究，確定這座消失的城市就是舉世聞名的摩亨佐·達羅，是古印度河文明古城之一。在進一步考古挖掘中，關於摩亨佐·達羅的歷史和文化也逐漸大白於天下：

　　摩亨佐·達羅位於印度河右岸，和尼羅河一樣寬闊古老的印度河，不僅灌溉著這裡的千里沃野，也孕育了人間的文明。從西元前3000年到西元前1750年青銅器時代，這裡是一座世界名城。這個城市的居民叫「達羅毗荼人」，他們懂得種植棉花並用棉花織布，他們創造了結構獨特的文字，還發明了相當精密的度量衡方法，建立了高度發達的城市經濟，而且廣泛地和其他各文明民族進行著貿易往來。

後來，由於過度的放牧和種植，破壞了生態平衡，使得植被稀疏，表土裸露，在強烈的陽光照射下，其水分迅速蒸發，然後隨風吹蝕，最後終於使這裡淪為一片沙洲，成為死人之丘。

摩亨佐‧達羅的發現具有重要意義，它證明包括現在印度和巴基斯坦的古印度也和埃及、巴比倫、中國一樣，是人類文明的搖籃。

挖掘出的摩亨佐‧達羅城遺址顯示，這裡街道大部分是東西向和南北向的直路，成平行排列或直角相交。主要街道寬達10公尺，下面有排水道，用拱形磚砌成，形成了一個獨特的排水系統。古城遺址中最突出的一個建築物就是一個大澡堂，這座大澡堂是首次見於歷史的一種現象。

在摩亨佐‧達羅古城遺址裡還發現了大量石製印章，在這些印章上刻有牛、魚和樹木的圖形文字，很像古埃及的象形文字和蘇美爾人的楔形文字，它不僅是一種雕刻技藝精湛的工藝品，更是人類古文明最珍貴的文獻資料。遺憾的是，這些「天書」至今還沒有被人們識讀。曾經有一位捷克斯洛伐克學者說，他已讀通了125個這種文字，並認為摩亨佐‧達羅文字已由圖畫文字演進到了帶有表音性質的文字。

李星學，湖南郴縣人，古植物學家和地層學家。長期從事地質古生物研究，以研究古植物學及非海生物地層學見長，主要著作有《華北月門溝系植物化石》、《中國晚古生代陸相地層》、《華南大羽羊齒類生殖器官的發現》等。

癡迷繪畫的德農─古埃及

古埃及是四大文明古國之一，幾世紀以來，考古學家們一直致力於埃及古文明的探索，並試圖解開富有神秘色彩的古埃及傳說。

說起埃及考古，有一個人不得不提，他就是多米尼格・維萬・德農。多米尼格・維萬・德農見多識廣，深諳藝術，談吐幽默且頗具機鋒，而且還有著過人的繪畫和文學才能。他曾經在作家伏爾泰家裡創作了著名的油畫《弗爾尼的早餐》。而他在同時期創作的素描《崇拜牧羊人》，更是使他一舉成為法蘭西的院士。

拿破崙遠征埃及時，德農身為學者隨行前往，開始了他人生中的一次重要旅行。

當拿破崙帶領隊伍到達埃及站在金字塔下時，曾經對著士兵們說過一句話：「四千年的歷史正在注視著你。」這句話無疑給學者們帶來一個重要資訊，那就是發現古埃及的歷史和文明。

果然，學者們被埃及古老神奇的文化深深吸引了，他們考察金字塔，解讀象形文字，還有人挖掘遺址，無不希望在這次旅行中有重要收穫。

聰明的德農當然不會錯過這一良機，他揮舞手中畫筆，不停地繪畫著所見到的奇觀，把一個活生生的埃及展現在現代世界的面前。當時，他隸屬德賽將軍的部隊，沙漠中氣候惡劣，條件艱苦，很多年紀輕輕的戰士都有些吃不消，不免發出抱怨之詞。可是德農這位一貫出入高級社交場合的紳士卻毫不在乎，

已經51歲的他望著漠漠黃沙，激動地說：「這裡的一切太神奇了，我不能不畫下它們來。」

在行軍途中，每天天剛亮，德農就走出帳篷作畫，無論行軍、宿營都堅持繪畫不輟，餓了就簡單地吃些東西，身邊一直放著素描本。有時候，為了有更多時間畫下景觀，德農常常策馬急馳，不顧危險地跑到隊伍前面。可是到了第二天，當隊伍走過之後，發現德農一人落在最後，原來他還沉浸在繪畫中，試圖畫出最準確精緻的畫作。

有一次，德農正在聚精會神地繪畫，突然聽到報警的號聲，爭鬥在他身邊打響了。德農看到戰士們向敵軍開火，急忙揮動手中畫本為他們加油打氣。他揮動了一會兒，發現這是一個很好的畫面，於是不顧子彈在耳邊飛舞，放下畫本作起畫來。

德農在考察過程中自然接觸到了埃及象形文字，他對這種文字一竅不通，但他把看到的一切全部畫下來。而且，他憑著敏銳的觀察力看出這種文字的不同形式，因此他的畫作形象十分逼真。在埃及期間，他不停奔波著，從撒哈拉到丹德拉，從丹德拉到古底比斯，他畫下了階梯形金字塔，畫下了金字塔的巨大殘骸，還在100個城門的廢墟之間不停地畫著。

就在這時，部隊開拔的命令下來了，德農好不生氣，他一邊罵著，一邊吩咐士兵幫他清除一尊雕像頭上的泥殼。補給車來了，部隊必須全部離去了，德農坐在車上，直到車開動了，還一直埋頭畫著、畫著⋯⋯

最終，法軍離開埃及回到國內。這次行軍，法國不但取得了軍事上的勝

利，更帶回了關於埃及的無數珍貴資料。這些資料中，德農的畫稿無疑佔有不可替代的地位。後來，第一本關於埃及考古的名著《埃及記述》就是根據這些畫稿寫出的一部系統化的科學著作。

對於德農在埃及的巨大成就，有人曾經這樣說：「拿破崙用刺刀征服了埃及，但他的佔領期只有短短的一年；德農卻是用畫筆征服了這個法老的祖國，並且永遠佔領了它。」

古埃及是四大文明古國之一，幾世紀以來，考古學家們一直致力於埃及古文明的探索，並試圖解開富有神秘色彩的古埃及傳說。如今，除了金字塔之外，關於古代埃及的考古發現已經越來越多。

1922年，考古家發現了帝王谷中最著名的圖坦卡門陵墓，隨後展開了深入研究和分析。2006年3月，考古學家宣稱在紅海沿岸附近挖掘出古埃及造船廠以及世界上最古老的船，考古學家在考古遺址發現諸如木板和船隻貨物箱的殘骸，經分析埃及航海歷史至少應有四千年。2007年7月，科學家又聲稱在底比斯挖掘出土的木乃伊戴有迄今為止最早的義肢。

從德農到今天的考古學家，還不斷有人在挖掘這片神奇的土地。儘管有了很多的發現，但依然有更多的謎題等待我們去挖掘，直到今天，埃及還是人們眼中最神秘也最吸引人的一塊考古聖地。

成恩元（1917年～1989年），四川文水人。考古學家，著名文物收藏家、錢幣學家、集郵家。對岩墓、石窟藝術、陶瓷、古錢幣、書畫、棋藝均有較深的研究。還多次參加了考古挖掘和調查，著有《敦煌寫本》、《經箋證》等書。

城牆倒塌之謎—耶利哥城

耶利哥城位於約旦高地南邊，低於死海海平面約250公尺。該處最古老的居住遺跡大約是西元前9000年時留下的。

《聖經》中記載著一個故事：耶利哥城守護著迦南的門戶，城牆又高又厚，守軍高大壯健，是古代極強大的堡壘。猶太人圍城數日，無法攻克城池。後來，他們圍城行走7日，然後共同吹起號角，結果，上帝以神力震毀城牆，猶太軍趁機而入，攻入迦南。

數千年來，這個故事在猶太人之間傳頌著。那麼，這究竟是歷史事實還是神話故事呢？

1907年，德國兩位考古學家Sellin和Watzinger來到了耶利哥城下，揭開了挖掘耶利哥城的序幕。兩年後，他們挖出了耶利哥城的兩重城牆。這兩重城牆相隔10～12呎，內城牆厚達12呎，外城牆高25～30呎，厚6呎，真是厚重堅固，難以攻破。然而，城牆還是倒塌了，它們是猶太人藉助上帝的神力摧毀的嗎？

Sellin和Watzinger在城牆下考察了很久，但當時考古界還沒有熟悉銅器時代的防禦設計，不能確定城牆在整個防禦工事中的運作，因此也就很難斷定城牆到底是如何倒塌的。結果，兩位考古家只好離去了。

時光飛逝，轉眼間到了1930年，英國人加斯唐在前人挖掘的基礎上，帶領考古隊來到了耶利哥城牆下。他們用了6年時間，挖掘出了更多的城牆遺址，發現了一個奇怪的現象：兩城牆之間充滿碎磚石，而且有大火燒毀的痕跡；另

331

外，城牆的倒塌很有意思，外城牆向外倒塌，內城牆卻向內倒塌，這可是奇異的事情。因為一般情況下，如果是地震等自然原因造成的倒塌，城牆應向外倒，如果是敵人從外部攻城，城牆應往內倒。就是說，一般情況下，不會出現這種城牆一面向外，一面向內倒塌的情況。真是令人不可思議。

加斯唐經過分析鑑定，認為城牆倒塌的時間在西元前1400年，也就是與猶太人出埃及的時代吻合。他的這一論斷說明耶利哥城牆的倒塌正是《聖經》中描述的故事，是猶太人摧毀了耶利哥城牆。

然而，這一論斷沒有持續多久就被推翻了。1952年，又一位英國人凱裡揚再次帶領考古隊來到耶利哥挖掘古城。他經過考察研究後，認為加斯唐的論斷缺少證據，從耶利哥城牆廢墟中找不到證據證明它倒塌於西元前1400年。他帶領考古隊也在這裡考察了6年，最終得出一個結論，認為耶利哥城牆毀於西元前1550年，它的倒塌與猶太人無關。

兩種考察結果到底哪個正確呢？其實，這兩個結果都缺乏充足的證據，因此考古界一直爭論不休又頗感失望。

到了80年代，問題有了突破性進展。1970年，中東考古家胡特考察挖掘了耶利哥城，她得到了一批新的出土資料，批判了凱裡揚的結論。可惜她不久就去世了，而其後挖掘出的陶器鑑定顯示時間為西元前1400年前後。這一結論與當年加斯唐根據耶利哥城挖掘的甲蟲型雕推測的年代一致。

至此，耶利哥城的挖掘取得了較大進展，人們根據歷代考古學家的研究成果發現，原來耶利哥城比5000年前在幼發拉底河與底格里斯河之間的蘇默

（Sumeria）各城還早4000年。這座城市又叫棕樹城，位於蘇丹山下。清澈的蘇丹泉養育了這方先民。他們從新石器時代就在此居住生活，歷經興衰更迭，創建了耶利哥城。本來，這座厚重堅固的城牆是足以抵擋外來入侵的。可是，由於城牆建造在岩石上，因為某種原因塌陷了。目前，塌陷之說是關於耶利哥城牆倒塌的最主要論斷。

耶利哥城位於約旦高地南邊，低於死海海平面約250公尺。該處最古老的居住遺跡大約是西元前9000年時留下的。

從當地的考古研究結果可看出，人類從四處漂泊的打獵生活逐漸過渡到定居生活的痕跡。早在西元前8000年左右，耶利哥城就建造起了城牆和巨大的堡壘。這就是敘利亞至巴勒斯坦地區，或許也是全世界最古老的城市。

西元前50世紀到40世紀，無情的大自然嚴重打擊了耶利哥城，但城市幸運地存活下來，而且在西元前30世紀時重新興旺起來，並一直持續到大約西元前1600年。西元前1550年，一支埃及軍隊摧毀該城，從這之後的150年間，這裡就是一座死城。

西元前1400年，耶利哥城又重新活過來，成了一座不設駐防的鄉村小鎮。當約書亞的軍隊在大約200年後到來時，這裡依舊保持著原貌。

盧衍豪，生於1913年，福建永定人，地層古生物學家。從30年代起致力於寒武紀地層研究，先後取得重要成就。著有92萬字的《華中～西南奧陶紀三葉蟲動物群》。

永不滅的燈火—
古墓長明燈

長久以來，世界各地都流傳著古墓不滅之燈的傳說，人們稱之為「古墓長明燈」。

17世紀的時候，一位叫杜·普瑞茲的瑞士士兵在法國的格勒諾布爾偶然發現了一個古墓。他很想探知古墓的秘密，從中獲取金銀財寶。於是，他不顧危險，想盡辦法進入了古墓裡面。古墓內部終年不見天日，應該漆黑一片。可是，普瑞茲來到的古墓裡面卻十分光亮，他非常驚奇，順著光線望去，竟然看到了一盞正在燃燒的玻璃燈。這讓他又驚又喜，一時不知道該如何是好。

慢慢地，普瑞茲平靜了心情，走過去端起玻璃燈，打算用它照明尋找寶物。可惜的是，他搜遍了古墓的各個角落，卻一點值錢的東西也沒有發現。帶著些許懊喪之情，普瑞茲拿著玻璃燈出了古墓，並來到附近的修道院。他覺得這盞燈十分奇異，自己又無法攜帶，就把它送給了修道院的僧侶。

當僧侶們看到玻璃燈時，一個個嚇得目瞪口呆，他們認為，這盞燈至少已經燃燒了千年。因此，他們極其小心地珍藏起了玻璃燈，像寶貝一樣保存著。令人惋惜的是，幾個月後，一位年老僧侶不小心把玻璃燈碰倒在地上，把它摔破了。

與這件事相似的故事還有很多。在英格蘭，人們曾經打開過一個墳墓：打開墳墓的人看到墳墓拱頂上懸掛著一盞燈，照亮了整個墳墓，他就上前去取燈。他走了幾步，覺得地板的一部分隨著他的走動在顫動。突然，一個身著盔

甲、原本固定的雕像開始移動，舉著手中的某種武器，移動到燈附近，伸出手中的武器擊毀了這盞燈。這個寶貴的燈就這樣被毀壞了。

而在西元1534年，英國國王亨利八世的軍隊衝進了英國教堂，解散了宗教團體，挖掘和搶劫了許多墳墓。他們在約克郡挖掘羅馬皇帝康斯坦丁之父的墳墓時，也發現了一盞還在燃燒的燈，康斯坦丁之父死於西元300年，這意味著這盞燈燃燒了1200年！

長久以來，世界各地都流傳著古墓不滅之燈的傳說，人們稱之為「古墓長明燈」。考古紀錄顯示，這種古廟燈光或古墓燈光的現象出現在印度、中國、埃及、希臘、南美、北美等許多擁有古老文明的國家和地區，就連義大利、英國、愛爾蘭和法國等地也出現過。

那麼，我們的祖先是如何發明這些永不滅的燈？它們又是為何長久不滅呢？

根據古埃及、希臘和羅馬等地的風俗，死亡的人也需要燈光驅逐黑暗，照亮道路。因此，在墳墓被密封前，習慣放一盞燈在裡面。而富貴榮華之家就要奢侈一些，放上一盞不滅的燈，永遠為死者照亮。千百年以後，當這些墳墓的拱頂被打開時，挖掘者發現裡面的燈還在持續地燃燒著。

　　永不滅的燈很自然成為學術界爭論的話題。一部分人認為，世界各國有關長明燈的紀錄足以讓人肯定，確實存在這種不滅的燈，或者長久燃燒的燈，只是技術失傳，中世紀時期的大部分有識之士認為，確實存在這種不滅的燈，並且認為這種燈具有某種魔力。另一部分人則認為，雖然有那麼多有關長明燈的紀錄，但現實中並沒有一盞長明燈擺在眾目睽睽之下，而且這種燈的能源問題嚴重違背能量守恆定律，因此這種不滅的燈應該不存在。至此，關於長明燈依然是一個謎，無人能夠成功破解它的秘密。

莫維斯，哈佛大學人類學家。20世紀30～40年代，他帶領了考察團到東南亞考察，提出莫氏線理論。

千年前的血腥屠殺—
丹漠洞遺址

丹漠洞遺址位於愛爾蘭的基爾肯尼郡，其中埋藏著上千人遺骨，還有無數財寶。

據說，西元928年，一群挪威海盜來到了愛爾蘭，他們瘋狂洗劫了基爾肯尼一帶。為了逃避海盜的殺害，居住在丹漠洞附近的居民一起躲進了丹漠洞中。進入洞中的居民們以為洞裡地形複雜，有很多的洞穴，藏身於此應該不會被發現。

誰知道因為丹漠洞的洞口太過明顯，海盜們順著足跡很快便找了過來，或許是因為沒有得到滿足，他們展開了一場血腥的大屠殺。他們進入洞中，將所有能找到的人都殺害了，之後更是故意守在洞口半個月之久，讓那些僥倖沒被發現的居民活活餓死在山洞裡，死亡人數估計有一千多人。

之後近千年的時間裡，丹漠洞成了愛爾蘭有名的「地獄入口」，這血腥的

傳說讓人們紛紛止步，沒有一個人敢靠近。直到1940年，一群考古學家開始了對丹漠洞的考察，希望能夠證實海盜洗劫的傳聞。很快他們就在一個小洞穴裡發現了44具骸骨，檢測發現，這些

骸骨多半屬於婦女和老人，甚至還有未出世的胎兒。

至此，有關丹漠洞的傳聞得到了證實。1973年，這裡被定為愛爾蘭國家博物館，每年都有無數人來紀念這些慘遭屠殺的人。

1999年的冬天，丹漠洞因為是旅遊淡季即將關閉，一位導遊準備進行最後的清潔，因為丹漠洞要關閉一段時間，所以他特地去了平時不會去的洞穴進行清掃。在其中的一個小洞裡，他忽然發現洞壁上有塊綠色的東西，他走過去細看，想要清理它，卻驚訝的發現這是洞壁的裂縫中發出的閃爍的綠光。

好奇的導遊將手伸進裂縫，他發現自己觸摸到了一個涼涼的東西，當他把這個東西拖出來一看，居然是個銀鐲子，而那綠光，其實是上面鑲嵌著的華貴的綠寶石。

導遊立刻將鐲子交給了博物館，博物館也馬上展開了挖掘。在三個月的時間裡，他們總共挖出了幾千枚古錢幣，一些銀條、金條和首飾，另外還有幾百枚銀製鈕釦。

究竟是誰把這麼多財物收藏在這裡呢？

專家們推斷，這應該就是當年逃入丹漠洞的居民們攜帶的財物。大概是為了安全，他們將所有的財物都收集起來藏入了這個洞壁當中，打算等災難過去了再來取回，而海盜們很可能正是因為沒有搜尋到令他們滿意的財寶，一怒之下才殺了所有人。

丹漠洞的故事畫上了句號，那些被殺害的靈魂已經進入天堂，只有這些寶藏還安靜的躺在愛爾蘭國家博物館中，紀念著那一段遙遠血腥的往事。

丹漠洞遺址位於愛爾蘭的基爾肯尼郡，是一個巨大的溶洞，有連串的小洞穴一一相連。西元928年，挪威海盜殺死了藏身其間的1000多人。因為紀錄了這次慘無人道的大屠殺，丹漠洞被稱為愛爾蘭最黑暗的地方。

1999年，人們從丹漠洞中發現了財寶，進而掀開了一座寶藏的挖掘史，其中有一些工藝品造型十分獨特，至今還沒有發現過類似的文物，因此極具考古價值。如今，丹漠洞遺址寶藏做為愛爾蘭最重要的寶藏被收藏在國家博物館，一直沒有對外展示過。

張忠培，1934年生於長沙市。中國知名的文博考古專家。曾負責過元君廟仰韶墓地等重要遺址的大規模考古挖掘工作。出版了《中國北方考古論集》、《元君廟仰韶墓地》等專著。

最後一次挖掘出的奇蹟——
圖坦卡門陵墓

圖坦卡門陵墓是3300年以來唯一一個完好無缺的法老陵墓，也是埃及最豪華的陵寢，更是埃及考古史乃至世界考古史上最偉大的發現。

霍華德・卡特是一位考古學家，他致力於考察早期文明的廢墟和研究人類文明史，尤其沉醉於古埃及研究。在研究古埃及過程中，他對一位法老產生了濃厚興趣，那就是圖坦卡門法老。圖坦卡門9歲登基，19歲去世，是一位標準的娃娃國王，但他短暫的一生充滿了浪漫故事，據說陪葬物品價值連城。所以，卡特夢想著有朝一日能夠搜尋到圖坦卡門陵墓，進行挖掘考古。

搜尋古墓需要經費支援，卡特在獨自艱難地搜尋了9年之際，幸運地結識了卡拉旺爵士，此人是一位富有的英國人，他對圖坦卡門也是情有獨鍾，渴望能夠搜尋到他的安息地。於是，他答應為卡特提供經費，支持他搜尋古墓。

令人沮喪的是，搜尋工作很不順利，6年過去了，卡特找遍了埃及帝王的陵墓，在好幾處地方挖掘過，卻始終沒有找到小國王的陵墓。6年的等待讓卡拉旺爵士失去了耐心，他打算不再繼續支持卡特了。

卡特看出了卡拉旺爵士的心思，1922年，他又一次發現了一處古墓遺址，請求卡拉旺爵提供經費進行挖掘。卡拉旺爵士說：「我已經為你提供了6年經費，可是毫無效果。我不能再這麼耗下去了，這是我最後一次為你提供經費。」

卡特什麼也沒說，15年來，他奔波各地，辛苦地搜尋古墓，他早已將生命與古墓結合為一體。他不知道失去經費後，自己的下一步該如何打算。

不管怎樣，必須要完成這次挖掘，卡特懷著極其沉重的心情多次在古墓周圍考察。11月26日，他決定帶著人員進行實地挖掘。黃昏時分，卡特和卡拉旺爵士以及其他人員來到古墓旁邊。此時，夕陽西沉，餘暉遍灑，到處呈現金色閃爍之氣派，確實是一副晚照美景。

可是，卡特哪有心思欣賞落日的輝煌，他沉默地沿著一條階梯往下走。這是3000多年前開鑿出來的石階，能夠通到帝王谷底。石階只有16級，卡特很快走到谷底，前面是一條長達27英尺的通道，走過這條通道，前面就是那座古墓了。

卡特默默地走過通道，來到刻有古埃及法老皇室標誌的密封洞口前。他看到洞口有曾被啟封開動過的痕跡，這讓他心裡一顫。他多麼希望這座洞口後面就是圖坦卡門的陵墓，可是他又特別擔心，唯恐發現的又是一座被人洗劫一空的空墓。

懷著複雜的心情，卡特舉起錘子和鑿子在石門上敲打著。他雙手顫抖，似乎無法勝任手中的工作，這對一位從事考古幾十年的人來說，真是莫大的悲哀。這時，身後狹窄的石頭通道裡，站著卡拉旺爵士和女兒，以及卡特的助手，他們目不轉睛地注視著他，默默無言地期待著。

終於，卡特在石膏門上鑿開一個小洞，他點著蠟燭，慢慢舉起來往洞裡瞧。一段時間之後，他的眼睛適應了洞中的光亮，裡面的一切慢慢地顯露出

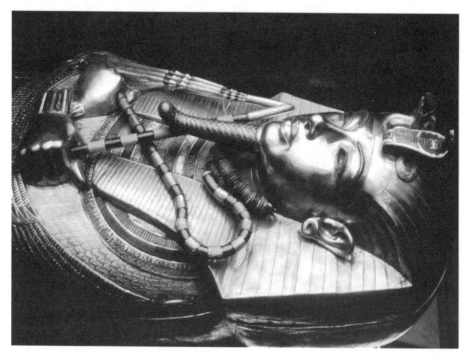

來，他驚奇地看到，裡面滿是形態各異的雕塑，到處都是黃金，金光閃閃爍爍，眩目至極。

卡特目瞪口呆，趴在洞口好半天沒有轉身。卡拉旺爵士心急如焚，他問道：「看見什麼啦？」

「是的，驚人的發現。」卡特以一種自己都無法形容的語氣回答道，他覺得自己如同作夢一樣，簡直不知道該如何才好。

就這樣，卡特發現了圖坦卡門之墓，一座幾千年來未被人觸及的法老陵墓，經過挖掘，一共出土了5000件精美文物。

　　歷時漫長、耗資鉅大的這次發現也成為考古史上最富轟動效應的發現之一。從此以後，輝煌的考古挖掘時代結束了，考古學進入了成熟的新階段。

　　圖坦卡門是埃及第十八王朝的法老，他的陵墓位於埃及著名的帝王谷內。帝王谷座落於離底比斯遺址不遠處的一片荒蕪人煙的石灰岩峽谷中。這裡在開羅以南700公里，尼羅河西岸岸邊7公里，與盧克索等現代化城市隔河相望。

　　從西元前1570年開始，古埃及法老喜歡在帝王谷開鑿自己的墓室，並且修建柱廊和神廟。他們通常將墓穴入口開在半山腰，有細小通道通向墓穴深處；在通道兩壁，往往雕刻著圖案和象形文字。

　　直到西元前1090年，歷代法老先後建造了60多座帝王陵墓，埋葬著埃及第十七王朝到第二十王朝期間的64位法老，其中有著名的法老圖特摩斯三世、阿蒙霍特普二世、塞提一世、拉美西斯二世等。

石興邦，生於1923年，陝西省耀縣人，中國現代考古學家。長期從事田野考古，先後在河南、陝西、北京、山西等地負責進行挖掘工作。著有《半坡氏族公社》等著作。

國家圖書館出版品預行編目資料

關於考古學的100個故事／李永毅編著.
第一版——臺北市：宇河文化　　出版；
紅螞蟻圖書發行，2008.11
面：　　公分. ── (Elite：14)

ISBN 978-957-659-691-9 (平裝)

1.考古學 2.通俗作品
790　　　　　　　　　　　　97017668

ELITE 14

關於考古學的100個故事

編　　著／李勝毅
美術構成／Chris' office
校　　對／周英嬌、楊安妮、朱慧蒨
發 行 人／賴秀珍
榮譽總監／張錦基
總 編 輯／何南輝
出　　版／宇河文化出版有限公司
發　　行／紅螞蟻圖書有限公司
地　　址／台北市內湖區舊宗路二段121巷28號4F
網　　站／www.e-redant.com
郵撥帳號／1604621-1　紅螞蟻圖書有限公司
電　　話／(02)2795-3656（代表號）
傳　　真／(02)2795-4100
登 記 證／局版北市業字第1446號
數位閱聽／www.onlinebook.com
港澳總經銷／和平圖書有限公司
地　　址／香港柴灣嘉業街12號百樂門大廈17F
電　　話／(852)2804-6687
新馬總經銷／諾文文化事業私人有限公司
新 加 坡／TEL：(65) 6462-6141　　FAX：(65) 6469-4043
馬來西亞／TEL：(603) 9179-6333　　FAX：(603) 9179-6060
法律顧問／許晏賓律師
印 刷 廠／鴻運彩色印刷有限公司
出版日期／2008年11月　第一版第一刷

定價320元　港幣107元

敬請尊重智慧財產權，未經本社同意，請勿翻印，轉載或部分節錄。
如有破損或裝訂錯誤，請寄回本社更換。

ISBN 978-957-659-691-9　　　　　　　　Printed in Taiwan